古典文獻研究輯刊

三九編

潘美月・杜潔祥　主編

第 16 冊

杜牧詩集評注（上）

〔唐〕杜牧　著

李連祥　注評

國家圖書館出版品預行編目資料

杜牧詩集評注（上）／李連祥　注評 -- 初版 -- 新北市：花木蘭文化事業有限公司，2024〔民 113〕
序 6+ 目 18+202 面；19×26 公分
（古典文獻研究輯刊 三九編；第 16 冊）
ISBN 978-626-344-936-7（精裝）
1.CST：（唐）杜牧 2.CST：唐詩 3.CST：詩評 4.CST：注釋
011.08　　　　　　　　　　　　　　　　　113009714

古典文獻研究輯刊
三九編　第十六冊　　　　　　　ISBN：978-626-344-936-7

杜牧詩集評注（上）

作　　　者	李連祥（注評）
主　　　編	潘美月、杜潔祥
總 編 輯	杜潔祥
副總編輯	楊嘉樂
編輯主任	許郁翎
編　　　輯	潘玟靜、蔡正宣　美術編輯　陳逸婷
出　　　版	花木蘭文化事業有限公司
發 行 人	高小娟
聯絡地址	235 新北市中和區中安街七二號十三樓
	電話：02-2923-1455／傳真：02-2923-1452
網　　　址	http://www.huamulan.tw 信箱 service@huamulans.com
印　　　刷	普羅文化出版廣告事業
初　　　版	2024 年 9 月
定　　　價	三九編 65 冊（精裝）新台幣 175,000 元

杜牧詩集評注（上）

李連祥　注評

注評者簡介

　　李連祥，1958 年 10 月生於天津，1982 年 2 月畢業於天津師範大學中文系（七七級）。從事管理教育工作近四十年，現退休居家，讀書為樂。

　　主要著述：《唐詩常用語詞》（辭書類，百花文藝出版社 2009 年版）；《奈何天校注》（收錄於王學奇主編《笠翁傳奇十種校注》一書，天津古籍出版社 2009 年版）；《詩藪珠璣》（唐詩研究論集，與李峭合著，天津社會科學院出版社 2016 年版）；《湯顯祖臨川四夢校注》（與王學奇先生合著，花木蘭文化出版社 2017 年版）；《杜牧詩集評注》。

提　　要

　　杜牧《樊川文集》二十卷是他的外甥裴延翰遵杜牧之囑而編，其中卷一至卷四為詩集。宋代以後不斷有人廣事搜集、廣採逸詩，先後編成《樊川外集》《樊川別集》《樊川詩補遺》《樊川詩補錄》等。此外，根據專家學者研究成果，本書又增補了十一首散篇殘句。為了儘量保存文獻，以供進一步研究之需，以窺杜牧詩作全貌，其實尚存在不少非杜牧之作，但仍予收入本書中，所收詩作來源均在各詩注中做了說明。

　　本書以陳允吉校《樊川文集》、清馮集梧《樊川詩集注》、吳在慶《杜牧集繫年校注》為底本。收錄詩作共計 498 題 535 首，共分為九卷。本書正文包括原文、注釋、簡評三部分，遵循「精評詳注」原則。本書關於杜牧詩的寫作年代、注釋與簡評，參考了諸多先賢學者的研究成果；是目前關於杜牧詩僅見的全注、全評本。

序　言

　　在晚唐詩壇，有一位以風格俊爽、雄姿英發而著稱的傑出詩人，其詩歌成就獨樹一幟，這就是人們熟知的「小杜」——杜牧。又與李商隱相媲美，並稱「小李杜」。

　　杜牧所處的時代，是晚唐內憂外患的多事之秋。整個大唐帝國是以李姓王朝為核心的一個宏偉的政治結構。隨著安史之亂的爆發，大唐帝國即已土崩瓦解，到了代宗朝（公元 762～779 年）已變得奄奄一息，這以後的一百四十年，李姓王朝雖然在勉強支持，但其照耀世界的光輝則早已一去不復返了。

　　杜牧降生之時，安史之亂已過去了五十年。這期間，變故迭出，使唐朝由貞觀、開元的「太平盛世」而陷於內憂外患之中。藩鎮割據，各霸一方，不斷的內戰，給百姓帶來了深重的災難；宮廷之內，宦官專權，不但操縱朝政，而且可任意廢立君主；經濟崩潰，農民失業，土地集中，賦斂繁重。李姓王朝處於風雨飄搖之中。杜牧的詩歌，正是反映或折射了晚唐「夕陽無限好，只是近黃昏」的這一歷史面貌。

　　杜牧（公元 803～853 年），字牧之，晚居長安樊川別墅，號樊川居士，京兆萬年（今陝西西安）人。杜牧的祖父杜佑是中唐有名的宰相和史學家。他深受祖父的影響，博覽書史，致力於經世濟時之學，關心國家的興衰和時政的得失。顯赫的家族使得杜牧擁有良好的政治背景，並受到了良好的教育，但這樣的家族榮耀或許也成為才華橫溢的杜牧在建功立業不成之後痛苦的重要根源，無法光宗耀祖，更無法像祖上那樣為國效力。

　　唐文宗大和二年（828）杜牧二十六歲時進士及第，同年又中賢良方正能

直言極諫科，授弘文館校書郎、試左武衛兵曹參軍。不久即出佐江西觀察使沈傳師幕，一度擢為監察御史調回長安，很快又分司東都洛陽，接著又去宣歙觀察使幕府任職。大和七年（833），應淮南節度使牛僧孺之請，任淮南節度使推官後轉掌書記。文宗開成四年（839），回京任左補闕、史館修撰，轉膳部、比部員外郎。武宗會昌二年（842），外放為黃州刺史，轉池州刺史、睦州刺史。宣宗大中初，內調為司勳員外郎，不久又出任湖州刺史，再召為考功郎中、知制誥，官至中書舍人。著有《樊川文集》。

杜牧這位出生於顯宦世家的官宦子弟，雖然一生只有五十年，卻經歷了唐朝德宗、順宗、憲宗、穆宗、敬宗、文宗、武宗、宣宗八個朝代，生活道路坎坷曲折。

因為朝廷內部的朋黨鬥爭和整個大唐走向沒落的必然趨勢，杜牧的仕途變得非常坎坷，也很難擁有更高的地位來實現自己救國救民的遠大志向，宦海的沉浮、人生的動盪，讓杜牧變得更加的抑鬱難平。杜牧的做官歷程遍布黃河和長江南北，這樣的仕途體現了杜牧在朝廷身不由己的命運，同時也極大地開闊了他的文學視野，增強了他對晚唐社會更加全面深刻的瞭解和體會。

杜牧是傑出的文學家，他的文學創作成就是多方面的，詩、賦、古文均稱名家，而詩歌的造詣尤為傑出。他推崇李白、杜甫、韓愈、柳宗元，總結前人的創作經驗，提出自己的文學主張。他認為作品應以思想性為主，對於作品內容與形式的關係問題有自己的正確見解。他主張「凡為文以意為主，以氣為輔，以辭采章句為之兵衛。」他的作品中的成功之作，實踐了這一理論。

杜牧的文風俊爽峭健，他寫有不少論兵、論政、論文的作品，多有獨到見解，感慨時事，分析政局，縱橫奧衍，說理透闢。他繼承韓愈的散文筆法，筆鋒犀利，內容充實，條分縷析，明白曉暢。他還善於使用譬喻的手法，在說理文中加上形象的說明，在不知不覺間深深地打動讀者。當然，也不可避免地有一些酬答應世之作，有一些鋪排渲染的習氣。

在藝術上，杜牧自稱追求「高絕」，不學「奇麗」，不滿「習俗」，所謂「不今不古」，正是力圖在晚唐浮淺輕靡的詩風之外自具面目。他的風格既不像李賀的奇特，也不似元稹、白居易的平易，與李商隱都能各樹一幟。

唐代是詩的盛世，在杜牧之前的二百年中，已經出現了眾多傑出的詩人，姹紫嫣紅，百花齊放，創作了無數不同風格的經典傳世之作；做為一位天才的

詩人，杜牧生於晚唐時，仍然能於前賢之外，獨樹一幟，取得卓越成就。杜牧詩的思想性與藝術性都有獨到之處。

杜牧詩中，抒發了作為一個正直知識分子和下層官吏強烈的憂國憂民情懷，傾吐了詩人的宏偉壯志，歌頌了祖國山川的壯美，表現了對下層人民及受蹂躪婦女遭遇的同情。由於詩人壯志難酬，又遭權貴排擠，大量的傷春傷別作品充滿詩集中，或寫仕途遊宦所引起的深深的思鄉之情，或寫良師益友不幸遭遇和自己經邦濟世之策不見用的感慨，或寫因政治抱負不能實現而流露出的消沉情思，甚至描述了抑鬱情懷無處宣洩而縱情聲色的放蕩行為。這些作品，出於杜牧筆下，產生於晚唐之際，是必然的。它全無盛唐積極向上的氣派，偶而僅有幾聲遺響而已。

杜牧作品的風格多樣，成就巨大，寫景狀物，表現美麗的自然風光；因為大唐江南城市經濟的繁榮和富庶，杜牧的詩歌中也有大量描寫城市精彩生活的作品，然而這些作品所表現更多的是繁華即將化為煙雲的憂慮以及由此引發的對唐朝命運的痛苦和焦慮；因為晚唐朝廷的黑暗，打擊排擠的殘酷，杜牧的遠大抱負和治國方策不得不謹慎小心地表露，加之杜牧深厚的歷史文化積澱，也造就了杜牧在懷古和詠史詩方面的巨大影響。

處於杜牧的時代，他詩作中也反映出對於美好景物的留戀，及好景易逝的傷感。這不是他思想中的消沉，而是對於祖國深沉熱愛的感情抒發，是自然美景對晚唐殘局這對矛盾在他詩作中的曲折反映，同時也是構成他複雜矛盾心理的一個基因。

由於長期在外的仕宦生活，杜牧時時也想到家鄉。這種思念，由最初的鄉愁，逐漸發展，愈來愈強烈。到了晚年，不僅思鄉，而在詩中更透露出遠守他鄉的痛苦和憤激，情感也變得十分曲折而含蓄。

此外，由於外界的層層壓力，加之杜牧性格的軟弱成分，有時他也變得消沉，甚至產生歸隱避世的思想。這些是他詠懷寫志詩作中的下品，不足取法。但在這種託隱的詩作中，也時常透露出對時事的不滿。

杜牧不僅具有立朝剛直、憂國憂民的壯懷偉抱，同時還是具有兒女情長、綺思柔情的風流才子。由於詩人真誠的情感，即使在一些調侃性的作品中，也給人以美的享受。風流讓杜牧的人生和名望有了些許瑕疵，然而游歷青樓的膚淺快樂，其實也是杜牧對大唐前途憂心忡忡卻又無可奈何，只能風流浪跡、遺忘苦悶的排遣而已。「十年一覺揚州夢，贏得青樓薄倖名。」事實上，

他從這諸多女子的不幸身世中，更多地發現的是她們善良多情的天性，是命運無情的捉弄，是自己對這一切無能為力的悲哀。這使他常常感慨傷懷，嗟歎不已。他雖然「風流」，然才高藝絕，「不涉習俗」，於庸俗頹喪之中，自為創格。

杜牧詩眾體皆備，在晚唐詩人中也是很突出的。他是一位卓越的詩人，其政治詩，往往通過敘事表現自己的政治見解。這一特點突出地表現在他的古體詩中。他的近三十首古體詩對其確立晚唐詩壇的地位具有非常重要的作用。他的古詩，大都寫政治、社會題材，往往豪健跌宕，流麗之中骨氣遒勁，這是由他政治上的識見和抱負所決定的。

杜牧的古體詩與近體律、絕在藝術風格上有所不同。他的古詩往往別有境界，寫得古樸純厚，雄豪健朗，頗有太白遺風。從他的古詩和律詩來看，杜甫、韓愈的影響比較顯著。正由於繼承發揚前人的優良傳統，杜牧才創作出別具一格的詩篇，為自己贏得了詩壇上的稱譽。

杜牧的五、七言律詩亦有很高成就，特別是七律，更有較強的現實性。杜牧的律詩與絕句是非常精彩的，尤其是七律與七絕。大凡作律詩與絕句，勁健者容易失於枯直，而有韻致者又多流於軟弱，杜牧的作品，獨能於拗折峭健之中，有風華流美之致，氣勢豪宕又情韻纏綿，把兩種相反的好處結合起來。律詩和絕句的形式整齊，字數有限，又要受到平仄粘對規律的限制。詩人往往把幾層意思壓縮到一聯一句之中，使形象和語言達到一種高度凝聚。他非常注重詞藻的運用和錘鍊，往往在詩句的拗峭中顯出遠韻遠神，含渾整練，收到語帶雙關、意在言外的效果。

他的懷古詩，達到了完美的境界，常常將哲理的思索與歷史的議論融化於鮮明的形象之中，其議論又一反常人，具有獨到的見解與史識，還能做到千變萬化。這類詩在近體詩中居多。他的近體詩情致俊爽、風調輕利。在豪邁中流露感慨，讀來又覺抑揚頓挫，情思起伏，變化多端。

杜牧善作長篇五古和律詩，然而成就最高、最膾炙人口的，是他的七言絕句；其中有詠史抒懷的佳章，也有寫景言情的傑構；特點仍然是含蓄婉約，而又清爽俊逸。杜牧七絕是我國古典詩歌寶貴財富的一部分。

杜牧的抒情寫景絕句，創造出富有情韻的深遠意境，藝術水平是極高的。他的寫景詠物之作，清新雋爽，往往從尋常的景物中，發現獨特之美，用簡練明快的詩句表達出來。由於杜牧曠達的性格，雖然內心常常感到壓抑，但

自然美景使他陶醉，借對祖國秀美山川的熱烈歌詠，以表達他的感受。在傷感國家危亡的詩作中，情感是極為深沉的。其中寄寓了他對國家的憂慮，美好的景致背後，往往潛藏著留戀與傷感。傷春、戀春，構成他詠景詩的一個側面。言情寫景小詩，是杜牧所擅長的，也是為人所樂於稱道的。通過對美好景物的謳歌，表現對自然之景的讚頌和內心的喜悅心情。它往往用簡短的詩句，寫出完整而優美的景象，構成色彩鮮明的圖畫，以表達他深曲而蘊藉的情思，使人玩味不盡。

　　杜牧的詠史詩，在晚唐詩壇眾多的作者和作品之間，如鶴立雞群，是極具特色的。其中不僅有對前代史事、人物的品評，而且對當朝時政亦有論述；對賢臣達士的歌詠，對荒淫皇帝的抨擊，以及借古諷今等。內容廣泛充實，寫作含蓄深沉。同時，不落窠臼，時有創見，別具韻味。在詠史詩中，詩人或擷取史實的一兩個側面評論得失，或選擇一些歷史人物評說其功過優劣。有時直接發表議論，表明其愛憎好惡；有時則寓褒貶於形象描寫之中，凝練含蓄。他的論史絕句被稱為「二十八字史論」，見識獨到，非同凡響。在晚唐的詠史作品中，杜牧是具有代表性的。杜牧的詠史絕句，涉獵了極其廣泛的內容，構成了獨特風格。其中翻案文字尤其出奇制勝，為人稱道，是區別於他人詠史詩的重要標誌。當然，這種具有史論色彩的特點及不同尋常的見解，並非標新立異，而是一種大膽的嘗試，其中也包含著杜牧才學的顯示。在我國詩歌史上，詠史詩佔有很重要的地位。它既是詠史，也藉以抒懷；既是論古，也藉以喻今；既要史德、史學、史才、史識四者兼備，又要有高度的文學藝術修養。這在杜牧詩中是突出的。

　　杜牧的五言絕句約有三十來首，在寫景抒情方面與七絕彷彿，亦饒有風致，新巧可喜。總之，杜牧的絕句具有自己的面貌與個性，有的工致精巧，有的俊爽飄逸，有的婉約蘊藉，為唐代臻於極致的詩歌藝術增添了光彩。

　　關於杜牧詩集評注的說明。

　　杜牧《樊川文集》二十卷是他的外甥裴延翰遵杜牧之囑而編，卷一至卷四為杜牧詩集。宋代以後不斷有人廣事搜集，又編成《樊川外集》《樊川別集》；此為宋熙寧六年（1073）田槩所輯。清人編《全唐詩》，又廣採逸詩，將許多上述集子外的詩編入杜牧詩中。清馮集梧注《樊川詩集》，又增編了《樊川詩補遺》。一九六二年中華書局上海編輯所排印馮集梧《樊川詩集注》時，又據《全唐詩》，增加了《樊川集遺收詩補錄》。此外，根據專家學者研究成果，本

書又增補了十一首散篇殘句。這些《樊川文集》外的，以及在歷代詩話、詩歌選本中署名杜牧的詩，很多實為贋品。對此，宋以來不斷有人加以辯證，但尚未辨者仍多。不辯證這些詩，就必然不能準確評價杜牧。

為了儘量保存文獻，以供進一步研究之需，以窺杜牧詩作全貌，其實尚存在不少非杜牧之作，但仍予收入本書中，所收詩作來源均在各詩前做了說明。

本書以陳允吉校《樊川文集》（1978 年上海古籍）、清馮集梧《樊川詩集注》（1962 年中華書局上海編輯所）、吳在慶《杜牧集繫年校注》（2008 年中華書局）為底本。收錄詩作共計 498 題 535 首；共分為九卷。其中卷一至卷四錄自《樊川文集》（計 241 題 266 首），卷五為外集（計 120 題 127 首），卷六為別集（計 57 題 60 首），卷七為補遺（計 14 題 15 首），卷八為補錄（計 55 題 56 首），卷九為散篇殘句（計 11 題 11 首）。

卷一至卷六原文依陳允吉校《樊川文集》，卷七、卷八原文依馮集梧《樊川詩集注》，卷九原文依吳在慶《杜牧集繫年校注》。其中個別文字偶有相互校正。

本書正文包括三部分：原文、注釋、簡評。注釋與簡評，遵循「精評詳注」原則。

本書關於杜牧詩的寫作年代，採用了繆鉞、吳在慶、胡可先、郭文鎬等學者的研究成果；注釋與簡評參考了清馮集梧《樊川詩集注》及繆鉞、吳在慶、胡可先、朱碧蓮、羅時進等杜牧詩選的注本，受益匪淺。後附主要參考書目。對歷代文獻及時賢的研究成果，未敢掠美，限於篇幅，文中未能一一具名，謹致謝忱。

筆者因學力水平有限，且業餘愛好為之，謬誤疏漏亦不能免，祈盼方家學者賜教。

目

次

卷　一

感懷詩一首〔1〕

　　高文會隋季，提劍徇天意〔2〕。扶持萬代人，步驟三皇地〔3〕。聖云繼之神，神仍用文治〔4〕。德澤酌生靈，沉酣薰骨髓〔5〕。

　　旄頭騎箕尾，風塵薊門起〔6〕。胡兵殺漢兵，屍滿咸陽市〔7〕。宣皇走豪傑，談笑開中否〔8〕。蟠聯兩河間，爐萌終不弭〔9〕。號為精兵處，齊蔡燕趙魏〔10〕。合環千里疆，爭為一家事〔11〕。逆子嫁虜孫，西鄰聘東里。急熱同手足，唱和如宮徵〔12〕。法制自作為，禮文爭僭擬〔13〕。壓階螭鬥角，畫屋龍交尾〔14〕。署紙日替名，分財賞稱賜〔15〕。刳陽歐萬尋，繚垣迒千雉〔16〕。誓將付孱孫，血絕然方已〔17〕。九廟仗神靈，四海為輪委〔18〕。如何七十年，汗艷含羞恥〔19〕。韓彭不再生，英衛皆為鬼〔20〕。凶門爪牙輩，穰穰如兒戲〔21〕。累聖但日吁，闞外將誰寄〔22〕。屯田數十萬，堤防常懍懍〔23〕。急征赴軍需，厚賦資兇器〔24〕。因隳畫一法，且逐隨時利〔25〕。流品極蒙尨，網羅漸離弛〔26〕。夷狄日開張，黎元愈憔悴〔27〕。邈矣遠太平，蕭然盡煩費〔28〕。

　　至於貞元末，風流恣綺靡〔29〕。艱極泰循來，元和聖天子〔30〕。元和聖天子，英明湯武〔31〕上。茅茨覆宮殿，封章綻帷帳〔32〕。伍旅拔雄兒，夢卜庸真相〔33〕。勃雲走轟霆，河南一平蕩〔34〕。繼於長慶初，燕趙終舁襁〔35〕。攜妻負子來，北闕爭頓顙〔36〕。故老〔37〕撫兒孫，爾生今有望。茹鯁喉尚隘，負重力未壯〔38〕。坐幄無奇兵，吞舟漏疏網〔39〕。骨添薊垣沙，血漲嘑沱浪〔40〕。只云徒有征，安能問無狀〔41〕。一日五諸侯，奔亡如鳥往〔42〕。取之難梯天，失之易反掌〔43〕。蒼然太行路，翦翦還榛莽〔44〕。

　　關西賤男子，誓肉虜杯羹〔45〕。請數繫虜事，誰其為我聽〔46〕。蕩蕩乾坤大，曈曈日月明〔47〕。叱起文武業，可以豁洪溟〔48〕。安得封域內，長有扈苗征〔49〕。七十里百里，彼亦何嘗爭〔50〕。往往念所至〔51〕，得醉愁蘇醒。韜舌辱壯心，叫閽無助聲〔52〕。聊書感懷韻，焚之遺賈生〔53〕。

【注釋】

〔1〕詩題原注：「時滄州用兵」。滄州用兵指討伐李同捷的戰事。據《資治通鑒》卷二四三：敬宗寶曆二年（826）四月，橫海節度使李全略死，其子李同捷自為留後，文宗大和元年（827）五月，朝廷以李同捷為兗海節度使，同捷拒不受命。八月，朝廷下詔征討李同捷，經三年方討平。李同捷被送解京師斬首。滄州：橫海鎮，一名滄景，為橫海節度使治所；今屬河北。此詩作於官兵出征後大和元年（827），杜牧時年二十五歲。

〔2〕「高文」二句：借用漢高祖之事頌揚唐高祖李淵與太宗李世民父子順應天意，提劍起兵，滅隋興唐。高文：高指唐高祖李淵，李淵廟號是高祖；文即唐太宗李世民，其謚號為文皇帝。會：適逢，正當。隋季：隋朝末年；季，末世。提劍：提著寶劍，比喻起兵。《史記·高祖本紀》載劉邦語：「吾以布衣提三尺劍取天下，此非天命乎？」徇：順應，依從。天意：上天的旨意。

〔3〕「扶持」兩句：謂高祖、太宗滅隋興唐，拯救生民，功績堪與三皇並論。扶持：猶救助，拯救。步驟：步，緩行；驟，疾走。引申為緩急、快慢。《後漢書·曹襃傳》：「三五步驟」注引《孝經鈎命訣》曰：「三皇步，五帝驟，三王馳。」意謂三皇五帝治理天下，遲速有節，按步驟行事。《晉書·桓溫傳》：「復欲立奇功於趙魏，允歸望於天人；然後步驟前王，憲章虞夏。」三皇：傳說中上古三帝王，一般指伏羲、神農、黃帝。此外還有伏羲、神農和女媧，伏羲、神農和燧人，伏羲、神農和祝融，天皇、地皇和泰皇以及天皇、地皇和人皇等不同說法。

〔4〕「聖云」二句：謂太宗繼承高祖的事業，用文德治理天下。聖：指唐高祖。云：語助詞。神：指太宗。文治：用文教禮樂治理國家。《舊唐書·音樂志》：「太宗曰：『朕雖以武功定天下，終當以文德綏海內。文武之道，各隨其時。』」唐吳兢《貞觀政要·誠信第十七》：太宗嘗謂長孫無忌等曰：「魏徵勸朕『偃革興文，布德施惠，中國既安，遠人自服』，朕從此語，天下大寧。」

〔5〕「德澤」二句：謂太宗恩德滋潤百姓，使百姓進入像醇酒薰入骨髓般的沉酣狀態。德：即文德。杜甫《重經昭陵》：「翼亮貞文德，丕承戢武威。」酌：酌酒使飲，喻施德於民。生靈：生民，百姓。沉酣：謂醉酒。薰骨髓：香氣侵入骨

髓。薰，香氣。

以上第一段，歌頌唐太宗貞觀之治。

〔6〕「旄頭」二句：上句言旄頭星騎在箕星與尾星上，呈跳躍之勢。下句謂玄宗天
　　寶末年安祿山在幽燕起兵叛亂。旄頭：星名，二十八宿之一，亦稱昴（mǎo）。
　　《史記・天官書》：「昴曰髦頭，胡星也。」《正義》曰：「昴七星為髦頭，胡
　　星，亦為獄事。明，天下獄訟平；暗，為刑罰濫。六星明與大星等，大水且
　　至，其兵大起；搖動若跳躍者，胡兵大起；一星不見，皆兵之憂也。」箕、
　　尾：亦二十八宿星名。古人認為天上的星象與地上的人事相應，一定的星宿對
　　應一定的地區。尾箕對應當時的燕州、幽州。昴星變異是戰亂的徵象。風塵：
　　此謂戰亂。薊（jì）門：亦稱薊丘，在今北京德勝門外，西周與春秋戰國時燕
　　國建都於薊。此指代幽燕地區；當時是安祿山的管轄地。

〔7〕「胡兵」二句：此指天寶十五載（756）六月，安史叛軍攻佔長安。胡兵：即
　　安史叛軍。胡，漢人對北方少數民族的統稱。因安史叛軍大多是北方少數民
　　族人，故稱。據《資治通鑑》卷二一六：安祿山為胡人，蓄謀叛亂，「養同羅、
　　奚、契丹降者八千餘人，謂之『曳落河』。曳落河者，胡言壯士也。及家僮百
　　餘人，皆驍勇善戰，一可當百。」漢兵：指唐朝政府軍。咸陽：秦朝的都城，
　　今陝西咸陽市東北一帶，在渭水北；唐人詩文多用來代稱都城長安（故城在
　　今陝西西安市西北，在渭水南）。

〔8〕「宣皇」二句：稱讚唐肅宗從容任用郭子儀等將領，談笑之間平定安史之亂，收
　　復兩京，扭轉中衰局面，使唐朝得以復興。宣皇：杜牧自注：「肅宗也。」肅宗
　　即李亨，公元756至761年在位，諡號「文明武德大聖大宣孝皇帝」，故稱。走
　　豪傑：使天下豪傑為之奔走。走，奔走；驅使駕馭之義；使動用法。談笑：形
　　容平定叛亂時的從容淡定。開中否（pǐ）：謂扭轉危險局面。否，卦名，在《易
　　經》中為阻塞不通之象。

〔9〕「蟠聯」二句：謂安史叛亂雖經平定，然其餘黨仍盤踞黃河南北，死灰復燃，
　　禍根始終未能消除。蟠聯：盤踞聯結。兩河：指黃河南、北地區；唐安史之亂
　　後，稱河南、河北二道為兩河。《新唐書・藩鎮魏博傳》：「安史亂天下，至肅宗
　　大難略平，君臣皆幸安，故瓜分河北地，付授叛將，護養孽萌，以成禍根。」
　　安史亂後，降將李寶臣、李懷仙、田承嗣等，被升授節鉞，任為河北諸道節度
　　使，竟成連衡叛上的遺患。德宗建中初年，河北諸鎮復相繼謀反作亂。參見
　　《資治通鑑》卷二二二。燼萌：餘燼又燃燒起來。燼，物體燃燒後剩下的東西，

引申為殘餘。萌，植物萌芽。弭（mǐ）：止息，滅。

〔10〕「號為」二句：謂安史之亂後，兵力最為強勁、最為跋扈的五大藩鎮節度是齊、蔡、燕、趙、魏。號為精兵處：號稱勢力最強的地方。齊蔡燕趙魏：本為春秋戰國時期的五個國名，這裡指安史之亂後的淄青、彰義、盧龍、成德、魏博五大藩鎮。齊指淄青節度使，治所青州（今山東益都）；蔡指彰義節度使，治所蔡州（今河南汝南）；燕指盧龍節度使，治所幽州（今北京）；趙指成德節度使，治所鎮州（今河北正定）；魏指魏博節度使，治所魏州（今河北大名）。後三鎮原本安、史的降將，此後或父子相繼，或部將承襲，或互相攻伐，或聯合反唐，為害尤烈，直至唐亡，史稱河朔三鎮。

〔11〕「合環」二句：謂五強鎮踞廣袤之地，串通一氣，結成背叛朝廷之同盟。合環：周圍。此處猶言串通。爭：力求實現。一家事：自家的利益；猶言結盟。

〔12〕「逆子」四句：謂叛鎮間互相結姻通婚，彼此呼應，結成死黨，協調步驟。逆、虜：互文見意，都是對謀叛藩鎮輕蔑的稱呼。急熱：親熱狀，比喻關係打得火熱。《新唐書·藩鎮鎮冀傳》：「（寶臣）與薛嵩、田承嗣、李正己、梁崇義相姻嫁，急熱為表裏。」同：猶言似，好像、如同。與下句「如」對舉，其義相同。唱和（hè）：原指領唱與和唱，引申指彼此互相呼應、配合。宮徵（zhǐ）：宮音與徵音的並稱。古代音樂分為宮、商、角、徵、羽五音。此四句申說上二句，互通婚婭正是河北諸鎮結盟為「一家」的手段之一。

〔13〕「法制」二句：謂叛鎮妄自尊大，自行其是，私自制定法令，禮儀制度模擬天子。《舊唐書·田悅傳》：「朱滔稱冀王，悅稱魏王，武俊稱道王，又請李納稱齊王……築壇於魏縣中，告天受之。滔為盟主，稱孤；武俊、悅、納稱寡人。滔以幽州為范陽府，恒州為真定府，魏州為大名府，郡州為東平府。」又《新唐書·藩鎮盧龍傳》：「滔等居室皆曰殿，妻曰妃，子為國公，下皆稱臣，謂殿下，上書曰箋，所下曰令。」可見自命天子、另設朝廷之狀。僭（jiàn）擬：冒用名分，越分妄比，謂在下者自比於尊者，指臣下擅用皇帝的禮樂制度。

〔14〕「壓階」二句：謂叛鎮僭擬天子制度的種種行為。朝廷之殿階方可以石螭頭裝飾，宮殿可繪龍，今方鎮節度為之，顯然僭越法制。壓階：臺階。螭（chī）：古代傳說中無角的龍。鬥角：螭頭上的角碰在一起，好像在爭鬥。畫屋：帶有彩繪的房屋。龍交尾：龍尾巴互相纏結。螭頭、交龍，為帝王宮殿、旗幡之文飾。

〔15〕「署紙」二句：亦言叛鎮僭擬天子制度的種種行為。署文用印璽而廢簽名，分賞僚屬竟然稱「賜」，皆屬僭擬天子禮儀。署紙：在公文上署名。替名：廢棄簽名。

唐代一般官員簽發公文必須簽名，唯皇帝詔書用玉璽而不用簽名。賜：國君賞
予臣下稱賜。《孔子家語》：「君取於臣謂之取，與於臣謂之賜。」

〔16〕「刳隍」二句：謂城壕挖得很深，城牆築得很高。刳（kū），挖。隍（huáng），
護城壕。歊（xiān）：貪欲。萬尋：極言城池之長。尋，古代長度單位，舊制八
尺為尋。繚垣（liáo yuán）：圍牆，此指城牆。雉（zhì）：古代計算城牆面積的
單位。長三丈，高一丈為一雉。古代城牆有一定的規格，天子都城為千雉，諸
侯城牆不超過百雉。《春秋公羊傳》注：「禮，天子千雉。」周代制度，諸侯之
城周長不得超過三百雉。

〔17〕「誓將」二句：謂叛鎮擁兵自重，割據一方，且欲世代相傳，承繼不替。《舊唐
書・李寶臣傳》：「（寶臣）與薛嵩、田承嗣、李正己、梁崇義等，連結姻婭，互
為表裏，意在以土地傳付子孫，不稟朝旨，自補官吏，不輸王賦。」孱（chán）
孫：軟弱無能的子孫。司馬貞《史記索隱》：「孱，弱小貌也。」血絕：血緣斷
絕，指斷子絕孫。以上均為叛鎮之宮室、禮文、城防等不遵制度、比擬天子狀。
然：才，副詞。

〔18〕「九廟」二句：謂依仗神靈的庇佑，全國向朝廷貢輸財貨，使朝廷正常運轉。九
廟：古代帝王立廟祭祀祖先，有太祖廟及三昭廟、三穆廟，共七廟。東漢末年
王莽篡位後，增加了黃帝太初祖廟和帝虞始祖昭廟，是為九廟。後代歷朝皆沿
此禮制。此處代指唐王朝。四海：猶全國。輸委：輸送財物。

〔19〕「如何」二句：謂安史之亂爆發至今長達七十餘年，為何長期含垢忍恥，聽任
叛鎮飛揚跋扈？如何：為何，為什麼。七十年：自玄宗天寶十四載（755）安
史之亂爆發，至文宗大和元年（827）杜牧作此詩止，凡七十三年，此取其整
數而言。杜牧《罪言》：「環土三千里，植根七十年，復有天下陰為之助，則安
可以取？」汗赩（xì）：因心中羞慚而臉紅出汗。此指含羞隱忍狀。赩，赤色，
大紅色。

〔20〕「韓彭」二句：謂朝廷如今已不復有韓信、彭越、李靖、李勣等堪當大任的名將。
即當世缺少匡復社稷的英才。韓彭：漢將韓信與彭越的合稱。韓信曾被劉邦拜
為大將，彭越被封為梁王，二人均為輔佐劉邦戰勝楚軍的名將，又皆以謀反罪
被殺。詩歌中常以之詠功臣良將。韓信，傳見《史記》卷九三、《漢書》卷三三。
彭越，傳見《史記》卷九〇、《漢書》卷三四。英衛：唐太宗時期的兩位名將李
勣與李靖。李勣封英國公，李靖封衛國公。李勣、李靖傳均見《舊唐書》卷六
七、《新唐書》卷九三。

〔21〕「凶門」二句：謂當今武將不堪重任，雖亦紛紛出征，卻不能平叛立功，結果形同兒戲。凶門：北門。古代將領受命出征，鑿一凶門而出，以示誓死不返。《淮南子·兵略訓》：「將已受斧鉞，……乃爪鬋，設明衣也，鑿凶門而出。」高誘注：「凶門，北出門也。將軍之出，以喪禮處之，以其必死也。」爪牙：謂武將。《詩·小雅·祈父》：「予王之爪牙。」穰（ráng）穰：眾多的樣子。兒戲：言武臣指揮軍事輕率無能。《史記·絳侯周勃世家》：「霸上、棘門軍，若兒戲耳，其將固可襲而虜也。」

〔22〕「累聖」二句：謂歷朝天子每天憂愁歎息，現在平藩重任誰堪託付呢？累聖：指唐玄宗以後的歷代皇帝。但：只。日吁（xū）：每日憂愁歎息。吁，歎氣，歎息。閫（kǔn）外：門外，指統兵在外的將帥。喻軍權。《史記·張釋之馮唐列傳》：「臣聞上古王者之遣將也，跪而推轂曰：『閫以內者，寡人制之；閫以外者，將軍制之。』」寄：託付。

〔23〕「屯田」二句：表示對邊州軍鎮的憂慮。屯田：利用戍卒或農民、商人墾殖荒地。漢代以後，歷朝政府都沿用這種措施來取得軍餉和稅糧，此處指安置在邊防屯田的軍隊。堤防：堤壩，比喻邊防軍。懾惴（shè zhuì）：憂慮不安，恐懼。

〔24〕「急征」二句：此處批評朝廷，謂安史戰亂以來，每有戰事，則必加重征斂，以滿足軍需和武器裝備之用。急征：迅速征斂財物。軍需：即軍需，軍隊需要的各種物資，指資糧器械之類。厚賦：高額的賦稅。資：資助，供給。兇器：古稱兵為兇器。《六韜·兵道》：「聖王號兵為兇器，不得已而用之。」《韓非子·存韓》：「兵者，兇器也，不可不審用也。」

〔25〕「因隳」二句：謂玄宗對藩鎮處置不當，輕易改變太宗所定法度，僅顧一時之利，破壞了蕭規曹隨的良好法規，進而損害國家統一事業。因：於是。隳（huī）：毀壞。畫一法：統一的法令政策。此指前朝法度。《史記·曹相國世家》：「蕭何為法，顜若畫一；曹參代之，守而勿失。載其清淨，民以寧一。」按，杜牧《為中書門下請追尊號表》云：「大曆、貞元之際，河北、河南之地，朝廷行姑息之政，郡國皆叛亂之臣。苟且之令行，畫一之法廢，月增日長，雄唱雌和。」詩文可互證。

〔26〕「流品」二句：謂朝廷百官冗雜，法制逐漸鬆弛。流品：品類，等級；指官職的類別、等級；後亦泛指門第或社會地位。蒙厖（méng máng）：龐雜，雜亂。網羅：法令制度。離弛：離散鬆懈。

〔27〕「夷狄」二句：謂外患及藩鎮之禍日益嚴重，百姓生活困苦不堪。夷狄：邊遠少

數民族；喻指外患。開張：擴張，放肆囂張。《宋書・何承天傳》：「加塞漠之外，胡敵掣肘，必未能摧鋒引日，規自開張。」黎元：即黎民；民眾，百姓。憔悴：面容枯槁，生計艱難。

〔28〕「邈矣」二句：謂藩鎮叛亂造成社會動盪，百姓貧困，太平安定之日遙遙無期。邈（miǎo）矣：遙遠的樣子。蕭然：猶騷然；擾亂騷動的樣子。《史記・酷吏列傳》：「及孝文帝欲事匈奴，北邊蕭然苦兵矣。」煩費：耗費，指征斂繁重。《史記・平準書》：「嚴助、朱買臣等招來東甌，事兩越，江淮之間，蕭然煩費矣。」

以上第二段，寫安史亂後河北諸鎮割據跋扈及其禍害百姓之狀。

〔29〕「至於」二句：謂到了貞元末年，社會風尚已變得奢侈放縱。貞元：唐德宗李适的年號（785～805）。風流：風俗，時尚。恣：放縱，沒有拘束。綺靡（qǐ mǐ）：浮華，奢侈。唐李肇《唐國史補》卷下：「長安風俗，自貞元侈於遊宴。」

〔30〕「艱極」二句：謂憲宗元和年間，終於否極泰來，由艱危而轉順暢。《晉書・呂隆載記》：「通塞有時，艱泰相襲。」艱難到了極點，就會轉為安泰。古人認為物極必反、禍福循環，故有此類說法。泰：《周易》卦名，與「否」相反，通暢、安寧之意。即「天地交而萬物通」。循來：循序而來。元和聖天子：指唐憲宗李純。他被認為是唐代中興的皇帝，即位時年號改為元和（806～820）。據《唐會要》卷一，元和十四年又上尊號曰聖文神武皇帝。元和十二年，宰相裴度督師，李愬夜襲蔡州，擒吳元濟，河朔三鎮震恐，歸順朝廷，史稱中興。

〔31〕湯武：商朝開國君主成湯和周朝開國君主周武王姬發，古代的聖君。詩人認為唐憲宗比湯武還要英明。

〔32〕「茅茨」二句：謂唐憲宗用度節儉如上古時唐堯和漢文帝。茅茨（cí）：茅草和蘆葦。覆：覆蓋。相傳帝堯居住的是用茅草覆頂的房子。《韓非子・五蠹》：「堯之王天下也，茅茨不翦。」封章：機密事之章奏皆用皂囊重封以進，故名封章。泛指奏章外面的封套。唐白居易《和夢遊春詩一百韻》：「密勿奏封章，清明操憲牘。」綻（zhàn）：縫製。漢文帝非常節儉，用大臣奏章外面的封套做宮殿的帷帳。《漢書・東方朔傳》：「孝文皇帝……集上書囊以為殿帷。」

〔33〕「伍旅」二句：謂唐憲宗即位後在用人上的兩項重大決策，一是從行伍中選拔大將；二是像殷王武丁與周文王那樣任用賢相。即從軍旅中提拔高崇文，討平西川劉闢叛鎮；任用杜黃裳、武元衡、裴度等人為相，重振了朝廷聲威。高崇文本行伍出身，劉闢反時，宰相杜黃裳薦其才，詔為左神策行營節度使討闢。事

見《新唐書‧高崇文傳》及《資治通鑑》卷二三七。伍旅：指士兵行列；古代軍隊的編制單位，五人為伍，五百人為旅。雄兒：指勇將，健兒。《三國志‧魏書‧鄧艾傳》：「（艾）又曰：『姜維自一時雄兒也，與某相值，故窮耳。』」夢卜：《史記‧殷本紀》：武丁「夜夢得聖人」，乃派人到野外尋訪，得傅說（yuè），任用為相。《史記‧齊太公世家》：周文王將出獵，「卜之，曰……所獲霸王之輔。」在渭水濱遇呂望，「載與俱歸，立為師。」商王武丁夢見聖人，派人前去尋找，得到了正在砌牆的傅說，任用為相；周文王因占卜，得到了在渭水垂釣的姜子牙，任用為相。兩人都是歷史上的賢相。庸：用。真相：具有真實才能的宰相，用《漢書‧王商傳》典：「天子聞而歎曰：『此真漢相矣！』」指中唐裴度、武元衡、杜黃裳等人。《舊唐書‧裴度傳論》：憲宗「志攄宿憤，廷訪嘉猷。始得杜邠公用高崇文誅劉闢；中得武丞相運籌訓戎，贊成睿斷；終得裴晉公耀武伸威，竟殄兩河宿盜。」

〔34〕「勃雲」二句：謂憲宗以雷霆萬鈞之力，一舉蕩平盤踞河南之叛鎮。勃雲：突然湧起的雲，形容唐軍聲勢迅疾浩大。轟霆：迅雷，響雷。據《新唐書‧憲宗紀》，元和十二年（817）平淮西吳元濟，十四年（819）二月平淄青李師道，七月宣武韓弘率汴、宋、亳、潁四州歸朝。河南道的割據勢力都被唐軍平定。故云「河南一平蕩」。按，杜牧此言未免過其實。憲宗初期尚能用賢，晚年卻驕侈拒諫，親讒好仙，以致暴卒。

〔35〕「繼於」二句：到了長慶初年，燕趙的割據勢力也來歸順。長慶：唐穆宗李恒年號（821～824）。燕趙：燕指盧龍節度使，治幽州（今北京市）；趙指成德節度使，治鎮州（今河北正定）。據《新唐書‧穆宗紀》載，元和十五年（820）十月，成德軍觀察支使王承元以所鎮四州歸順朝廷；長慶元年（821）二月，盧龍軍節度使劉總以所鎮八州歸順朝廷。舁襁（yú qiǎng）：把嬰兒裹在包被中背在背上；此指抱著襁褓中的嬰兒。比喻歸附。

〔36〕北闕：古代宮殿北面的門樓，是大臣等候朝見或上書奏事的地方，代指朝廷。《漢書‧高帝紀》：「至長安，蕭何治未央宮，立東闕、北闕、前殿、武庫、太倉。」注：「未央殿雖南向，而尚書奏事，謁見之徒，皆詣北闕。……是則以北闕為正門。」後因以帝王宮禁為北闕。闕，宮門前的望樓。頓顙（sǎng）：叩頭。顙，額頭。這裡描寫百姓爭相歸順朝廷的情況。

〔37〕故老：老人；年長而有見識的人。

〔38〕「茹鯁」二句：謂穆宗君臣懦弱無能，猶如喉窄難咽魚骨，力弱不能負重。茹鯁：

吞吃魚骨。食骨留咽喉中曰鯁。喻指穆宗朝廷對於藩鎮力不從心。陰：狹窄。

〔39〕「坐幄」二句：謂軍帥無奇策良謀，致使藩鎮歸而復叛，猶疏網之遺漏吞舟大魚。坐幄：運籌帷幄。《漢書·高帝紀》：「運籌帷幄之中，決勝千里之外。」幄，軍帥指揮之帳幕。奇兵：妙計。吞舟：吞舟之魚的略語；指大魚；這裡指反叛朝廷的藩鎮。《史記·酷吏列傳》：「網漏於吞舟之魚。」穆宗朝宰相無謀，將劉總等已歸附之叛將放歸，致其野心復萌。

〔40〕「骨添」二句：寫長慶元年盧龍軍和成德軍亂，幽州和正定一帶屍骨滿地，血流湧河。「骨添」句，謂薊丘一帶屍骨新添，幽州盧龍軍都知兵馬使朱克融謀反作亂。《新唐書·穆宗紀》：長慶元年「七月甲辰，幽州盧龍軍都知兵馬使朱克融，囚其節度張弘靖以反。」「血漲」句，謂滹沱河面泛起血浪，成德軍大將王廷湊謀反。《新唐書·穆宗紀》：長慶元年七月「壬戌，成德軍大將王廷湊殺其節度使田弘正以反。」又《新唐書·藩鎮鎮冀傳》：王廷湊「害弘正，自稱留後，⋯⋯會朱克融囚張弘靖，以幽州亂，乃合從拒王師。」薊垣：即薊丘，薊門一帶，盧龍軍盤踞在此。嘑沱：今作「滹沱」，源出今山西省，東南流入河北省，經正定流入沽河。正定，唐時鎮州，成德軍治所在此。

〔41〕「只云」二句：謂今日朝廷徒有興師征伐叛鎮之名，實際並無力切實追究其叛逆之罪。徒有征：僅有征戰的名義。有征，出征不戰而勝。《漢書·嚴助傳》：「臣聞天子之兵，有徵而無戰。」無狀：罪大不可言狀；此處指叛逆謀反活動。《漢書·翟方進傳》：「丞相、御史請遣掾史與司隸校尉、部刺史並力逐捕，察無狀者，奏可。」

〔42〕「一日」二句：指朝廷同時派遣五路節度使討伐叛軍，結果被打得落荒而逃，如鳥獸散。五諸侯：指魏博節度使田布、橫海節度使烏重允、昭義節度使劉從諫、河東節度使裴度、義武節度使陳楚。他們於長慶元年八月受命發兵討伐王廷湊，歷時半年，財盡力竭而退，無一能建功。事見《新唐書·穆宗紀》。唐節度使專制一方，猶如古代諸侯，故稱五諸侯。杜牧《罪言》：「長慶初誅趙，一日五諸侯兵四出潰解，以失魏也。」

〔43〕梯天：登梯子上天。梯，用為動詞。反掌：反轉手掌，喻事之容易。

〔44〕「蒼然」二句：謂太行山以東河北三鎮背叛朝廷，致使太行路上榛莽叢生，阻塞不通。蒼然：蒼茫，廣遠無盡的樣子。太行路：盧龍、成德和魏州俱在太行山以東。至長慶二年史憲誠在魏州叛反，「三鎮復為盜據，連兵不息」（《舊唐書·天文志》）。翼翼：狹窄的樣子。榛莽：亂木叢生。

　　以上第三段，寫憲宗朝收復叛鎮之功績及穆宗朝懦弱無能、措置不當，以至河北三鎮得而復失。

〔45〕「關西」二句：謂詩人發誓要以削藩平叛為己任，誓烹叛鎮之肉而食其羹。「關西」句，杜牧自謂。關西：潼關以西，因作者家於長安，故稱。賤男子：杜牧大和二年（828）春考中進士，而本詩作於大和元年，當時杜牧既未考中進士，又沒有做官，所以這樣自稱。肉：此處用作動詞，義為吃肉。虜：指叛亂的藩鎮。羹：肉湯。《史記·項羽本紀》：「漢王曰：『……吾翁即若翁，必欲烹而翁，則幸分我一杯羹。』」

〔46〕「請數」二句：謂請讓我來陳述平叛之策，但又有誰肯聽取呢？數（shǔ）：陳述，列舉。係虜：擒敵，捉拿叛軍。

〔47〕「蕩蕩」二句：化用《後漢書·郎顗傳》典：「誠欲陛下修乾坤之德，開日月之明。」蕩蕩：空曠廣遠之意。曈（tóng）曈：光明的樣子。乾坤、日月：喻天地之道和帝王之象。

〔48〕「叱起」二句：謂自己將竭盡全力貢獻朝廷，使文武大業重新振起，令天地大放光明。叱（chì）起：相傳皇初平牧羊遇仙，數年後其兄初起往尋，見初平對白石叱曰：「叱！叱！羊起！」白石遂變為數萬頭羊。後因以表示以仙術創造巨動。此典見《藝文類聚》卷九四引《神仙傳》。叱，大聲呼喊。文武業：周文王和周武王成就的偉業。文武，為周文王、周武王的合稱。周文王是商代西方諸侯的首領，把他管轄的地方治理得很好；周武王起兵滅商，是周代的開創者。可以：能，能夠。豁：開闊，寬敞。洪溟：大海。比喻天下。

〔49〕「安得」二句：謂朝廷何時能仿傚夏禹、夏啟之征服有扈、有苗（亦稱三苗），亦能一舉平定叛鎮，實現統一。扈苗，有扈與有苗，是古代兩個叛亂的部落首領，夏禹征有苗，帝舜以文德服之；夏啟征有扈，以武力滅之。此處比喻對叛亂者的征伐。

〔50〕「七十」二句：謂商湯曾以七十里、周文王曾以百里之地終於兼有天下，他們都以文德服人，何曾以武力相爭。《孟子·公孫丑上》：「以德行仁者王，王不待大。湯以七十里，文王以百里。以力服人者，非心服也，力不贍也；以德服人者，中心悅而誠服也。」何嘗爭：指何嘗用武力來爭奪。

〔51〕往往念所至：常常想起自己所處的時代。

〔52〕「韜舌」二句：謂面對時局，緘口無言，未免有辱自己的雄心壯志；然若向朝廷進言，又無人相助聲援。韜（tāo）舌：把話藏起來，閉嘴不說。韜，藏。

壮心：豪壯的志願，壯志。三國魏曹操《龜雖壽》：「烈士暮年，壯心不已。」

叩闇：也稱叩闇；謂吏民因冤屈等原因向朝廷申訴；此言叩開宮門向朝廷疾呼。闇，宮門。戰國屈原《離騷》：「吾令帝閽開關兮，倚閶闔而望予。」漢王逸注：「帝，謂天帝。閽，主門者也。閶闔，天門也。言己求賢不得，疾讒惡佞，將上訴天帝，使閽人開關，又倚天門望而距我，使我不得入也。」

〔53〕聊：姑且。遺（wèi）：贈送。賈生：賈誼，西漢傑出政論家和文學家，世稱賈生。少年才俊，二十二歲被漢文帝召為博士，遷太中大夫。屢獻革除時弊之策，頗得文帝採納，後遭忌被貶。遷梁懷王太傅而卒，年三十三。詳見《史記》《漢書》本傳。這裡作者將其引為同調。

以上第四段，表達詩人平叛願望及其無從實現之無奈心理。

【簡評】

這是一首政治抒情長詩，共一百零六句，五百三十字。是現存杜牧詩中可考定年代的最早一首，雖作於青年時期，但已表現出勁健豪邁的風格，在晚唐諸家同類題材作品中堪稱翹楚之作。詩人有感於安史亂後藩鎮跋扈的局面，對於朝廷軟弱、生民憔悴、兵連禍結、國無寧日的情況深表擔憂，也表現出自己有志報國而無從施展抱負的情懷。

起筆渲染唐取天下，建立偉業，洋溢著樂觀與敬仰之情。繼而寫安史之亂帶來的觸目驚心的亂象，用形象逼真的筆觸為藩鎮割據的景象做了一個速寫；隨後寫地方諸侯叛亂與平亂歷史，頌揚元和、長慶年間的勝利，痛惜唐敬宗寶曆年間戰禍又起。卒章抒懷，渴望盛世再現，盼望請纓殺敵，然而現實生活中卻是以酒澆愁，「得醉愁蘇醒」，憂思難平；隱忍不言而又不能，呼天搶地而無人應。其心思，卻只為了「叱起文武業，可以豁洪溟」，實現和平統一、圓國家富強夢。可歎無人知曉，無奈中只好將表達心曲的詩稿焚燒，祭奠那漢代的賈誼，向千年前的古人一訴情懷。所幸，來年四月，大軍獲勝，斬李同捷。

此詩以古文筆法評說玄宗之後歷朝處置藩鎮之策，讚揚憲宗擢拔人材、掃平叛鎮之英明，批評代宗、德宗及穆宗姑息養奸，致使戰亂不已，人民遭難。詩人抒其懷抱，欲為平叛事業作出貢獻。儘管詩的結尾流露出弘策難被採納、理想難以實現的無奈，但整個基調卻是激憤和軒昂的。

全詩文字激揚，質樸雄健，氣韻高古，筆墨跌宕，波瀾萬千，似江河澎湃，奔流直下，於雄渾中顯現著滄桑，激昂中埋藏著悲憤，沉鬱中壓抑著痛愴，卻又低回婉轉，一唱三歎，意味無窮。這首指點江山的史詩之作，是詩人在血淚

交迸中嘔心瀝血寫就的，不但展現著青年杜牧的非凡才華，也充分顯現著他那宏大而深沉的憂鬱、憂悶、憂憤、憂國憂民、憂兵憂政的心靈，顯現著他那高潔而孤傲的風流魂魄。

全詩以時間發展為順序，以空間事件為中心，或敘或議，亦詩亦史，頗具政論色彩。史筆似其《罪言》之文，實而不滯；詩情如杜甫《北征》長篇，憂患滿紙。可與杜甫的《北征》、李商隱的《行次西郊作一百韻》相媲美。杜牧五古，頗學杜甫，故成就高出晚唐諸家，此篇為代表作。

杜秋娘詩並序

杜秋〔1〕，金陵〔2〕女也。年十五，為李錡〔3〕妾。後錡叛滅，籍之入宮〔4〕，有寵於景陵〔5〕。穆宗〔6〕即位，命秋為皇子傅姆〔7〕。皇子壯，封漳王〔8〕。鄭注用事〔9〕，誣丞相欲去異己者，指王為根〔10〕。王被罪廢削〔11〕，秋因賜歸故鄉。予過金陵，感其窮且老，為之賦詩。

京江〔12〕水清滑，生女白如脂〔13〕。其間杜秋者，不勞朱粉施〔14〕。老濞即山鑄，後庭千雙眉〔15〕。秋持玉斝醉，與唱金縷衣〔16〕。濞既白首叛，秋亦紅淚滋〔17〕。

吳江落日渡，瀟岸綠楊垂〔18〕。聯裾見天子，盼眄獨依依〔19〕。椒壁懸錦幕〔20〕，鏡奩蟠蛟螭〔21〕。低鬟認新寵，窈嬝復融怡〔22〕。月上白璧門〔23〕，桂影涼參差〔24〕。金階露新重，閒捻紫簫吹〔25〕。莓苔夾城路，南苑雁初飛〔26〕。紅粉羽林杖，獨賜辟邪旗〔27〕。歸來煮豹胎，饜飫不能飴〔28〕。咸池升日慶，銅雀分香悲〔29〕。雷音後車遠，事往落花時〔30〕。燕禖得皇子，壯髮綠緌緌〔31〕。畫堂授傅姆，天人親捧持〔32〕。虎睛珠絡褓，金盤犀鎮帷〔33〕。長楊射熊羆，武帳弄啞咿〔34〕。漸拋竹馬劇，稍出舞雞奇〔35〕。嶄嶄整冠佩，侍宴坐瑤池〔36〕。眉宇儼圖畫，神秀射朝輝〔37〕。

一尺桐偶人，江充知自欺〔38〕。王幽茅土削，秋放故鄉歸〔39〕。觚稜拂斗極，回首尚遲遲〔40〕。四朝三十載〔41〕，似夢復疑非。潼關識舊吏，吏髮已如絲〔42〕。卻喚吳江渡，舟人那得知。歸來四鄰改，茂苑草菲菲〔43〕。清血〔44〕灑不盡，仰天知問誰。寒衣一匹素〔45〕，夜借鄰人機。

我昨金陵過，聞之為獻欷〔46〕。自古皆一貫〔47〕，變化安能推。夏姬滅兩國，逃作巫臣姬〔48〕。西子下姑蘇，一舸逐鴟夷〔49〕。織室魏豹俘，作漢太平基〔50〕。誤置代籍中，兩朝尊母儀〔51〕。光武紹高祖，本係生唐兒〔52〕。珊瑚破高齊，作婢春黃糜〔53〕。蕭后去揚州，突厥為閼氏〔54〕。女子固不定〔55〕，

士林亦難期〔56〕。射鉤後呼父，釣翁王者師〔57〕。無國要孟子，有人毀仲尼〔58〕。秦因逐客令，柄歸丞相斯〔59〕。安知魏齊首，見斷簀中屍〔60〕。給喪蹶張輩，廊廟冠峨危〔61〕。珥貂七葉貴，何妨戎虜支〔62〕。蘇武卻生返，鄧通終死饑〔63〕。主張〔64〕既難測，翻覆〔65〕亦其宜。地盡有何物，天外復何之〔66〕。指何為而捉，足何為而馳。耳何為而聽，目何為而窺〔67〕。己身不自曉，此外何思惟〔68〕。因傾〔69〕一樽酒，題作杜秋詩。愁來獨長詠，聊可以自貽〔70〕。

【注釋】

〔1〕杜秋：即杜仲陽，原是京口平民女子，年及笄而作浙西觀察使李錡侍妾。後李錡叛亂敗亡，杜秋被收入宮中，長達二十七年。文宗朝，杜秋因牽涉到朝廷紛爭，被遣還鄉。杜牧於開成二年（837）秋末經過潤州（金陵）時，有感於杜秋娘又窮又老，故作此詩。詩中記述杜秋娘一生的經歷，並且抒發人生無常、命運難測的感慨。

〔2〕金陵：唐潤州的別名，即古之京口，今江蘇鎮江。漢末孫權治於此，稱京城。後遷都建鄴，以此為京口鎮。唐趙璘《因話錄》：「唐人謂京口亦曰金陵。」唐劉長卿《冬夜宿揚州開元寺》：「暮帆背楚郭，江色浮金陵。」

〔3〕李錡：唐宗室子弟，以父蔭貞元中任湖、杭二州刺史，遷潤州刺史、浙西觀察使、諸道鹽鐵轉運使。恃恩驕橫，利交朝臣，蓄兵謀反。順宗朝為鎮海軍節度使，雖失利柄而得軍權，故反謀亦未發。憲宗元和二年（807），違抗詔命，不服調遷，起兵謀反。兵敗後，被押送京師腰斬。傳見《舊唐書》列傳六二、《新唐書·叛臣傳上》。

〔4〕籍之入宮：財產被沒收，自己也以罪人眷屬被沒入宮中。籍，登記財產予以沒收。此謂按名冊收取。

〔5〕景陵：指唐憲宗李純，死後葬於景陵，在今陝西省乾縣。《唐會要》：「憲宗葬景陵。」又《新唐書·地理志一》：「奉先景陵在縣西北二十里金熾山。」唐李商隱《過景陵》：「武皇精魂久仙升，帳殿淒涼煙霧凝。」

〔6〕穆宗：李恒，唐憲宗第三子，即位後改元長慶，在位四年（820～824）。即位：開始成為帝王。

〔7〕皇子：指穆宗第六子李湊。傅姆：猶保姆。古時輔導、保育貴族子女的老年婦人。

〔8〕壯：長大。漳王：即李湊，文宗之弟。長慶元年（821）封漳王。大和五年（831）

降為巢縣公。八年（834）薨，贈齊王。《新唐書》列傳第七：「八年薨，贈齊王。
（鄭）注後以罪誅，帝哀湊被讒死不自明，開成三年追贈。」

〔9〕鄭注：絳州翼城（今山西翼城）人。出身微賤，以方伎遊江湖。元和末，依襄
陽節度使李愬，李愬薦之於宦官王守澄，成為其親信。因鄭注通醫術，被薦之
於文宗，並得寵。後與李訓謀誅宦官，在「甘露之變」中失敗被殺。參見《新
唐書・鄭注傳》《資治通鑑》卷二四四。用事：執政，當權。

〔10〕丞相：指宋申錫。文宗先用宰相宋申錫謀除宦官，事為鄭注所知，鄭注勾結宦
官王守澄，誣構宋申錫謀逆，欲擁立漳王為帝。文宗不察，遠貶申錫。根：禍
根，謂宋申錫謀逆乃漳王在其後操縱。

〔11〕王被罪：大和五年漳王被廢，黜為巢縣公。宋錢易《南部新書》：「太和中，漳
王黜，放歸浙西，續詔令觀院安置，兼加存恤，故杜牧有《杜秋詩》稱於時。」
一說，杜秋放歸事在大和三年，與漳王獲罪無涉。廢削：罷免，廢除官職。

序言簡介杜秋娘其人及作詩緣起。

〔12〕京江：長江流經京口（今江蘇鎮江）的一段江面。

〔13〕脂：油脂。《詩・衛風・碩人》：「手如柔荑，膚如凝脂。」

〔14〕「不勞」句：謂天生麗質，靚麗動人，無須塗脂抹粉。《漢武故事》：「諸宮美人，
皆自然美麗，不施粉白黛黑。」不勞：不用。朱粉：化妝用的胭脂和鉛粉。

〔15〕「老濞」二句：謂像吳王劉濞（bì）那樣的人物，積聚了大量的財物，後庭擁有
上千個美女。劉濞是漢高祖劉邦之姪，封吳王，都廣陵（今江蘇揚州）。景帝三
年（前154），晁錯謀削諸侯封地，濞趁機聯合楚、趙等七國兵謀反。景帝遣周
亞夫將三十六將軍擊之，濞兵敗被誅。史稱「吳楚七國之亂」。劉濞謀反時年已
六十二歲，故稱「老濞」。即山鑄：劉濞就山鑄錢，財貨豐富。《史記・吳王濞
列傳》：「吳有豫章郡銅山，濞則招致天下亡命者，盜鑄錢，煮海水為鹽，以故
無賦，國用富饒。」這裡以劉濞借喻李錡，因二人均為宗室，都分封吳地，都
以謀反朝廷被殺。後庭：後宮。千雙眉：形容侍女之多。

〔16〕「秋持」二句：謂秋娘作李錡姬後，常持玉斝侍酒，為之吟唱《金縷衣》曲。玉
斝（jiǎ）：圓口三足的玉質酒杯。斝，古代酒器，多為青銅製，圓口，有鋬和三
足，用以溫酒，盛行於商代和西周初期。《金縷衣》：樂府曲詞；簡稱《金縷》；
唐宋時期一支流行曲子。杜牧自注：「勸君莫惜金縷衣，勸君須惜少年時。花開
堪折直須折，莫待無花空折枝。李錡長唱此辭。」

〔17〕「濞既」二句：謂李錡像劉濞一樣，在晚年發動叛亂，失敗後被誅；杜秋亦流淌

出無盡的淚水。白首叛：劉濞叛亂時已六十二歲，「白頭舉事」，故稱。紅淚：女子的眼淚。也泛指悲傷的眼淚或血淚。舊題晉王嘉《拾遺記·魏》載：常山女子薛靈芸被郡守谷習重金賂聘獻於魏文帝曹丕，「靈芸聞別父母，歔欷累日，淚下沾衣。至升車就路之時，以玉唾壺承淚，壺則紅色。既發常山，及至京師，壺中淚凝如血。」唐李賀《蜀國弦》：「誰家紅淚客，不忍過瞿塘。」

以上第一段，寫秋娘之美貌及被籍沒之概況。

〔18〕「吳江」二句：謂秋娘離別京口來到長安。吳江：京口流至揚州的一段長江，此處指京口的江面。灞岸：灞水岸邊；此處指長安。灞水在長安東二十里，源出藍田縣藍田谷中，經長安縣境，西北流入渭河。由吳江經灞水，是秋娘和其他沒籍的侍妾被送往京城的路線。

〔19〕「聯裾」二句：謂李錡姬妾同時籍沒入宮，侍妾們聯袂次第而行，而憲宗在諸女中獨鍾情於秋娘。聯裾：猶聯袂（mèi），即衣衫相碰連，這裡形容美人一個挨著一個。裾，衣服的前後襟，泛指衣服的前後部分。盼眄（miǎn）：注視，眷顧貌。依依：依戀不捨的樣子，傾慕貌。

〔20〕椒壁：即椒房，以椒和泥塗飾牆壁，芳香溫暖，又有多子的寓意。椒房專指皇后的宮室，也泛指后妃的住所。《三輔黃圖》引《西京雜記》曰：「溫室以椒塗壁。」又云：「椒房殿在未央宮，以椒和泥塗，取其溫而芬芳也。」又《太平御覽》卷一引《漢宮儀》云：「皇后稱椒房，以椒塗室，主溫暖除惡氣也。」錦幕：錦繡帳幃。

〔21〕鏡奩（lián）：盛裝女子化妝用品的鏡匣。蛟螭（chī）：龍類。蛟是有角之龍，螭是無角之龍。此句謂秋娘的鏡匣上有顯示皇宮地位的蛟螭花紋的裝飾。

〔22〕「低鬟」二句：寫秋娘新得寵時之容態和心理：髮鬟低垂，姿態美好，神情愉悅。低鬟：低垂著環形髮鬟；猶低頭，形容女子嬌羞之態。窈嫋（yǎo niǎo）：美好的姿態。融怡：歡樂愉悅。

〔23〕白璧門：白玉所飾的宮殿之門。漢武帝曾用白璧裝飾內殿之門，稱白璧門。見《漢武故事》。

〔24〕桂影：即月影，月光。因古人認為月中有桂樹，故稱。唐段成式《酉陽雜俎》：「月中有桂樹，高五百丈。」此句謂月影參差，微透涼意。參差：不齊的樣子。

〔25〕金階：傳說中的天門有金階，此處指帝王宮殿前的華麗臺階。舊題漢東方朔撰《神異經》：「東北大荒中有金闕高百尺，中金階兩闕，名天門。」金階為唐人詩中常用語。唐王涯《宮詞》：「欲得君王一回顧，爭扶玉輦下金階。」重：濃。

捻（niē）：按，樂器演奏的一種手法。紫簫：紫竹製成的簫笛。原注：「《晉書》：盜開涼州張駿家，得紫玉簫。」唐戴叔倫《相思曲》：「紫簫橫笛寂無聲，獨向瑤窗坐愁絕。」

〔26〕莓苔：泛指苔類植物。夾城：兩邊城牆相夾的宮內通道。唐玄宗時從興慶宮至芙蓉苑築有通道。《舊唐書·玄宗本紀》：開元二十年六月，「遣范安及於長安廣花萼樓，築夾城至芙蓉園。」南苑：古長安城曲江西南的芙蓉苑，皇帝遊賞的園林。龍首原禁苑在北，芙蓉苑在南，故稱南苑。宋張禮《遊城南記》：「芙蓉園在曲江西南，與杏園皆秦宜春下苑地。園內有池，謂之芙蓉池，唐之南苑也。」

〔27〕「紅粉」二句：謂隨皇帝出宮遊賞時，列於姬妾宮女的第一隊前，受到特別寵幸。紅粉：指宮女。羽林仗：羽林軍及儀仗隊。羽林，即羽林軍，是唐代皇帝的禁衛軍。唐設左右羽林衛，也叫羽林軍，置有大將軍、將軍等官，掌統北衙禁兵，督攝儀仗。《新唐書·百官志四上》：「左右羽林軍。掌統北衙禁兵，督攝左右廂飛騎儀仗。」羽林之名起源漢武帝時，取為國羽翼、如林之盛之意。漢武帝太初元年（前104）置建章營騎，後改名羽林騎。辟邪旗：繡有辟邪神獸的旗幟，是唐代儀衛旗仗之一種。《新唐書·儀衛志上》：「金吾衛辟邪旗隊，折衝都尉各一人檢校。」辟邪，獸名。

〔28〕「歸來」二句：謂在宮中飽嘗至味，再精美珍稀的食品，也並不感到味美。豹胎：豹的胎盤，古人以之為珍貴的肴饌。豹胎與熊掌在古代並列為佳餚之上品。饜飫（yàn yù）：感到飽足。飴（yí）：有滋有味地吃；飴本義是麥芽糖，此處用作動詞。

〔29〕「咸池」二句：謂穆宗皇帝登基，憲宗皇帝去世。咸池：神話傳說中的天池，太陽升起時沐浴之處。升日：喻穆宗皇帝即位，如同日出一樣。《淮南子·天文訓》：「日出於陽谷，浴於咸池，拂於扶桑，是謂晨明。」銅雀：銅雀臺，曹操建安十五年（210）冬所築，遺址在今河北省臨漳西南。臺高十丈，有殿宇百餘間。樓頂鑄大銅雀，高一丈五尺，舒翼奮尾，勢若飛動，因名銅雀臺。與金虎臺、冰井臺共稱三臺。見《三國志·魏志·武帝紀》。分香：即分香賣履。晉陸機《弔魏武帝文》中引曹操遺令：將眾宮嬪歌妓置於銅雀臺上，讓她們能時時望見自己的陵墓，「餘香可分與諸夫人。諸舍中無所為，學作履組賣也。」以示眷念難捨。悲：悲憲宗逝世也。

〔30〕「雷音」二句：謂杜秋娘從此聽不到天子車駕聲，不能乘後車陪伴；往事如花之凋落，不復盛開。雷音：車行走時發出的聲音，像隱隱而起的雷聲。比喻皇帝

出行的車駕聲。漢司馬相如《長門賦》：「雷殷殷而響起兮，聲象君之車音。」後車：隨侍皇帝的副車。

〔31〕「燕祺」二句：帝王在春暖燕來之時，祀神求嗣，得到皇子；他濃密的額髮下垂，頗具帝王之相。燕祺（méi）：猶高祺，媒神，上古神祇之一，舊時帝王祭祀用以求子。據說簡狄在春天燕子歸來的時候，祭祀主生子之神高祺，吞燕卵而生契。《禮記·月令》：仲春之月，「玄鳥至。至之日，以太牢祠於高祺，天子親往。」注曰：「高辛氏之出，玄鳥遺卵，娀簡吞之而生契。後王以為媒官嘉祥而立其祠焉。變媒言祺，神之也。」皇子：指漳王李湊。壯髮：額前叢生的突下之髮，俗稱圭頭，帝王之相。《漢書·趙皇后傳》：「我兒男也，額上有壯髮，類孝元皇帝。」綠：此處為烏黑意。緌（ruí）緌：物下垂貌。宋歐陽修《雪》：「朝寒棱棱風莫犯，暮雪緌緌止還作。」

〔32〕「畫堂」二句：謂秋娘在華麗的宮中受命為保姆，親自護持教養皇子。畫堂：古代宮中有彩繪的殿堂，此指皇子的居處。《漢書·元后傳》：「甘露三年，生成帝於甲館畫堂。」天人：舊指才能或容貌出眾的人；此指具有非凡之才的皇子。《三國志·魏書·王粲傳》引《魏略》：「（邯鄲淳）對其所知，歎植（曹植）之材，謂之天人。」

〔33〕「虎睛」二句：謂皇子用品華貴：皇兒襁褓用虎睛石一類的名貴珠寶綴絡，幃帳用刻有犀牛的金盤做鎮物。虎睛珠：即虎眼石，又名虎睛石，顏色有藍、黃、紅等；被視為最尊貴象徵的聖石。因為像老虎的眼睛，因此也被視為權威的代表。絡：纏裹。褓：襁褓。金盤：銅盤，古代銅亦稱金。也指精緻的器皿、炊具等。鎮帷：墜住帷帳勿使飄動之物。

〔34〕「長楊」二句：謂穆宗鍾愛漳王，遊獵時常帶在身邊，休息時在武帳中逗他玩耍。長楊：即長楊宮，在今陝西省周至縣。《三輔黃圖》卷一：「長楊宮，在今盩厔縣東三十里，本秦舊宮，至漢修飾之，以備行幸。宮中有垂楊數畝，因為宮名，門曰射熊觀，秦漢遊獵之所。」此處指代穆宗遊獵之處。熊羆：熊和羆，皆為猛獸。武帳：皇帝坐息的處所，有武裝守衛，故名。《漢書·汲黯傳》：「上嘗坐武帳，黯前奏事。」顏師古注引孟康曰：「今御武帳，置兵闌五兵於帳中也。」弄啞咿：逗孩子玩兒。啞咿：幼童學語之聲。

〔35〕「漸拋」二句：謂皇兒李湊日漸長大，不再以騎竹馬的遊戲為樂，而從鬥雞中尋找樂趣。竹馬：古代兒童遊戲時當馬騎的竹竿。詩歌中常以竹馬之好謂兒童時期的交誼，詠童年生活。晉張華《博物志》（佚文）：「小兒五歲曰鳩年之戲，

七歲曰竹馬之戲。」劇：遊戲。舞雞：鬥雞，我國古代一種使雞相鬥的遊戲。《春秋》《左傳》記載，魯昭公二十五年魯國的大夫季氏和郈氏鬥雞。戰國時代，《莊子》書中記載，齊國國王請紀渻子訓練鬥雞。歷代對於鬥雞不斷有記載。如漢代的大官袁盎罷官在家閒住時，經常與鄰居一起，鬥雞跑狗為樂。三國魏曹植《鬥雞篇》：「鬥雞東郊道，走馬長楸間。」魏明帝為玩樂曾建鬥雞臺，東晉十六國時，趙王石虎還在此臺上鬥過雞。唐代，由於統治者愛好提倡，鬥雞之風大大興盛起來，唐玄宗時盛極一時。它是唐代諸王間十分盛行的遊戲。《新唐書·王勃傳》：「沛王聞其名，召署府修撰。……是時諸王斗雞，勃戲為文檄英王雞。」

〔36〕「嶄嶄」二句：謂李湊穿戴整齊，莊嚴華貴，陪侍母后宴飲。嶄嶄，整齊貌；此處亦指冠冕高聳的樣子。冠佩：帽子和玉佩。瑤池：古代神話中神仙居住之地。傳說中崑崙山上的池名，西王母所居的地方。西王母曾於此宴請遠道而來的周穆王。此處指皇后宴飲的場所。《穆天子傳》卷三：「天子觴西王母於瑤池之上。」唐李商隱《瑤池》：「瑤池阿母綺窗開，黃竹歌聲動地哀。」

〔37〕「眉宇」二句：謂漳王面容美好，神采煥發。眉宇：面之有眉猶屋之有宇，故稱眉宇。儼（yǎn）：宛如，形容很像。神秀：神采秀發。

以上第二段，寫秋娘入宮得寵及為漳王傅姆。

〔38〕「一尺」二句：謂漳王被人誣陷。這裡借用漢武帝時江充陷害戾太子事，說明鄭注誣陷漳王李湊。《漢書·江充傳》載，江充曾以告發趙王太子丹得到武帝信任。與戾太子據有隙，然眼見武帝衰老，擔心晏駕後將不容於太子，便使人將桐木偶人預先藏在太子宮中，然後向武帝告發，說他用巫蠱的辦法詛咒武帝。後太子被害，武帝知江充欺詐，夷其三族。據《資治通鑒·唐紀》，文宗皇帝弟李湊賢能，人緣好，威望高。鄭注派神策都虞候豆盧著誣告宋申錫謀立李湊。宦官王守澄將此事奏於文宗，文宗甚怒。一尺：十寸，指長度為一尺左右之物品。

〔39〕「王幽」二句：謂漳王李湊被幽禁，並削去封爵，杜秋娘也被放歸故鄉。幽：囚禁。茅土：指封爵。古代帝王社稷之壇以五色土建成，分封諸侯時，按封地所在的方向取壇上一色土，以茅封之，稱為茅土，給受封者在封國內立社。《資治通鑒》卷二四五：文宗大和五年（831）三月「癸卯，貶漳王湊為巢縣公，申錫為開州司馬。……九年正月乙卯，巢公湊薨，追贈齊王。」放：安置；安排。

〔40〕「觚棱」二句：謂宮殿的觚棱高入北斗，秋娘回首依依難別。觚（gū）棱：殿堂屋角的瓦脊成方角棱瓣之形，故名。宋王觀國《學林》卷五：「屋角瓦脊，成方角棱瓣之形，故謂之觚棱。班固《西都賦》云：『設璧門之鳳闕，上觚棱而棲金爵。』蓋謂以銅鐵為鳳雀，安於闕角瓦脊之上。」拂：拂拭。此謂連接。斗極：北斗星和北極星，此泛指星辰。遲遲：徐行貌。

〔41〕「四朝」句：謂杜秋娘從元和二年（807）李錡敗亡入宮，至作者開成二年（837）作詩時，歷憲宗、穆宗、敬宗、文宗四朝，共三十年。

〔42〕「潼關」二句：以漢終軍重過潼關為喻，言秋娘由入宮原路返回故鄉，關吏已發白如絲。《漢書·終軍傳》：「初，軍從濟南當詣博士，步入關。關吏予軍繻。軍問：『以此何為？』吏曰：『為復傳，還當以合符。』軍曰：『大丈夫西遊，終不復傳還。』棄繻而去。軍為謁者，使行郡國，建節東出關。關吏識之，曰：『此使者乃前棄繻生也。』」潼關：關名，在今陝西臨潼縣西南。古稱桃林之塞，秦為陽華，東漢建安中於此建關，以潼水而名。關城雄居山腰，下臨黃河，東扼長安，素稱險要。為陝西、山西、河南三省要衝；歷來是軍事要地。《通典》：「潼關，本名沖關。河自龍門南流，衝激華山，故以為名。」識舊吏：謂重又過關。如絲：謂髮白如絲。

〔43〕四鄰：四周，四處。茂苑：花木繁盛的苑囿。此借指秋娘故鄉京口。菲菲：茂盛的樣子。

〔44〕清血：即清淚，悲傷的淚水。《文選》李陵《答蘇武書》注：「血即淚也。飲血，謂飲泣也。」淚盡泣血，極言傷悲。

〔45〕寒衣：禦寒的衣服。素：白絹。

以上第三段，寫漳王得罪，秋娘放歸，晚境淒涼。

〔46〕歔欷（xū xī）：哽咽，抽泣。戰國屈原《離騷》：「曾歔欷余鬱邑兮，哀朕時之不當。」

〔47〕一貫：用一種道理貫通天下萬事之理。語出《論語·禮仁》：「吾道一以貫之。」亦謂同一道理。

〔48〕「夏姬」二句：謂夏姬滅掉兩國後，與巫臣一起逃走。夏姬是春秋時鄭穆公的女兒，後嫁陳國大夫夏御叔為妻，生子夏徵舒。御叔早死，夏姬與陳靈公、孔寧私通，徵舒憤而射殺靈公，孔寧等逃楚，請求楚莊王出兵。楚莊王果伐陳，殺徵舒，滅陳（後又恢復）。楚莊王將夏姬賜給連尹襄老。襄老戰死，夏姬回到鄭國。楚大夫巫臣聘夏姬，趁出使之機，攜夏姬同奔晉國。詳見《左傳》宣

公九年、十年及成公二年載。此謂夏姬滅兩國，恐係誇張之辭。但「滅兩國」事無徵。

〔49〕「西子」二句：謂吳國滅亡後，西施離開姑蘇臺，隨范蠡泛舟五湖。西子：指西施，春秋時越國美女。越王句踐戰敗，把她獻給吳王夫差，吳王迷於酒色，終於被越國滅亡。范蠡佐句踐滅掉吳國後，帶著西施乘舟而去。參見《吳越春秋》《越絕書》。姑蘇：蘇州之習稱。舸（gě）：船。鴟（chī）夷：原為盛酒之革囊，伍子胥死，吳王夫差「取子胥屍盛以鴟夷革，浮之江中」（《史記·伍子胥列傳》）。范蠡引退後，自號鴟夷子皮。《史記·貨殖列傳》載，范蠡輔佐越王滅吳雪恥後，乃乘扁舟浮於江湖，變名更姓，嘗以鴟夷子皮為名，但並無偕西施同遊之事。

〔50〕「織室」二句：謂薄姬以虜者的身份入織室做工，後生漢文帝，奠定了漢朝太平盛世的基礎。薄姬，原是魏王豹的侍妾，魏王被劉邦戰敗，她也成了俘虜，並讓她作為紡織工。然高祖看中薄姬貌美，便納入後宮，後生劉恒，即漢文帝。事見《漢書·薄姬傳》。《史記·外戚世家》：「漢使曹參等擊虜魏王豹，以其國為郡，而薄姬輸織室。……漢王入織室，見薄姬有色，詔內後宮，……一幸生男，是為代王。」代王後為文帝，在位二十三年（前179～前157），奉行黃老無為政策，使社會生產得以恢復發展，國家安定，為漢朝保持長期繁榮穩定局面奠定基礎。魏豹：原為戰國魏貴族，項羽破秦，立為魏王。後從劉邦擊楚，叛漢，為韓信虜歸，復令為漢守滎陽，終為其部下所殺。

〔51〕「誤置」二句：謂竇姬被錯放於代國名冊中，倒成就其兩朝母儀的美名。據《史記·外戚世家》及《漢書·竇皇后傳》：竇姬，以良家子入宮侍太后，呂太后將宮女賜於諸王，竇姬亦在遣送之列。她暗求宦官將其置於趙國名冊，以臨近家鄉清河。後宦官卻錯置於代國名冊，到代國後，頗受代王劉恒寵愛並生子劉啟。後代王即位為文帝，以竇姬為皇后；文帝死後，其子景帝即位，尊竇姬為皇太后；景帝死後，武帝即位，竇姬又被尊為太皇太后。兩朝，即文、景兩朝。母儀：作為母親的典範；多用於皇后。

〔52〕「光武」二句：謂光武帝劉秀承繼高祖劉邦之帝業，其先人卻是侍婢唐兒所生。光武：即劉秀。他是高祖九世孫，出自景帝子長沙王劉發。紹：連續，繼承。唐兒：即唐姬，原是景帝之妃程姬的侍兒，景帝召幸程姬，程姬有月事不願去，將唐兒裝扮入宮，恰好景帝酒醉，也沒有發覺，於是唐兒有孕，生下了長沙定王劉發。參見《史記·五宗世家》《後漢書·光武帝紀》。

〔53〕「珊瑚」二句：謂馮小憐使高齊亡國，自己也成為舂米之奴婢。據《北史‧馮淑妃傳》，馮妃名小憐（一說小字珊瑚），深得北齊後主高緯之寵幸，高緯淫樂無度，終於亡國。北周滅北齊後，馮小憐得到北周代王達的寵愛，幾乎將代王妃殺死。後隋文帝將小憐賜給代王之兄李詢，李詢之母命其穿布裙舂米，最後逼她自殺。宋王安國《清平樂》：「小憐初上琵琶，曉來思繞天涯。」

〔54〕「蕭后」二句：謂隋煬帝蕭后離開揚州，到突厥作了王后。《隋書‧蕭后傳》：「煬帝嗣位，立為皇后。帝每遊幸，后未嘗不從。及幸江都，宇文氏之亂，隨車至聊城，化及敗，沒於竇建德。突厥處羅可汗遣使迎后於洺州，建德不敢留，遂入於虜廷。」蕭后：本是隋煬帝之妻，煬帝被殺，她被竇建德俘虜。突厥閼氏為隋義成公主，得知後將蕭皇后接到了突厥。閼氏（yān zhī）：原為匈奴王后之稱，此謂突厥王后。按史載，蕭后並未正式成為突厥可汗之妻。

〔55〕不定：謂命運變化不定。

〔56〕士林：文士薈萃之所，此處指士大夫階層。期：預料。

〔57〕「射鉤」二句：謂射中衣帶鉤的管仲，後來卻被齊桓公稱為仲父；釣魚翁太公望，最終成為周文王的太師。射鉤：據《史記‧齊太公世家》，管仲起初追隨齊國公子糾，糾與公子小白爭國，管仲射小白，中其衣帶鉤。後來公子糾戰敗被殺，小白立為齊侯，世稱桓公。他聽說管仲賢能，就任他為相，並稱為仲父。釣翁：指姜子牙。據《史記‧齊太公世家》，太公望，本姓姜，先人封於呂，故又名呂尚。他曾垂釣渭濱，遇周文王，與語大悅，尊為師。後助武王伐紂，被尊為尚父。《戰國策‧齊六》：「周文王得呂尚以為太公，齊桓公得管夷吾以為仲父。」

〔58〕「無國」二句：謂沒有一個諸侯國願意採納孟子的學說主張；孔子雖賢，也有人加以詆毀。要：通「邀」，邀請。《史記‧孟子列傳》：「孟軻，騶人也。受業子思之門人。道既通，遊事齊宣王，宣王不能用。適梁，梁惠王不果所言，則見以為迂遠而闊於事情。」無國要孟子，為聖賢遭挫折的典故；亦借喻知遇之難。仲尼：孔丘字仲尼。《論語‧子張》：「叔孫武叔毀仲尼。子貢曰：『無以為也。仲尼不可毀也。他人之賢者，丘陵也，猶可逾也。仲尼如日月也，無得而逾焉。人雖欲自絕也，其何傷於日月乎？多見其不知量也。』」

〔59〕「秦因」二句：謂秦國因為逐客令，反而使李斯受到重用，把握權柄。逐客令：戰國時指驅逐列國入境的游說之士。秦始皇十年曾下令驅逐列國如秦的游說之士，客卿李斯上書諫止，說服了秦王。斯：李斯，戰國末楚上蔡（今河南上蔡

人。從荀卿學，以六國皆弱，不足有為，乃入秦，為秦相呂不韋舍人。因說秦王並六國，拜為客卿。後上《諫逐客書》，不但沒有被趕走，反而受到重用。並輔佐秦王一統天下，被任為丞相。事見《史記·李斯列傳》。

〔60〕「安知」二句：誰能知道，魏齊的頭顱，竟然斷送在竹席裏著的屍體手中呢？魏齊：戰國時魏相。他聽信大臣須賈之言，認為謀臣范睢私通齊國，使人笞擊痛毆范睢，范睢佯死，魏齊叫人用竹席裹屍放進廁所。後范睢得救，逃到秦國，得到重用，任為國相。秦王要替其報仇，要求魏國殺魏齊。魏齊出亡，在趙國自殺。詳見《史記·范睢傳》。見斷：喪身。簀（zé）：床席，竹席。《史記索隱》：「簀，謂葦荻之薄也，用之以裹屍也。」

〔61〕「給喪」二句：謂送喪的吹簫人，軍中的弓弩手，這些出身微賤之人，都成為朝廷的高官。給喪：為人辦喪事。周勃年少時給辦喪事的人家吹簫，後來追隨劉邦起兵，因戰功封絳侯。文帝時為右丞相。見《史記·周勃世家》。蹶張：腳踏強弩使之開張。申屠嘉原來任材官（低級官員），任務是用腳踏強弓，使弓張開，從劉邦擊項羽，後來任御史大夫，文帝時任丞相，封故安侯。見《史記·張丞相列傳》附《申屠嘉傳》。廊廟：本指殿四周之廊與太廟，因為這些都是古代帝王和大臣議論政事的地方，後因稱朝廷為廊廟。峨危：高聳貌。

〔62〕「珥貂」二句：謂連續七朝插貂尾做高官者，又何妨是胡虜的後裔？珥（ěr）貂：即插貂尾。珥，插。漢侍中、中常侍之官插貂尾，加金璫，附蟬為裝飾。珥貂事指金日磾。據《漢書·金日磾傳》，金日磾（jīn mì dī），字翁叔，本匈奴休屠（chú）王太子，武帝時歸漢，賜姓金。初為養馬奴，後得到漢武帝賞識重用，官至車騎將軍，封侯，而歷經漢武等七朝，金家後嗣忠信自著，建功卓著，皆至高位，多為侍中。七葉：謂武帝、昭、宣、元、成、哀及平帝七朝。戎虜支：少數民族的子孫後裔。虜支，少數民族之宗支。虜，對少數民族之蔑稱。

〔63〕「蘇武」二句：謂蘇武久羈匈奴終得生還，而鄧通富極一時竟窮餓而死。蘇武：字子卿，漢武帝時以中郎將持節出使匈奴，被扣留。單于強迫他投降，他堅貞不屈，被遷徙到北海放羊十九年。他仗漢節牧羊，齧雪吞氈，艱苦卓絕。漢昭帝即位後始歸，拜為典屬國。宣帝時賜爵關內侯，圖形於麒麟閣。事見《漢書·蘇建傳》附《蘇武傳》。鄧通：漢文帝時幸臣，官至上大夫。因為給漢文帝吮吸毒瘤得寵，詔命他可自行鑄錢，於是鄧氏錢滿天下。景帝即位，鄧氏家產都被沒收，鄧通一文錢都沒有了，寄居在別人家而死。事見《史記·佞倖列傳》。

〔64〕主張：主宰。《莊子·天運》：「天其運乎？地其處乎？日月其爭於所乎？孰主張

是？孰維綱是？孰居無事推而行是？」

〔65〕翻覆：反覆，變化。謂人事變化無常。

〔66〕何物：什麼，哪一個。之：往。

〔67〕「指何」四句：問人之手拿、足馳、耳聽、目窺的目的是什麼。捉：握。何為
　　（hé wèi）：為何，為什麼。

〔68〕思惟：即思維，思量，思考。

〔69〕傾：指斟酒。唐白居易《琵琶行》：「春江花朝秋月夜，往往取酒還獨傾。」

〔70〕聊：姑且。自貽：謂寫此贈給自己。貽，贈。

以上第四段，由秋娘坎坷遭遇，聯想到古往今來的一些著名歷史人物的不同命
運，慨歎世事之多變，禍福之無常。

【簡評】

　　這是杜牧詩集中最長的一篇。凡一百十二句，五百六十字。

　　開成二年秋末，途經金陵，杜秋娘的人生浮沉觸動了詩人情思。詩人感歎
不已，千古人事代謝紛至沓來，不由得慨歎世事無常、人生難測。詩之前半敘
事，其敘秋娘事蹟，運用典型場景和對比手法，異常生動。詩之後半，發而為
議論，直接表達其對不幸女子之同情和對現實政治之不滿。結尾部分，則運用
屈原《天問》筆法，起了深化主題的作用。

　　首先，作者刻畫出了一個美貌的少女形象。她在美女如雲的李錡的後庭
中，深受寵愛。作者先從膚色描寫外貌，然後又通過行動來側面表現，虛實
相生，互為補充。杜秋從一個美麗的少女，成為寵妾、皇妃，後又成為皇子
保姆，最後竟淪為一個窮愁的老嫗，命運的無常，令人感歎。這一形象，作
者寫得特別細緻。那昔日少女的美麗風流和皇妃的雍容華貴，逐步化為烏有，
連做保姆也不可得，留下的只是無限悲楚和淒涼。面對這一栩栩如生的婦女
形象，讀者不禁要灑下一掬同情之淚。

　　從「我昨金陵過」到末尾，著重抒寫作者由杜秋生平而生發出來的感歎，
但在抒情中也有敘事。其中「變化安能推」一句是中心，作者從杜秋生平，
從劇烈動盪的政局中，感到變化無定、幻滅無常，於是產生了人生無常的感
喟。作者圍繞這一中心，採用推衍的手法，一層一層地將感歎慢慢擴大、加
深。詩中先是由杜秋這個女子，引出了歷史上的一群女子，她們共同的一點
是都被捲進了血腥的政治鬥爭漩渦之中，身不由主，或升或降，或浮或沉，
歷盡磨難。接著，作者由女子而聯想到「士林」中的男子，他們也是一樣。

他們在政治舞臺上也是冒險犯難，窮通難卜，只能聽天由命，誰也不能事先預知自己的未來。然後，作者於傷感和迷惑之中，像屈原寫《天問》那樣，連珠炮般地提出了一大堆問題。從天地到自身，這些都是無法解答的。作者在這一部分中，由杜秋一人而推及歷史上的許多人，最後又歸結到自己一身，一方面點明了作詩的目的，同時也深深地寄託著個人的身世命運之歎，情感深沉蕩氣，結構也十分圓滿、嚴謹。這是詩人從杜秋娘的經歷與自己的切身體會中得出的帶有普遍意義的人生感受。

刻畫杜秋，把筆墨主要是對她的各個不同時期的形象的富有特徵的描寫上，其間幾次重大政治鬥爭的轉折，都只是一筆帶過。通過這樣的精心安排，虛實相生，疏密有致，在細心而集中的刻畫中，杜秋這個形象血肉飽滿、呼之欲出，成為我國歷史上著名的文學故事人物。但在末尾寫到自己的感慨時，卻比較詳細，重筆濃墨，極意揮灑，特別是疑問句的排比連用，更體現出作者難於抑遏的哀憤。這些，都體現了作者駕馭長篇的能力和精妙構思的高度藝術技巧。

此詩在當時傳誦已廣，張祜《讀池州杜員外杜秋娘詩》云：「年少多情杜牧之，風流仍作杜秋詩。可知不是長門閉，也得相如第一詞。」李商隱《贈司勳杜十三員外》云：「杜牧司勳字牧之，清秋一首《杜秋詩》。」清洪亮吉更將此詩與白居易《琵琶行》相提並論：「同是才人感淪落，樊川亦賦杜秋詩。」（《北江詩話》卷六）

然而全詩議論部分篇幅過多，又一味堆砌典故，難免騁才炫博，稍欠凝練，頗嫌直露而寡情韻。故清吳喬《圍爐詩話》卷三云：「《杜秋詩》至『我昨過金陵，聞之為欷歔』，詩意已足，以後引夏姬、西子等，則十紙難竟，又有『指何為而捉』等，是豈雅人深致？不及《琵琶行》多矣。」清賀貽孫《詩筏》曰：「杜牧之作《杜秋娘》五言長篇，當時膾炙人口。……余謂牧之自有佳處，此詩藉秋娘以歎貴賤盛衰之倚伏，雖亦感慨淋漓，然終嫌其語意太盡。」又清賀裳《載酒園詩話》又編曰：「昔人多稱其《杜秋詩》，今觀之，真如暴漲奔川，略少淳泓澄澈。」

郡齋獨酌〔1〕

前年鬢生雪，今年鬚帶霜〔2〕。時節序鱗次，古今同雁行〔3〕。甘英窮西海，四萬到洛陽〔4〕。東南我所見，北可計幽荒〔5〕。中畫一萬國，角角棋布

方〔6〕。地頑壓不穴，天回老不僵〔7〕。屈指百萬世，過如霹靂忙〔8〕。人生落其內，何者為彭殤〔9〕？促束自繫縛，儒衣寬且長〔10〕。旗亭雪中過，敢問當壚娘〔11〕。我愛李侍中，摽摽七尺強〔12〕。白羽八扎弓，脛壓綠檀槍〔13〕。風前略橫陣，紫髯分兩傍。淮西萬虎士，怒目不敢當〔14〕。功成賜宴麟德殿〔15〕，猿超鶻掠廣毬場〔16〕。三千宮女側頭看，相排踏碎雙明璫〔17〕。旌竿幖幖旗爡爡，意氣橫鞭歸故鄉〔18〕。我愛朱處士〔19〕，三吳當中央〔20〕。罷亞百頃稻，西風吹半黃。尚可活鄉里，豈唯滿囷倉〔21〕。後嶺翠撲撲，前溪碧泱泱〔22〕。霧曉起鳧〔23〕雁，日晚下牛羊〔24〕。叔舅欲飲我，社甕爾來嘗。伯姊子欲歸，彼亦有壺漿〔25〕。西阡下柳塢，東陌繞荷塘〔26〕。姻親骨肉捨，煙火遙相望〔27〕。太守政如水，長官貪似狼〔28〕。征輸一云畢，任爾自存亡〔29〕。我昔造其室，羽儀鸞鶴翔〔30〕。交橫碧流上，竹映琴書床〔31〕。出語無近俗，堯舜禹武湯〔32〕。問今天子少，誰人為棟樑？我曰天子聖，晉公提紀綱〔33〕。聯兵數十萬，附海正誅滄〔34〕。謂言大義小不義，取易卷席如探囊〔35〕。犀甲吳兵鬥弓弩，蛇矛燕騎馳鋒鋩〔36〕。豈知三載幾百戰，鈞車不得望其牆〔37〕！答云此山外，有事同胡羌〔38〕。誰將國伐叛，話與釣魚郎〔39〕。溪南重回首，一徑出修篁〔40〕。爾來十三歲，斯人〔41〕未曾忘。往往自撫己，淚下神蒼茫〔42〕。御史詔分洛，舉趾何猖狂〔43〕！闕下諫官業，拜疏無文章〔44〕。尋僧解幽夢，乞酒緩愁腸〔45〕。豈為妻子計，未去山林藏〔46〕。平生五色線，願補舜衣裳〔47〕。絃歌教燕趙，蘭芷浴河湟〔48〕。腥膻一掃灑，兇狠皆披攘〔49〕。生人〔50〕但眠食，壽域〔51〕富農桑。孤吟志在此，自亦笑荒唐。江郡雨初霽〔52〕，刀好截秋光〔53〕。池邊成獨酌，擁鼻〔54〕菊枝香。醺酣〔55〕更唱太平曲，仁聖天子〔56〕壽無疆。

【注釋】

〔1〕本詩作於會昌二年（842），時杜牧任黃州刺史。郡齋：郡守的府第；即刺史衙署中刺史辦公讀書的房子。獨酌：獨自飲酒。詩題原注：「黃州作」。黃州，即齊安郡，治所在今湖北黃岡。唐武宗會昌二年，杜牧因李德裕的排擠，由比部員外郎出為黃州刺史，到任後有感於自己的身世而作此詩，抒發感慨與志願。

〔2〕鬢生雪：鬢角的頭髮變白了。鬚帶霜：鬍鬚白了。

〔3〕「時節」二句：謂時令更遞、古今變遷如魚鱗之排列齊整、鴻雁之飛行有序，均為自然現象。鱗次：依序排列如魚鱗。魏晉張華《勵志》：「四氣鱗次，寒暑環周。」同雁行（háng）：如群雁飛行一樣相隨有序。同：如。

〔4〕「甘英」二句：謂甘英出使萬里外，窮盡西海而還洛陽。可謂天下之大。甘英：
　　東漢和帝時班超的部下，班超曾派他到西海一帶領略風土，歷四萬里而還。西
　　海：謂今波斯灣。「四萬」句，言波斯灣距離洛陽有四萬里。《後漢書·西域傳》：
　　「永元六年，班超復擊破焉者，於是五十餘國悉納質內屬。其條支、安息諸國
　　至於海瀕四萬里外，皆重譯貢獻。九年，班超遣掾甘英窮臨西海而還。皆前世
　　所不至，《山海經》所未詳，莫不備其風土，傳其珍怪焉。於是遠國蒙奇、兜勒
　　皆來歸服，遣使貢獻。」

〔5〕「東南」二句：謂中國之廣大，既有東南地域已為我所親見，更有北方荒遠之地
　　亦應核計在內。幽荒：指幽州一帶，今河北省北部。幽州在漢代時是距離京師
　　最遠的荒野之地。東漢張衡《東京賦》：「惠風廣被，澤泊幽荒。」

〔6〕「中畫」二句：謂中國劃分為眾多邦國，猶如棋子四面八方布滿了棋盤各個角
　　落。畫：劃分。一萬國：《漢書·地理志》：「昔在黃帝，作舟車以濟不通，旁
　　行天下，方制萬里，畫野分州，得百里之國萬區。是故《易》稱『先王建萬
　　國，親諸侯』，《書》云『協和萬國』，此之謂也。」國：古代諸侯的封地。「角
　　角」句，謂像圍棋一樣每個角落都布滿棋子；藉以形容布局清晰分明。角角，
　　四方、四角。古人認為天圓地方，大地象棋盤一樣是方方正正的。

〔7〕「地頑」二句：謂大地堅韌頑強，受重壓而不分裂；天宇旋轉，雖久遠而不衰老
　　僵化。地頑：土地堅固。穴：洞穿。天回：天道運行。回，一作迴，久遠。老
　　不僵：永遠不停息。

〔8〕「屈指」二句：謂百萬年時光亦不過屈指之間，猶如一道霹靂，閃電即逝。《宋
　　書·樂志》：「人生世間如電過。」霹靂：迅急之雷。

〔9〕「人生」二句：謂人生天地間，長壽者與短命者皆轉瞬即逝，無分彼此。彭殤：
　　長壽和短命的。《莊子·齊物論》：「莫壽乎殤子，而彭祖為夭。天地與我並生，
　　而萬物與我為一。」相傳上古彭祖，姓錢名鏗，壽長八百歲，顓頊帝之後裔，
　　因堯封之於彭城，人稱彭祖。殤子，指短命夭折的幼兒。而莊子卻說殤子為壽，
　　彭祖為夭。後因以為感歎人生虛幻之典。

〔10〕「促束」二句：意謂身著衣袖寬長的儒衣，每愛以禮法自我束縛。促束：局促不
　　安貌。促，整理，備治。自繫縛：自己繫上衣帶，這裡有自我約束的意思。儒
　　衣：古代儒家的服飾，泛指讀書人的衣服。

〔11〕「旗亭」二句：謂雪天經過酒樓，也不敢與當壚少婦搭話。旗亭：酒樓。古時酒
　　館，多設亭樓，挑青旗以為標幟，故稱旗亭。旗亭既是文人學士聚會宴飲之所，

也是伶優歌妓出沒往來之地。唐代詩人筆下並不一律地拈出「旗亭」這字眼，他們到常常喜歡用長亭、短亭、酒家、酒肆、客館、客舍等名目，實際上是一樣的。當壚娘：賣酒的年輕女子。當壚，賣酒的代稱。壚，指放酒罈的土臺。《史記·司馬相如列傳》：「相如與俱之臨邛，賣盡其車騎，買一酒舍酤酒，而令文君當壚。」後以當壚詠卓文君，亦以詠美麗多情的酒家女。唐李商隱《杜工部蜀中離席》：「美酒成都堪送老，當壚仍是卓文君。」

〔12〕李侍中：李光顏，字光遠，唐憲宗時名將。憲宗朝討淮西吳元濟時，李光顏為忠武軍節度使，挺刃前驅，勇猛無比，功勳卓著。賊平，加檢校司空。穆宗朝加同中書門下平章事，進兼侍中。敬宗初，官拜司徒、河東節度使。侍中：唐門下省長官，獎賞立功武將之尊銜。事見新、舊《唐書》本傳。摽（piāo）摽：高大的樣子。

〔13〕「白羽」二句：寫李光顏持弓挾槍。白羽八扎弓：飾有白色羽毛的強勁之弓。白羽亦指白羽箭。司馬相如《上林賦》：「彎繁弱，滿白羽。」文穎注：「以白羽羽箭，故言白羽也。」《左傳·成公十六年》：「潘尪之黨與養由基蹲甲而射之，徹七扎焉。」七扎，七層厚甲。扎是甲的葉片。杜牧用八扎，形容弓箭射力之強勁，足以穿透八層鎧甲。脾（bì）：通髀，義為股，大腿。綠檀槍：槍名，以綠檀木製成，故稱。

〔14〕「風前」四句：謂李光顏英勇衝擊敵陣，連桀驁不馴的淮西叛軍亦不敢抵擋。略：通「掠」，攻佔掠取；此指衝擊。橫陣：擺列隊形。紫髯：形容李光顏頰有紫色長鬚，相貌堂堂，英武逼人。三國時孫權，即有「紫髯將軍」之稱。淮西：唐方鎮名，淮南西道之省稱，治所在蔡州（今河南省汝南縣），領有申、光、蔡三州，長期為李希烈、吳少誠、吳少陽、吳元濟等所割據，至憲宗元和十二年（817）為朝廷平定。虎士：勇猛之士。

〔15〕麟德殿：唐大明宮內殿名。也稱三殿、三院。《玉海·唐三殿》：「三殿者，麟德殿也。一殿而有三面，故名。亦名三院。」唐代皇帝接待遠人或召見臣僚在此設宴。唐王建《宮詞》八：「直到銀臺排仗合，聖人三殿對西番。」唐盧綸《長安疾後首秋夜即事》：「清風刻漏傳三殿，甲第歌鐘樂五侯。」

〔16〕「猿超」句：謂李光顏在球場上動作果斷靈活，如猿猴敏捷，似鶻鳥迅疾。鶻（hú）：即隼（sǔn），一種猛禽，飛行迅疾，善於搏擊，能俯擊鳩鴿而食之。毬：即鞠丸，古代習武用具，以皮為之，中實以毛，用足踏或杖擊為戲。

〔17〕「三千」二句：謂眾宮女爭相觀看毬戲，竟至擠落、踏碎耳飾。三千宮女：極

言宮女之多，泛指，並非實指。據范曄《後漢書·皇后紀第十》、司馬光《資治通鑒·漢紀四十七》等書記載，在漢孝桓皇帝時宮女就有五六千人之多。此外，作為君王施恩的常見方式，歷朝都有放還宮女的舉措，並且動輒二三千人；說明宮中的宮女人數遠超過這個數字。參見《周書·帝紀第六》《南史·梁本紀上第六》《舊唐書·本紀》第一、第二、第七、第十一，《唐會要》卷三更有詳細的記載。「三千宮女」作為泛指的詩歌意象，成了古代文學的書寫模式，已經與歷史真實的宮女人數無關了。「三」也是漢字表述中形容眾多的習慣書寫方式。唐白居易《長恨歌》：「後宮佳麗三千人，三千寵愛在一身。」又《後宮詞》：「三千宮女胭脂面，幾個春來無淚痕。」相排：結隊前來，互相擁擠。明璫（dāng）：用珠玉串成的耳飾。《文選·曹植·洛神賦》：「無微情以傚愛兮，獻江南之明璫。」

〔18〕「旌竿」二句：謂李光顏受恩賜榮歸故鄉，陣仗十分威風。旌竿：即旆旗，古時將領或節度使出行時的儀仗。幖（biāo）幖：高聳的樣子。煇（huò）煇：鮮明的樣子。意氣：意志與氣概；形容精神振奮，氣概豪邁。橫鞭：執鞭。唐韋莊《撫州江口雨中作》：「金驄掉尾橫鞭望，猶指廬陵半日程。」

〔19〕朱處士：指朱道靈，杜牧的朋友。處士：古時候稱有德才而隱居不願做官的人，後亦泛指未做過官的士人。杜牧有《贈朱道靈》詩，可參閱。

〔20〕三吳：其地說法不一。《水經注·漸江水》以吳興（今屬浙江）、吳郡（今江蘇蘇州）、會稽（浙江紹興）為三吳；《通典·州郡十二》以吳興、吳郡、丹陽為三吳；《名義考》卷三以蘇州、潤州、湖州為三吳。泛指今江蘇省南部、浙江省北部一帶。朱處士即隱居於此。杜牧稱三吳中央，指蘇州。

〔21〕「罷亞」四句：謂朱家百頃稻穀長勢良好，豐收後不僅儲滿糧倉，尚有餘糧接濟鄉鄰。罷亞：原注：「稻名。」黃：成熟之色。囷（qūn）倉：糧倉，方者曰倉，圓者曰囷。

〔22〕「後嶺」二句：謂朱處士住處依山傍水，景色宜人。翠撲撲：謂山嶺翠色誘人。撲撲，迷蒙一片的樣子。碧泱（yāng）泱：喻溪水澄碧深廣。

〔23〕鳧（fú）：野鴨。

〔24〕「日晚」句：傍晚的時候，牛羊從山上下來回家。此處化用《詩·王風·君子于役》「日之夕矣，羊牛下來」詩句。

〔25〕「叔舅」四句：謂朱處士常與親戚歡飲。叔舅：舅舅，母親的弟弟。我：謂朱處士，以第一人稱口氣寫。社甕（wèng）：裝社酒的酒罈子。祭祀土神的酒稱社

酒。古人每年春秋兩季都要舉行祭祀社神的活動。伯姊（zǐ）：長姊。歸：出嫁。
壺漿：酒漿，以壺盛之，故名。

〔26〕西阡、東陌：阡陌，田間小路；東西曰阡，南北曰陌。柳塢（wù）：柳樹環繞
下的小村莊。

〔27〕「姻親」二句：謂親戚住處相距不遠，彼此可遙遙相望。舍：房屋。

〔28〕「太守」二句：謂清官與貪官並存。太守：州郡的長官。政如水：為政清廉如
水。隋代趙軌為齊州別駕，離任時鄉人來送，說：「您清廉如水，請以一杯水
作為餞別。」趙軌接過來喝了。見《隋書·趙軌傳》。貪似狼：像狼一樣貪婪。

〔29〕「征輸」二句：謂朱處士交納賦稅以後，不問太守清廉和地方官吏酷貪與否，任
其自生自滅。征輸：納稅。

〔30〕「我昔」二句：謂我從前曾造訪其家，見他儀表堂堂，有鷺鶴翱翔之脫俗高潔之
態。造：至、到。羽儀：喻儀表、表率。《周易·漸》：「鴻漸于陸，其羽可用為
儀。」孔疏：「其羽可用為物之儀表，可貴可法也。」鷺鶴：鷺與鶴，古代神話
傳說為仙人所乘。詩歌中多用作詠仙客。《樂府詩集·湯惠休·楚明妃曲》：「驂
架鷺鶴，往來仙靈。」唐盧綸《酬恩寺石盤歌》：「群仙下雲龍出水，鷺鶴交飛
半空裏。」

〔31〕「交橫」二句：謂朱處士居處高雅清幽，終日以琴書自娛。南北朝庾信《擬詠
懷》：「琴聲遍屋裏，書卷滿床頭。」杜牧化用其意。交橫：縱橫交錯。

〔32〕「出語」二句：謂其出語不同凡響，言必稱上古三代之聖君明主。出語：出言。
堯舜：傳說中的古代賢君；禹：夏朝的開國君主；武：周朝開國之君；湯：商
朝開國之君。武應在湯後，此為押韻，故倒置。

〔33〕「問今」四句：回憶昔日訪問朱處士時兩人間的問答。天子：指唐文宗。據下文
「爾來十三歲」，知十三年前當為文宗大和三年（829），文宗時年二十一歲。棟
樑：房屋的大梁，比喻擔當國家重任的人才，這裡喻宰相。晉公：指裴度。憲
宗元和十二年（817）以平定淮西有功，賜爵晉國公；敬宗寶曆二年（826）二
月為司空，同平章事（即宰相）。參見《舊唐書·敬宗本紀》。提紀綱：整頓朝
廷的法度。

〔34〕「聯兵」二句：謂討伐滄州李同捷。附海：近海。滄州地近渤海，故云。詳見《感
懷詩一首》注〔1〕。參見《舊唐書·裴度傳》。

〔35〕「謂言」二句：意謂朝廷平定叛亂是正義之舉為大義，藩鎮抗命朝廷為不義。要
平定叛軍應是極其容易，就像捲起席子或到口袋中取東西一樣。卷席：猶席卷；

喻攻勢迅猛。探囊：伸手入囊中取物，喻簡易；此處為蕩平之意。《五代史‧南唐世家》：「取江南如探囊中物耳。」

〔36〕「犀甲」二句：形容討伐戰十分激烈，雙方相持不下。犀甲：用犀牛皮做成的鎧甲。吳兵：南方的士兵。蛇矛：長達丈八的兵器。《十六國春秋‧前趙錄》：「陳安左手奮七尺大刀，右手執丈八蛇矛。」燕騎：北方的騎兵。

〔37〕「豈知」二句：謂討伐之戰持久而艱難；三年間百餘戰，仍未克敵致勝。自大和元年發兵，至李同捷降，前後歷時三載。杜牧《罪言》：「昨日誅滄，頓之三年。」鉤車：攻城所用的有鉤梯的戰車。不得望其牆：不能靠近叛軍的城牆。

〔38〕有事：有戰爭發生。此指藩鎮抗命於朝廷，猶如胡羌入侵。胡羌：泛指北方的少數民族。

〔39〕「誰將」二句：用《春秋繁露》卷九典：「魯君問於柳下惠曰：『我欲攻齊，何如？』柳下惠對曰：『不可。』退而有憂色曰：『吾聞之也，謀伐國者，不問於仁人也，此何為至於我？』」釣魚郎：謂隱士，此代指前面對話的朱處士。

〔40〕徑：步道，小路。修篁：修竹，長竹；高高的竹林。

〔41〕爾來：介賓詞組；指從那時以來。斯人：此人，指朱處士。

〔42〕自撫己：自己安慰自己。神蒼茫：謂神情悵惘。蒼茫，曠遠迷茫的樣子。

〔43〕「御史」二句：謂自己當年為監察御史分司東都洛陽時，是何等趾高氣揚，無所顧忌。御史：唐官名。分洛：即分司洛陽。唐代以洛陽為東都，其官員設置，在形式上與長安一致，御史官在洛陽有留臺，亦有侍御史、殿中侍御史、監察御史等職，稱為分司官。杜牧於大和九年（835）至開成二年（837）間為監察御史、分司東都。舉趾：舉止。猖狂：無拘無束，肆意妄行。

〔44〕「闕下」二句：謂自己在朝廷身為左補闕，卻並無拜疏奏章以盡諫官之職。闕下：本指宮闕之下，後來上書於皇帝而不敢直指，但言闕下。此處指朝廷。諫官：指左補闕。杜牧在開成三年（838）冬被任命左補闕，四年（839）春抵任。補闕的職責是指陳朝政得失，對皇帝進行規諫。拜疏：上奏章。

〔45〕「尋僧」二句：謂平時每愛交遊寺僧，或飲酒買醉。解：解釋。乞酒：向人討酒。

〔46〕「豈為」二句：意謂自己所以不願隱居山林而仍在朝為官，並非為妻子兒女著想。山林藏：棄官隱居。

〔47〕「平生」二句：謂願盡平生之力，去輔佐皇帝，補救不足，為國立功而有所作為。五色線：古代臣下規諫皇帝的過失叫補袞，補袞用五色線，因以「五色

線」喻臣下規諫皇帝的文辭。晉王嘉撰《拾遺記》卷二：「因祇之國，其人善織，以五色絲內於口中，手引而結之，則成文錦。」《詩·大雅·蒸民》：「袞職有缺，維仲山甫補之。」注：「有袞冕者，君上之服也；仲山甫補之，善補過也。」袞是皇帝龍袍。杜牧曾為御史、補闕，故此處暗用補袞的典故，指為皇帝補救缺失。

〔48〕「絃歌」二句：意謂欲削平藩鎮，收復河湟，以絃歌禮樂教化北方人民，使其生活安定。絃歌：邊彈邊唱，謂以禮樂教化人民。《史記·孔子世家》：「三百五篇，孔子皆絃歌之，以求合韶武、雅頌之音，禮樂自此可得而述，以備王進，成六藝。」《禮記·樂記》：「絃歌詩頌，此之謂德音。」燕趙：唐河北三鎮之地，即今河北省、山西省一帶。蘭芷：兩種香草名，喻朝廷之教化。浴：薰陶。河湟：湟水流域及其流入黃河一帶地方；西北少數民族地區。肅宗後河西隴右包括河湟為吐蕃佔領，宣宗大中三年（849）收復。《新唐書·吐蕃傳》：「湟水出蒙谷，抵龍泉，與河合。……故世舉謂西戎地曰河湟。」

〔49〕「腥羶」二句：謂要掃蕩藩鎮，平定吐蕃，清除一切內憂外患。腥羶：難聞的腥味。《呂氏春秋》：「水居者腥，食草者羶。」比喻吐蕃的野蠻落後風氣。是對吐蕃之蔑稱；因其主食牛羊，羶味濃重，故稱。兇狼：指藩鎮割據勢力。披攘（rǎng）：披靡，喻掃蕩、驅除。

〔50〕生人：猶生民，平民百姓。唐太宗名世民，唐人避太宗諱，用「人」字替代「民」字。《舊唐書·太宗本紀上》：「依禮，二名不偏諱。近代已來，兩字兼避，廢闕已多，率意而行，有違經典。其官號、人名、公私文籍，有『世民』兩字不連續者，並不須諱。」

〔51〕壽域：仁壽之境界，指太平盛世。《漢書·禮樂志》：「驅一世之民，躋之仁壽之域。」

〔52〕江郡：指黃州，因瀕臨江邊，故稱。霽（jì）：雨過天晴。

〔53〕「刀好」句：意謂秋色宜人，美如錦緞，可用刀裁取加身。秋光：秋天的風光景物。唐杜甫《戲題畫山水圖歌》：「焉得并州快剪刀，剪取吳松半江水。」唐李商隱《房中曲》：「枕是龍宮石，割得秋波色。」杜牧「刀截秋光」句與上二詩同一奇思妙想，異曲同工。

〔54〕擁鼻：撲鼻。參見《折菊》詩注〔2〕。

〔55〕醺（xūn）酣：醉酒。

〔56〕仁聖天子：指唐武宗，號仁聖文武至神大孝皇帝。

【簡評】

　　詩從宇宙無盡、人生短促寫起，說明人活在世上應該灑脫超然。在偏遠的黃州，詩人以飽覽洪荒的宏闊視野，縱觀天地宇宙、殊國萬象、社會人生，其目光始終定格於如何實現人生價值，焦灼於人生道路的抉擇。詩人鬢髮顏色的迅速改變，凸顯了這份焦慮。開篇詩人就拋出了一個命題：大化無息運行，恒久長存；瞬息存在的人類，如何面對自己的人生？

　　詩描寫李光顏與朱處士為國立功、功成身退的事蹟，表示自己要為國立功，但不務虛名。李光顏和朱處士，是兩種身份類型：一是兼濟天下，建功立業者；一是隱逸山林，獨善其身者。而正是後者所表現出來的不能真正忘懷現實，以及「大義小不義」的態度和對「堯舜禹武湯」清明盛世的嚮往，激發了他的用世之心。

　　詩人以飽滿熱情的筆墨，讚頌了自己的當代偶像：屢建戰功的李光顏、灑脫超群的朱處士、功勳卓著的裴度。這三個人生標杆的出現，說明詩人心中出現了功名與隱退的分野。這也是官員失意後的正常心理。不過，詩人最終堅持了自己的初衷「豈為妻子計，未去山林藏」，始終超越於家庭生活，忠貞不渝地輔弼朝廷，「平生五色線，願補舜衣裳」，期盼太平盛世的出現。點明自己要輔佐皇帝，實現天下太平的遠大志向。

　　詩人懷濟世之志，素以天下為己任，而今僅守一僻左小郡，其心中鬱悶自不待言。故詩之首段情緒消沉，而末段則暢述其欲奮起掃平割據，收復失地，使國家統一人民安康之懷抱，表達了他力圖進取，不願終老山林，而欲追隨光顏願奉身國事的志向，詩之情調復由感傷轉為昂揚。

　　全詩直抒胸臆，襟懷袒露。抒懷言志，富於哲理。「平生五色線，願補舜衣裳」，大有杜甫「致君堯舜上，再使風俗淳」的宏偉抱負。此詩為五言古體，一韻到底，中間雜以七言句。描寫景物及抒發懷抱則多用對句，氣韻流暢，抒情敘事與議論結合，凝煉自然，可視為杜牧五古之力作。情致超邁，酣暢淋漓，其氣象格局在晚唐古體詩中獨樹一幟。

張好好詩並序 [1]

　　牧大和 [2] 三年，佐故吏部沈公江西幕 [3]，好好年十三，始以善歌來樂籍 [4] 中。後一歲，公移鎮宣城 [5]，復置好好於宣城籍中。後二 [6] 歲，為沈著作述師以雙鬟納之 [7]。後二歲，於洛陽東城重睹 [8] 好好，感舊傷懷，故題詩

贈之。

　　君為豫章姝〔9〕，十三才有餘。翠苗鳳生尾，丹葉蓮含跗〔10〕。高閣倚天半，章江聯碧虛〔11〕。此地試君唱，特使華筵鋪〔12〕。主公顧四座，始訝來踟躕〔13〕。吳娃起引贊，低徊映長裾〔14〕。雙鬟可高下，才過青羅襦〔15〕。盼盼乍垂袖，一聲雛鳳呼〔16〕。繁絃迸關紐，塞管裂圓蘆。眾音不能逐，嫋嫋穿雲衢〔17〕。主公再三歎，謂言天下殊〔18〕。贈之天馬錦，副以水犀梳〔19〕。龍沙看秋浪，明月遊東湖〔20〕。自此每相見，三日已為疏。玉質隨月滿，豔態逐春舒〔21〕。絳唇漸輕巧，雲步轉虛徐〔22〕。旌旆忽東下，笙歌隨舳艫〔23〕。霜凋謝樓樹，沙暖句溪蒲。身外任塵土，樽前極歡娛〔24〕。飄然集仙客，諷賦欺相如〔25〕。聘之碧瑤佩，載以紫雲車〔26〕。洞閉水聲遠，月高蟾影孤〔27〕。爾來未幾歲，散盡高陽徒〔28〕。洛城重相見，婥婥為當壚〔29〕。怪我苦何事〔30〕，少年垂白鬚。朋遊今在否，落拓更能無〔31〕。門館慟哭後，水雲秋景初〔32〕。斜日掛衰柳，涼風生座隅〔33〕。灑盡滿襟淚，短歌聊一書。

【注釋】

〔1〕此詩作於大和九年（835）秋。當時杜牧為監察御史分司東都，在洛陽重見張好好，因作此詩。張好好，本為揚州歌妓，與杜牧頗有往還。後被沈傳師的弟弟納為妾，並遭拋棄，在洛陽東城的一家酒店裏賣酒。詩主要記述張好好的身世，對她的遭遇深表同情。此前杜牧另有《贈沈學士張歌人》詩，張歌人即張好好，可參閱。

〔2〕大和：唐文宗年號（827～835）。大，通「太」。

〔3〕「佐故」句：謂詩人在沈傳師江西幕府任江西團練巡官、試大理評事。佐：輔佐。沈公：沈傳師，字子言，傳奇作家沈既濟之子，史謂吳（今江蘇蘇州）人。大和二年（828）十月，以尚書右丞出為洪州刺史、江南西道觀察使，曾召杜牧為幕僚。後傳師轉宣州刺史，宣、歙、池觀察使，大和九年（835）四月，卒於吏部侍郎任，故稱「吏部沈公」。杜牧作此詩時沈傳師已死，所以在前面加「故」字。江西觀察使治所在今江西南昌。幕：幕府，將軍的府署；此處用作動詞，作幕僚。

〔4〕樂籍：謂入樂部之名籍。古時官伎屬樂部，故稱。此表示張好好官伎身份。唐代女子因被買賣、或犯罪、或是犯屬等，被沒入官府，充當官妓，從事吹彈歌唱以供消遣取樂，其名登入樂籍，其家稱為樂戶，不能隨意改換身份。

〔5〕移鎮宣城：大和四年（830）九月沈傳師移官宣歙節度使，治所在今安徽宣州。

移鎮，指官員調任。

〔6〕二：馮集梧《樊川詩集注》卷一：「一作三。」據專家考，當為「後三歲」。

〔7〕沈著作述師：沈傳師之弟沈述師，字子明，時任著作郎。著作，官名，即著作郎或著作佐郎；從五品上。雙鬟：將頭髮屈繞如環，挽成雙髻，為年少女子的常見髮型。此處指千金高價，謂鬟髻上貴重首飾，以見聘禮之豐。東漢辛延年《羽林郎》：「兩鬟何窈窕，一世良所無。一鬟五百萬，兩鬟千萬餘。」納之：將其收納，即買做妾。

〔8〕洛陽：唐東都，今河南洛陽。杜牧於大和九年初進京為監察御史；秋七月，因好友李甘受鄭注貶斥而以疾辭，朝廷即命其以監察御史分司東都。重睹：又看見。

〔9〕豫章：郡名，即唐代洪州；治所在今江西南昌。沈傳師為江西觀察使駐於此地。姝（shū）：美女。

〔10〕「翠茁」二句：謂好好嬌嫩如鳳尾竹青翠初生，似紅蓮含苞待放。茁（zhuó）：長出，生長。丹葉，紅色的花瓣。柎（fū）：通「柎」，花萼的底部。

〔11〕「高閣」二句：謂滕王閣高矗雲端，閣下贛水流逝，遠與天接。高閣：指滕王閣。唐代名勝。舊址在江西新建縣西章江門上，西臨大江。唐高祖李淵之子滕王李元嬰於顯慶四年（659）任洪州都督時所建，故名。其後閣伯嶼為洪州牧，宴群僚於閣上，王勃省父過此，即席作《滕王閣序並詩》，名震一時，傳為佳話。後世將它與湖北黃鶴樓、湖南岳陽樓並稱為江南三大名樓。倚天：形容極高。章江：即章水，江西贛江的西源。源出崇義縣聶都山，東北流入贛縣，與貢水合流為贛江，經南昌，流入鄱陽湖。碧虛：碧空，天空。唐王勃《滕王閣》詩：「滕王高閣臨江渚，佩玉鳴鸞罷歌舞。」

〔12〕特：特意，故意。華筵：豐盛的筵席。鋪：陳設。這是作者初見好好的場合。

〔13〕主公：對權貴長官的尊稱；指沈傳師。顧：回頭看。踟躕（chí chú）：徘徊不前的樣子；此處化用《陌上桑》「使君從東來，五馬立踟躕」之意，描寫沈傳師在座中初睹張好好風姿的驚訝失態的情景。

〔14〕「吳娃」二句：寫好好出場時的優美姿態。吳娃：吳地美女；此喻指好好。古代江南吳楚地區稱美女為娃。引贊：開頭問候、稱頌的套語；此謂行禮。低徊：搖拽披拂的樣子；此言徐緩移步、脈脈含情的樣子。映：隱沒。裾（jū）：衣服的前襟。

〔15〕「雙鬟」二句：謂好好施禮下蹲時，雙鬟正好垂到青羅短襖那裏，高低適宜。羅

褥（rú）：絲羅製成的短襖。

〔16〕盼盼：注視的樣子；猶顧盼生姿。又，貞元間名伎關盼盼，善歌舞，雅多風
　　　態，為武寧節制徐建封所寵；此代指張好好。乍垂袖：舞蹈動作；即垂手舞。
　　　詳見《分司東都，寓居履道，叼承川尹劉侍郎大夫恩知，上四十韻》詩注〔35〕。
　　　雛鳳呼：歌喉之聲清脆美妙，如同小鳳凰的鳴叫聲。雛鳳，幼鳳。古人認為小
　　　鳳凰鳴聲清亮。唐李商隱《韓冬郎即席為詩相送一座盡驚他日余方追吟連宵
　　　侍坐裴回久之句有老成之風因成二絕寄酬兼呈畏之員外》詩：「桐花萬里丹山
　　　路，雛鳳清於老鳳聲。」

〔17〕「繁絃」四句：謂好好歌聲高亢悠揚，無人能及。繁絃：急促的弦樂聲。關紐：
　　　樂器上調弦的弦紐。塞管：即蘆管，一種少數民族傳入的管樂器。《文獻通考》
　　　卷一三八：「蘆管，胡人截蘆為之，大概與觱篥相類，出於北國。」迸、裂：迸
　　　斷，迸裂；極言聲音高亢清脆。嫋（niǎo）嫋：形容歌聲悠揚。雲衢（qú）：天
　　　空，雲端。衢，大路，四通八達的道路。

〔18〕再三歎：指多次讚歎。謂言：以為、認為的意思。

〔19〕天馬錦：繪有天馬圖案之名貴錦緞。天馬：我國古代神話傳說中的一種生有雙
　　　翼、可以飛天的神獸。副：佐，加；配上。水犀梳：以水犀角製成的名貴梳子。
　　　水犀，犀牛的一種。

〔20〕「龍沙」二句：謂沈傳師寵愛好好，攜其遊玩；或登高觀潮，或泛舟月下。龍沙：
　　　南昌城北的沙洲，其地多沙，甚為潔白，綿延五里而地勢高峻，為登高觀覽江
　　　景的勝地。傳說因其地多白沙並呈龍形，故名；或傳說人們看見過龍的腳印，
　　　故稱龍沙。東湖：地名，在南昌城東，與章江相通，也是當時的遊覽勝地。《太
　　　平寰宇記》引雷次宗《豫章記》云：「州城東有大湖，北與城齊，隨城回曲，至
　　　南塘，水通章江，增減與江水同。」

〔21〕「玉質」二句：謂好好體態逐漸豐滿，嬌豔的容姿越來越舒展。玉質：猶玉體。
　　　豔態：美豔的姿容。舒：舒展，日漸成熟。

〔22〕「絳唇」二句：謂朱唇更加靈巧動人，步態飄逸越發優雅從容。絳（jiàng）唇：
　　　朱唇，紅唇。絳，大紅。雲步：像雲彩一樣輕盈飄逸的腳步。虛徐：輕柔；舒
　　　緩而閒雅。

〔23〕「旌旆」二句：謂大和四年（830）九月，沈傳師由江西觀察使調任宣歙觀察使，
　　　乘船經水路赴任宣城，好好笙歌相隨。旌旆（jīng pèi）：旌旗，唐節度使儀仗有
　　　旌與節，此代指沈傳師。東下：指沈傳師調任宣州。笙歌：用單笙來吹奏歌曲；

泛指音樂舞蹈。此處以聲代人，指善歌的張好好。舳艫（zhú lú）：大船；船尾為舳，船頭為艫；這裡指船隻眾多，首尾相接。

〔24〕「霜凋」四句：謂沈氏兄弟等與好好流連風景，飲酒盡歡，視功名如塵土。謝樓：謝朓樓，在宣城北，一名北樓，為南齊宣城太守謝朓所建。李白曾登樓賦詩，有《秋登宣城謝朓北樓》《宣州謝朓樓餞別校書叔雲》等詩。沙暖：指春日。杜甫《絕句》：「遲日江山麗，春風花草香。泥融飛燕子，沙暖睡鴛鴦。」句溪：一名東溪，從宣城東流過，溪流回曲如「句」字形，故名。身外：功業，名聲。塵土：塵世，塵事。樽：酒杯。

〔25〕「飄然」二句：謂沈述師曾任集賢校理，所作之賦超過司馬相如。「飄然」句原注：「著作嘗任集賢校理」。集仙客：學問淵博的人，此指沈述師。集仙，宮殿名，玄宗時改名集賢殿，開元年間殿中設書院，有學士、直學士、修撰、校理等職。見《舊唐書‧玄宗本紀》。改名的原因，參見《唐會要》卷六十四。據杜牧《李賀集序》，知沈述師大和五年為集賢校理。諷賦：謂作賦；賦有諷諫之義，故稱。欺：猶言壓倒，勝過。相如：司馬相如，漢武帝時著名辭賦家，初名犬子，因慕戰國時人藺相如，改名為相如。著有《子虛賦》《上林賦》《大人賦》《長門賦》等。

〔26〕「聘之」二句：謂沈述師以隆重的禮節聘娶張好好。聘：娶。下聘，用禮物訂婚。碧瑤佩：碧玉做的佩飾。形容貴重。紫雲車：神仙所乘的車子，《博物志》卷八：「西王母乘紫雲車而至於殿西。」這裡喻指豪華的車子。

〔27〕「洞閉」二句：謂好好為沈述師侍姜後，如入仙境，如升蟾宮，不復與故人往還；過著孤遠寂寞而單純的生活。「洞閉」句暗用劉晨、阮肇天台遇仙事。事見《太平御覽》卷四一一引《幽明錄》，東漢永平年間，劉晨和阮肇在天台山桃源洞遇見二位仙女，偕至洞府，結為伉儷。平日以對弈為樂。半年後思鄉心切，二女相送出溪口，返家一看，竟已歷七世。後來兩人再度來山，終於修仙上天。這裡暗指張好好嫁給沈述師後不再與故人往來。蟾影：月影，喻嫦娥。此句暗用嫦娥奔月之事。嫦娥本為后羿之妻，因偷竊長生不老藥而逃到月中，「遂託身於月，是為蟾蜍。」見《後漢書‧天文志》注引《靈憲》。此處暗示張好好獨守空房，孤單寂寞。

〔28〕爾來：介賓詞組；指從那時以來。高陽徒：謂酒徒，酒友。漢代高陽人酈食其（lì yì jī）請見劉邦，劉邦對通報的人說他不見儒生。酈食其說自己是高陽的酒徒，不是儒生。於是，劉邦請他進去並重用了他。見《史記‧酈生陸賈列傳》。

後用「高陽酒徒」指嗜酒而放蕩不羈的人。

〔29〕洛城：洛陽。詩人於大和九年秋，以監察御史分司洛陽。婥（chuò）婥：綽約，
　　　嫵媚的樣子。當壚：謂賣酒。壚，酒店裏安放酒甕、酒罈的土檯子，代指酒店。
　　　暗用卓文君的典故。《史記·司馬相如列傳》載，卓文君隨司馬相如私奔後，無
　　　以為生，「相如與俱之臨邛，盡賣其車騎，買一酒舍酤酒，而令文君當壚。」參
　　　見《郡齋獨酌》詩注〔11〕。

〔30〕怪我：對我感到驚奇。何事：什麼事，為什麼。

〔31〕落拓：無拘無束，放蕩不羈。無：用於句末表疑問，相對於「否」或「麼」；唐
　　　白居易《問劉十九》：「晚來天欲雪，能飲一杯無？」

〔32〕「門館」二句：此為詩人答語，謂本年四月，沈傳師逝世，作者不勝悲痛，自己
　　　於秋初至洛陽。門館：謂沈傳師之官署。杜牧曾為其幕僚，故稱門館。慟哭：
　　　用羊曇哭謝安的典故。《晉書·謝安傳》：「羊曇者，太山人，知名士也，為安所
　　　愛重。安薨後，輟樂彌年，行不由西州路。嘗因石頭大醉，扶路唱樂，不覺至
　　　州門。左右白曰：『此西州門。』曇悲感不已，以馬策扣扉，誦曹子建詩曰：『生
　　　存華屋處，零落歸山丘。』慟哭而去。」水雲：流水與白雲。詩歌中意象語詞，
　　　蘊含著離愁別緒，「雨散雲飛」，濃鬱的傷逝情懷，使人惆悵落寞，難以為懷。
　　　此句喻指詩人目前的心境。

〔33〕「斜日」二句：以斜陽、衰柳、涼風，烘托詩人與好好重逢的悲愴情懷。涼風：
　　　初秋的風。《禮·月令》：「涼風至，白露降。」唐魚玄機《早秋》：「涼風驚綠樹，
　　　清韻入朱弦。」座隅：座位的旁邊，身邊。

【簡評】

　　這首詩敘述歌妓張好好名入樂籍後先從沈傳師，後被沈述師納為侍妾的
經歷，主要記述張好好的身世，對她的遭遇深表同情。詩的大部分寫張好好
姿色美麗、樂技高超以供人娛樂的生活情況。最後寫重見好好之後，二人境
遇都產生了極大的變化，不禁感慨萬千。因杜牧對張好好身世遭遇瞭解較深，
對其不幸命運十分同情，作者流露出落拓困頓的自傷情緒，故發之為詩，感
人肺腑。

　　詩序交代了本詩的時間、地點、人物以及寫作目的。

　　此詩開篇一節，以濃筆重彩，追憶了張好好六年前初吐清韻、名聲震座的
美好一幕：身穿翠綠衣裙，嫋嫋婷婷，就像飄曳著鮮亮尾羽的鳳鳥；那紅撲撲
的臉盤，更如一朵搖曳清波的紅蓮，含苞欲放。她的出場非同一般，那是在一

碧如染的贛江之畔、高倚入雲的滕王閣中——正適合美妙歌韻的飛揚、迴蕩。她正如群星拱衛的新月，只在現身的剎那間，便把這「高閣」的「華筵」照亮了。而沈傳師在座中初睹張好好風姿的驚訝失態的情景，深得側面烘托之妙。

最令詩人驚歎的，還是張好好那日愈變化的風韻：「玉質隨月滿，豔態逐春舒。絳唇漸輕巧，雲步轉虛徐」——不知不覺中，這位少女已長成風姿殊絕的美人。當沈傳師「旌旆」東下，她也「笙歌隨舳艫」地載了去。於是每遇霜秋、暖春，宣城的謝朓樓，或城東的句溪，就有了張好好那清亮歌韻的飛揚。這就是詩之二節所描述的張好好那貌似快樂的樂妓生活。這一節之所以極力鋪陳張好好美好歡樂的往昔，也正是為了在後文造成巨大的逆轉，以反襯女主人公令人驚心的悲慘結局。

這結局在開始依然帶有喜劇色彩，「飄然集仙客」四句，將這齣「納妾」喜劇著力渲染了一番。「洞閉」二句，敘女主人公為妾景象，雖語帶詼諧，字裏行間畢竟透露著一種孤清幽寂之感，它似乎暗示著，女主人公身為侍妾，生活過得其實並不如意。

詩情的逆轉，是數年後的一次意外相逢：「洛城重相見，綽綽為當壚」。這令詩人十分震驚。奇特的是，當詩人揭開張好好生涯中最慘淡的一幕時，全不顧及讀者急於瞭解淪落真相，反而轉述起女主人公對詩人的關切詢問來。詩之結尾所展示的，正是詩人默然無語，在「涼風生座隅」的悲哀中，凝望著衰柳、斜陽，撲簌簌流下滿襟的清淚——使得詩人落淚不止的，便是曾經以那樣美好的歌喉，驚動「高閣」「華筵」，而後又出落得「玉質」「絳唇」「雲步」「豔態」的張好好的不幸遭際；便是眼前這位年方十九，卻已飽嘗人間酸楚，終於淪為賣酒之女、名震一時的名妓。

這首詩以動人的描述，再現了張好好升浮沉淪的悲劇生涯，抒發了詩人對這類無法主宰自己命運的苦難女子的深切同情。詩人把描述的重點，全部放在回憶張好好昔日的美好風貌上；並用濃筆重彩，呈現她生平最光彩照人的一面。只是到了結尾處，才揭開她淪為酒家「當壚」女的悲慘結局。這種似乎頗不平衡的敘事結構，在讀者心中，刻下了張好好最動人美麗的形象；從而對她的悲慘處境，激發起最深切的同情。

詩人寫哀痛悲楚的情感，卻以歡快的筆觸，追憶了歌女的美麗姿色、歌唱天分、備受寵愛……也許，美好的景象只有在痛苦的追憶中才會閃現。明清之際王夫之說：「以樂景寫哀，以哀景寫樂，一倍增其哀樂！」元代劇作家喬吉

將此事演繹為傳奇《揚州夢》。

　　此詩還有自書真蹟傳世，真蹟於清乾隆時入內府，《石渠寶笈初編》著錄。後歸張伯駒，現藏北京故宮博物院。《宣和書譜》卷九稱其書法「氣格雄健，與其文章相表裏」。這份文化遺產對於研究唐代詩、書和歌妓制度都是難得的實證資料，彌足珍貴。

冬至日寄小姪阿宜詩〔1〕

　　小姪名阿宜，未得三尺長。頭圓筋骨緊〔2〕，兩眼明且光。去年學官人〔3〕，竹馬繞四廊〔4〕。指揮群兒輩，意氣何堅剛〔5〕。今年始讀書，下口三五行。隨兄旦夕去，斂手整衣裳〔6〕。去歲冬至日，拜我立我旁。祝爾願爾貴，仍且壽命長。今年我江外〔7〕，今日生一陽〔8〕。憶爾不可見，祝爾傾一觴〔9〕。陽德比君子，初生甚微茫。排陰出九地，萬物隨開張〔10〕。一似〔11〕小兒學，日就復月將〔12〕。勤勤不自已〔13〕，二十能文章。仕宦至公相，致君作堯湯〔14〕。我家公相家〔15〕，劍佩嘗丁當〔16〕。舊第開朱門，長安城中央〔17〕。第中無一物，萬卷書滿堂。家集二百編，上下馳皇王〔18〕。多是撫州寫，今來五紀強〔19〕。尚可與爾讀，助爾為賢良〔20〕。經書括根本，史書閱興亡〔21〕。高摘屈宋豔，濃薰班馬香〔22〕。李杜泛浩浩，韓柳摩蒼蒼〔23〕。近者四君子，與古爭強梁〔24〕。願爾一祝〔25〕後，讀書日日忙。一日讀十紙，一月讀一箱。朝廷用文治，大開官職場〔26〕。願爾出門去，取官如驅羊〔27〕。吾兄苦好古〔28〕，學問不可量。晝居府中治，夜歸書滿床。後貴有金玉，必不為汝藏。崔昭生崔芸，李兼生窟郎。堆錢一百屋，破散何披猖〔29〕。今雖未即死，餓凍幾欲僵〔30〕。參軍與縣尉，塵土驚劻勷。一語不中治，笞棰身滿瘡〔31〕。官罷得絲髮，好買百樹桑。稅錢未輸足，得米不敢嘗〔32〕。願爾聞我語，歡喜入心腸。大明帝宮闕，杜曲我池塘〔33〕。我若自潦倒，看汝爭翱翔〔34〕。總語諸小道〔35〕，此詩不可忘。

【注釋】

〔1〕此詩開成五年（840）冬至日在潯陽作，時杜牧三十八歲。杜牧寄詩小姪阿宜，勉勵其讀書與成長，並以自己的祖父杜佑作為典範。阿宜，非杜牧親姪，屬哪位從兄弟之子，不詳。

〔2〕緊：健壯結實。宋曾鞏《一鶚》：「嘗聞一鶚今始見，眼駛骨緊精神豪。」

〔3〕官人：當官的人。唐人對官人頗為看重，韓愈《試大理評事王君墓誌銘》：「一

女憐之，必嫁官人，不以與凡子。」

〔4〕竹馬：兒童遊戲時當馬騎的竹竿。參見《杜秋娘詩》注〔35〕。四廊：四面的走廊。唐顧況《悼稚》：「稚子比來騎竹馬，猶疑只在屋東西。」

〔5〕指揮：調遣，指派。意氣：氣勢，神態。堅剛：堅強。

〔6〕斂手：拱手，表示恭敬。《世說新語·賢媛》：「桓宣武平蜀，以李勢妹為妾。」劉孝標注引《妒記》：「（郡主）見李在窗梳頭，姿貌端麗，徐徐結髮，斂手向主，神色閒正，辭甚凄惋。」整衣裳：整理衣裳，表示莊重。《周書·蘇綽傳》：「遂留綽至夜，問以治道，太祖臥而聽之。綽於是指陳帝王之道，兼述申韓之要。太祖乃起，整衣危坐，不覺膝之前席。」

〔7〕江外：長江以南地區。古時稱江南為江外。此謂潯陽，即今江西九江。《資治通鑒》卷一七六（陳）禎明二年「遍喻江外」注：「中原以江南為江外。」

〔8〕今日：現在，如今。生一陽：即一陽生。古人認為冬至後白天漸長，為陽氣始動之日，因以一陽生代指冬至。《周易·復卦》唐孔穎達疏：「復謂反本，靜為動本，冬至一陽生，是陽動用而陰復於靜也。」《史記·律書》：「日冬至則一陰下藏、一陽上舒。」唐杜甫《小至》：「天時人事日相催，冬至陽生春又來。」唐熊孺登《至日荷李常侍過郊居》：「風雲千騎降，草木一陽生。」

〔9〕不可：猶不得；不能夠。祝：祝福。傾：乾杯。觴（shāng）：酒杯。

〔10〕「陽德」四句：謂陽氣如君子，初起時不甚明顯，然能將陰氣排出九地之外，地上萬物隨之生長。詩句謂要做君子，遠小人。陽德：謂陽氣，喻君子；君子，德才兼備的人。排陰：排除陰氣；陰，喻小人。《周易·繫辭下》：「陽一君而二民，君子之道也；陰二君而一民，小人之道也。」唐韓愈《送惠師》：「大哉陽德盛，榮茂恒留春。」九地：地下最深處。《孫子·形》：「善守者藏於九地之下。」開張：生長，舒展。

〔11〕一似：如同；好像、非常像。

〔12〕「日就」句：天天有成就，月月有進步。喻指積少成多，循序漸進。《詩·周頌·敬之》：「日就月將，學有緝熙于光明。」孔穎達疏：「日就，謂學之使每日有成就；月將，謂至於一月則有可行。言當習之以積漸也。」朱熹集傳：「日有所就，月有所進，續而明之，以至於光明。」

〔13〕「勤勤」句：保持勤奮的學習勢頭不停下來。勤勤：頻頻；勤勉的樣子。已：止。

〔14〕「仕宦」二句：此勉勵阿宜應勤奮學習，以便當官作公侯將相，輔助皇上成為堯湯一類聖君。仕宦：做官。公相：公侯將相，指高官。堯湯：古代的兩位聖君。

堯是傳說中古帝陶唐氏之號；湯是商朝的開國之君成湯。

〔15〕公相家：因杜牧祖父杜佑曾任德宗、順宗、憲宗三朝的宰相，封岐國公，故稱。

〔16〕劍佩：寶劍和玉佩，身份與地位的象徵。丁當：同叮噹，象聲詞；指玉佩發出的聲音。隋王通《中說·周公》：「衣裳襜如，劍佩鏘如，皆所以防其躁也。」

〔17〕「舊第」二句：謂祖屋豪華，位居長安城中心。杜牧宅第在長安安仁坊，在朱雀門街東第一街從北第三坊。《長安志》：「萬年縣所領朱雀門街之東安仁門，太保致仕岐國公杜佑宅。」杜牧《上宰相求杭州啟》：「某於京中，唯安仁舊第三十間支屋而已。」第：宅邸。朱門：紅漆門。古代王侯貴族的住宅大門漆成紅色，表示尊貴。因稱豪門為朱門。詩歌中借指富人或其住所。《晉書·曲允傳》：「曲允，金城人也。與游氏世為豪族。西州為之語曰：『曲與遊，牛羊不數頭。南開朱門，北望青樓。』」唐杜甫《自京赴奉先縣詠懷五百字》：「朱門酒肉臭，路有凍死骨。」

〔18〕「家集」二句：指杜佑所著的《通典》共二百卷，上起黃帝，下迄唐玄宗天寶末，為貫通古今之書。《通典》二百卷，先是劉秩採經史，自黃帝迄唐天寶末制度沿革設置，議論得失，撰《政典》三十五篇。杜佑因而廣之，參以新禮，分食貨、選舉、職官、禮、樂、兵刑、州郡、邊防八門。成書於貞元十七年（801），前後費時三十六年。所述下迄唐天寶年間，肅宗、代宗以後的重要沿革，亦附載於注中，為我國現存最早專門論述典章制度的通史性著作。《舊唐書·杜佑傳》：「其書大傳於時，禮樂刑政之源，千載如指諸掌，大為士君子所稱。」上下：猶前後。

〔19〕「多是」二句：謂《通典》一書是先祖杜佑於德宗朝任撫州（今江西撫州）刺史期間撰寫，至今已有六十餘年。多是：猶言多半是，大半是。撫州：杜佑曾任撫州刺史，故稱。今來：如今，現今。五紀：古時以十二年為一紀；五紀即六十年。強：有餘。杜佑大曆十四年（779）為撫州刺史，至杜牧為詩開成五年（840）已有六十餘年，故稱五紀強。

〔20〕賢良：賢人；有德行的人。

〔21〕「經書」二句：謂經書中含有事理之本原，史書中載有歷代興亡之教訓。括：囊括，包括。根本：事物的本源或本質。此二句及下四句謂阿宜應多讀經史書籍，亦須學習文學作品。

〔22〕「高摘」二句：謂屈原、宋玉之楚辭格調高雅，文詞華美；司馬遷、班固的文章則風格醇厚，詞藻富贍。屈宋豔：指屈原和宋玉的詞藻；其創作開騷賦文體之

先河。班馬：指班固和司馬遷。他們是漢代的兩位著名歷史學家。司馬遷寫了我國第一部紀傳體通史《史記》，班固寫有斷代史《漢書》。

〔23〕「李杜」二句：謂近人李白、杜甫的詩歌浩如江海；而韓愈、柳宗元的文章高接雲天。李杜：李白與杜甫，盛唐時期兩位偉大的詩人。浩浩：水大的樣子。比喻李杜詩歌的氣勢浩大流暢。韓柳：唐代著名古文家韓愈和柳宗元。摩：迫近。蒼蒼：深青色，指天空。比喻韓柳的文章水平極高。《莊子・逍遙遊》：「天之蒼蒼，其色正邪？」

〔24〕四君子：指李白、杜甫、韓愈和柳宗元。爭強梁：謂爭高下。

〔25〕祝：表示對人對事的美好願望；意為以言告神，祈禱福祉。這裡指正式讀書前的祈祝儀式。

〔26〕「朝廷」二句：謂朝廷用文教禮樂來治理國家，以科舉取士，選拔人材，委以官職。詩意在激勵阿宜走科舉之路，由進士入仕。文治：以文教施政治民。《禮記・祭法》：「文王以文治，武王以武功，去民之菑。」

〔27〕「願爾」二句：勉勵阿宜應試進取，則高官並不難得。驅羊：驅趕羊群，比喻非常容易。清馮集梧《樊川詩集注》卷一引《帝王世紀》：「黃帝夢人執千鈞之弩，驅羊萬群，窹而歎曰：『千鈞之弩，異力者也，驅羊數萬群，能牧民為善者也。』於是依占而求之，得力牧於大澤，進以為將。」

〔28〕吾兄：指杜牧堂兄杜悰。悰，元和九年，選尚公主，召見于麟德殿。尋尚岐陽公主，加殿中少監、駙馬都尉。累遷至司農卿。大和六年，轉京兆尹。會昌中，任宰相，尋加左僕射。後歷鎮重藩，加太傅、邠國公。見新、舊《唐書・杜佑傳》附。苦：非常，極其。好古：喜歡古代的事物。《論語・述而》：「我非生而知之者，好古，敏以求之者也。」

〔29〕「崔昭」四句：謂崔昭與李兼厚斂致富，家藏萬貫，而他們的兒子無能，均不能保守家產，最終揮霍殆盡。崔昭：唐代宗時人，曾任京兆尹等職，也曾在江西做觀察使，平生喜歡斂財，家道豐厚，亦多行賄之舉。參見《唐國史補》卷中。李兼：唐德宗時人，曾任鄂岳團練使，也做過江西觀察使，家產殷實，卒國子祭酒任。披猖：分散，飛揚；指錢財用盡而破落。唐唐彥謙《春深獨行馬上有作》：「日烈風高野草香，百花狼籍柳披猖。」

〔30〕「今雖」二句：謂崔昭、李兼厚殖財貨，後人不能守業，下場非常悲慘。即：副詞；立即，即刻。

〔31〕「參軍」四句：謂參軍、縣尉等下級官吏，終日供上司驅遣，稍有不合，即受

笞撻，滿身瘡痕。這裡詩人鼓勵阿宜他日出將入相，勿以參軍、縣尉為滿足。
參軍：官名，州刺史之屬官，品秩為從七品至從九品不等，初任官或貶謫官
之虛銜。漢末曹操以丞相總攬軍政，其僚屬往往用參丞相軍事的名義。此後
直至南北朝，凡諸王及將軍開府者，皆置參軍，為重要幕僚。唐制，諸衛及王
府官俱有錄事參軍事等，外府州亦分別置司錄及錄事參軍等，簡稱參軍。縣
尉：掌一縣之治安與軍事，品秩為從九品下，通常為進士出身者的初任之官。
參軍與縣尉官卑秩低，受人輕視。劻勷（kuāng ráng）：惶遽不安的樣子。中
（zhòng）治：合乎治理之道；亦含合乎上司心願之意。笞（chī）棰：以竹木
之類的棍條抽打；指鞭打、杖責。

〔32〕「官罷」四句：謂參軍或縣尉俸祿微薄，任期滿後，所得僅可購買百株桑樹，歸
耕度日。然未將稅錢繳納完足，又何敢嘗食新米？絲髮：猶言絲毫，細微的東
西，這裡指做官時積攢的微薄財產。稅錢：唐初實行租庸調法，德宗時改為兩
稅法，以錢納稅，夏秋兩季徵收稅錢，夏稅不超過六月，秋稅不超過十一月。
按：官吏如此，百姓生活更加不堪，晚唐皮日休《橡媼歎》云：「山前有熟稻，
紫穗襲人香。細獲又精舂，粒粒如玉璫。持之納於官，私室無倉箱。如何一石
餘，只作五斗量。……吁嗟逢橡媼，不覺淚沾裳。」

〔33〕大明：宮殿名，唐高宗龍朔二年（662）置，唐末毀於兵燹。故址在今西安城大
北門外東北三里許。《長安志》云：「東內大明宮，在禁苑之東南，南接京城之
北面，西接宮城之東北隅。」杜曲：在今陝西西安東南，唐時為杜氏一族的聚
居之處，亦即樊川別墅所在。《舊唐書·杜佑傳》：杜曲之「亭林館池，為城南
之最。」杜曲稱北杜，杜固稱南杜。其西為韋曲，為韋氏聚居之處。以地近宮
闕，又世多貴官，故當時語曰：「城南韋杜，去天尺五。」參見《池州送孟遲先
輩》詩注〔33〕。

〔34〕潦倒：困頓失意。翶翔：喻飛黃騰達。

〔35〕總語：總結。小道：儒家禮樂政教之外的學說。《論語·子張》：「雖小道，必有
可觀者焉。」

【簡評】

　　這首詩勉勵其侄阿宜讀書，以杜牧的祖父杜佑作為典範。書讀成以後則應
科舉考試做官。這反映了中晚唐社會頗重讀書與做官的社會風氣。此詩猶如一
篇用詩筆寫成的「杜氏家訓」。作者從家史、讀書、文學、入仕、德行、財貨
各個方面勸導和鼓勵小侄勤勉奮發，明辨篤行，青雲直上。行文中將史實、教

訓和人生感受熔冶一爐，娓娓道來，情寓理中，而作者善於運筆，使全詩抑揚有致。

　　全詩首先寫阿宜的童稚之態，形象而風趣；次寫對阿宜的祝願：一願其繼承父祖事業，注重經濟致用之學；二願其學習經史與屈宋班馬、李杜韓柳之詩賦文章；三願其以時人崔昭、李兼之子揮霍家產及參軍、縣尉等卑官終日惶惶不寧為教訓，鼓勵他進取高官，青雲直上。這一方面反映了詩人積極用世、關心時政的思想及其進步的文學主張，同時也反映了詩人誇耀門第的世俗之見。

　　詩中自述出身門第，家學淵源等，是研究詩人思想身世的重要資料。在概述古今文史時，以屈宋、班馬和李杜、韓柳來樹立標格，祈向鮮明，這對研究杜牧的文藝觀亦有參考價值。北宋書法家黃庭堅曾手錄杜牧這首詩贈友人，讚賞杜牧的勸學精神，云：「其論崔、李積錢百屋，無補於子孫，此固救世之藥石也。」（《山谷題跋》）

李甘詩 [1]

　　大和八九年 [2]，訓注極虓虎 [3]。潛身九地底，轉上青天去。四海鏡清澄，千官雲片縷 [4]。公私各閑暇，追遊日相伍 [5]。豈知禍亂根，枝葉潛滋 [6] 莽。九年夏四月，天誠 [7] 若言語。烈風駕地震，獰雷驅猛雨。夜於正殿階，拔去千年樹 [8]。吾君不省覺，二凶日威武 [9]。操持北斗柄，開閉天門路 [10]。森森明庭士，縮縮循牆鼠 [11]。平生負奇節，一旦如奴虜 [12]。指名為錮黨 [13]，狀跡 [14] 誰告訴。喜無李杜 [15] 誅，敢憚髡鉗 [16] 苦。時當秋夜月，日值曰庚午 [17]。喧喧皆傳言，明晨相登注 [18]。予時與和鼎，官班各持斧 [19]。和鼎顧予言 [20]，我死知處所。當庭裂詔書 [21]，退立須鼎俎 [22]。君門曉日開，赭案 [23] 橫霞布。儼雅千官容，勃鬱 [24] 吾累怒。適屬命鄜將，昨之傳者誤 [25]。明日詔書下，謫斥南荒 [26] 去。夜登青泥阪 [27]，墜車傷左股。病妻尚在床，稚子初離乳 [28]。幽蘭思楚澤 [29]，恨水啼湘渚 [30]。悒悒三閭 [31] 魂，悠悠一千古 [32]。其冬二凶 [33] 敗，渙汗開湯罟 [34]。賢者須喪亡，讒人尚堆堵 [35]。予於後四年，諫官事明主 [36]。常欲雪幽冤，於時一禆補 [37]。拜章 [38] 豈艱難，膽薄多憂懼。如何干斗氣 [39]，竟作炎荒土 [40]。題此涕滋筆，以代投湘賦 [41]。

【注釋】

　　[1] 此詩作於開成四年（839），時杜牧為左補闕。李甘，字和鼎，長慶末進士，唐

文宗時為侍御史。文宗寵信鄭注，擬任為宰相；李甘認為他沒有德望，堅決反對，因此被貶為封州司馬；不久死於貶所。新、舊《唐書》有傳。

〔2〕大和八九年：即公元 834、835 年。

〔3〕訓注：李訓與鄭注。李訓，始名仲言，宰相李揆的族孫，與鄭注氣味相投，通過宦官王守澄薦舉於文宗，擢翰林學士、兵部郎中知制誥，以禮部侍郎同中書門下平章事。事見《新唐書·李訓傳》。鄭注，世代微賤，初以藥術遊於長安權貴之家。本姓魚，冒姓鄭氏，時人稱為「魚鄭」，並譏為「水族」。宦官王守澄入朝為樞密使，鄭注則勾結交通，賄賂奉承。大和八年（834）十二月，鄭注拜太僕卿，兼御史大夫。九年（835）八月，又升為工部尚書，充翰林侍講學士。李訓與鄭注在禁庭陪侍皇帝身邊，文宗為其迷惑。二人權傾天下，得勢後，聯手排擠大臣，引起滿朝惶恐。後來在甘露之變中，二人和文宗密謀誅除宦官，最終事敗被殺。虓（xiāo）虎：咆哮的老虎，多用來比喻勇士猛將。如《詩·大雅·常武》：「進厥虎臣，闞如虓虎。」

〔4〕「四海」二句：形容天下太平清明，官員眾多。

〔5〕伍：結伴，結夥。

〔6〕潛滋：暗地裏生長。莽：茂盛。

〔7〕天誡：即天戒。上天發出的警戒。《尚書·胤征》：「先王克謹天戒，臣人克有常憲，百官修輔，厥後惟明明。」

〔8〕「夜於」二句：大風在夜裏拔去了正殿前面的千年古木。《新唐書·文宗本紀》：大和九年，「四月辛丑，大風拔木，落含元殿鴟尾，壞門觀。」

〔9〕「吾君」二句：言文宗沒有領悟上天的警示，致使二凶逐漸逞威。二凶：指作惡多端的李訓和鄭注。

〔10〕「操持」二句：喻指李訓和鄭注二人權傾天下。操持：控制，把持。北斗柄：北斗星的勺把，比喻關鍵性的權力。北斗星，由天樞、天璿、天璣、天權、玉衡、開陽、搖光七星組成。古人把這七顆星聯繫起來想像成為古代舀酒的斗形。天樞、天璿、天璣、天權組成為斗身，古曰魁；玉衡、開陽、搖光組成為斗柄，古曰杓。唐李白《短歌行》：「北斗酌美酒，勸龍各一觴。」天門：本為天上的門，後也指帝王宮殿之門，這裏喻朝廷。

〔11〕「森森」二句：謂二凶的所作所為引起滿朝惶恐。森森：眾多貌。明庭士：喻朝臣。「縮縮」句，言畏畏縮縮像沿著牆爬行的老鼠一樣。

〔12〕奇節：高節，不平凡的節操。一旦：終究，終於。奴虜：奴隸和俘虜。

〔13〕錮黨：即黨錮；結為朋黨。東漢桓帝時宦官專權，士大夫李膺、陳蕃等聯合
太學生奮起抨擊。宦官於是誣陷他們結黨誹謗朝廷，李膺等二百多人被逮捕
入獄。靈帝時，李膺等人又被起用，他和大將軍竇武再次密謀除掉宦官，但
是又失敗了，被處死、流放和囚禁的達六七百人。事見《後漢書‧黨錮傳》。

〔14〕狀跡：行跡，事蹟。唐張鷟《朝野僉載》卷四：「細尋狀跡，足識法家；細尋判
驗，足識文華。」告訴：向上申訴、訴說。唐杜甫《送顧八分文學適洪吉州》：
「請哀瘡痍深，告訴皇華使。」

〔15〕李杜：李膺與杜密。李膺，字元禮，東漢桓帝時任司隸校尉，因反對宦官專權
而入獄。靈帝時，因與陳蕃、竇武等謀誅宦官，失敗被殺。《後漢書》有傳。杜
密，字周甫，東漢桓帝時累官太僕，因黨錮之禍免官。靈帝時陳蕃輔政，復為
太僕，因謀誅宦官，失敗自殺。李膺與杜密都捲入了黨錮之禍，而地位聲名差
不多，所以並稱李杜。

〔16〕憚：畏懼，害怕。髡（kūn）鉗：一種刑罰；剃掉頭髮，在脖子上套鐵圈。用《史
記‧季布傳》事：季布匿濮陽周氏，周氏乃髡鉗。

〔17〕值：正當。庚午：文宗大和九年七月二十七日。馮集梧《樊川詩集注》卷一：
「按：《舊唐書‧文宗本紀》：大和九年七月甲辰朔，八月甲戌朔，則庚午，乃
七月二十七日也。《舊紀》趙儋為鄜坊節度繫之八月甲申，與牧之詩不合。詩，
『秋夜月』別有作『仲秋月』者，又似當在八月，然八月無庚午，不可為據。」

〔18〕喧喧：眾口紛紜。傳言：流言。相登注：要任命宰相。注，任命官員時登錄備
案。

〔19〕「予時」二句：謂自己與李甘在當時都為諫官。按，大和九年（835），李甘任
侍御史，杜牧為監察御史。官班：官職的等級位次。唐劉肅《大唐新語‧識量》：
「張說拜集賢學士，於院所燕會，舉酒，說推讓不肯先飲，謂諸學士曰：『學
士之禮，以道義相高，不以官班為前後。』」持斧：指御史等執法之官。漢武
帝時繡衣御史暴勝之，奉命持斧捕盜。為皇帝特派的執法大員。後因用作詠御
史之典。《漢書‧王訢傳》：「武帝末，軍旅數發，郡國盜賊群起，繡衣御史暴
勝之使持斧逐捕盜賊，以軍興從事，誅二千石以下。」

〔20〕顧予言：看著我說。顧，看、視。

〔21〕「當廷」句：《舊唐書》卷一七五：「鄭注入翰林侍講，舒元輿既作相，注亦求入
中書。甘唱於朝曰：『宰相者，代天理物，先德望而後文藝。注乃何人，敢茲叨
竊？白麻若出，吾必壞之。』」唐代由翰林學士起草的重要詔書都用白麻紙，此

處白麻代指任命鄭注為相的重要詔書。

〔22〕「退立」句：言退回到自己的位置站好等待處罰。須：等待。鼎俎：烹調用的鍋
　　　和割肉用的砧板。喻像放在鼎俎之上那樣處死。

〔23〕赭案：皇帝用來批答公文、處理政事的赤紅色長桌。赭：紅色。

〔24〕儼雅：莊重恭敬的樣子。勃鬱：大怒的樣子。

〔25〕適：正好趕上。屬：任命。命郪將：原注：「趙儋除鄜坊節度使。」《舊唐書·
　　　文宗本紀下》：大和九年八月，「甲申，以左神策軍大將軍趙儋為鄜坊節度使」。
　　　傳者：指「喧喧皆傳言，明晨相登注」之事。

〔26〕南荒：指封州，李甘被貶為封州司馬，封州在今廣東省封川境內。

〔27〕青泥：即青泥城。京兆府藍田縣嶢柳城，因南對嶢山又多植柳樹而得名，又稱
　　　青泥城，西晉時曾設青泥軍。阪：斜坡，山坡。李甘赴封州需途經此地。

〔28〕初離乳：指剛剛斷奶。乳，奶汁。

〔29〕幽蘭：蘭花。比喻有高尚節操的人。戰國屈原《離騷》：「結幽蘭而延佇。」楚
　　　澤：楚江之畔。《楚辭·漁父》：「屈原既放，遊於江潭，行吟澤畔。」

〔30〕湘渚：湘水之邊。此句指屈原投汨羅江而死，汨羅江是湘江的支流。

〔31〕怳（huǎng）怳：心神不定的樣子。三閭：指屈原，屈原曾任三閭大夫，故稱。
　　　唐李商隱《過鄭廣文舊居》：「宋玉平生恨有餘，遠遁三楚弔三閭。」

〔32〕悠悠：漫長的樣子。千古：時代久遠。

〔33〕二凶：指李訓、鄭注。大和九年十一月，李訓、鄭注假稱金吾仗舍的石榴樹上
　　　有甘露，請文宗來觀看。誘使宦官仇士良等往觀，謀加誅殺。宦官先到了金吾
　　　仗舍，發現隱藏著伏兵，急忙把文宗抬走。仇士良率兵誅殺了李訓、鄭注及宰
　　　相王涯、舒元輿等十餘家，株連者千餘人，整個京師極為震恐。史稱「甘露之
　　　變」。參見《舊唐書·文宗本紀》。

〔34〕渙汗：比喻帝王發布的號令，如汗出於身，不能收回。後指帝王的號令。這
　　　裡指大赦的詔書。湯罟（gǔ）：罟，網的總稱；引申為法網。《呂氏春秋·異
　　　用》：「湯見祝網者，置四面。其祝曰：『從天墜者，從地出者，從四方來者，
　　　皆離吾網。』湯曰：『嘻，盡之矣，非桀，其孰為此也！』湯收其三面，置其
　　　一面，更教祝曰：『昔蛛蝥作網罟，今之人學紓。欲左者左，欲右者右，欲高
　　　者高，欲下者下，吾取其犯命者。』漢南之國聞之曰：『湯之德及禽獸矣。』
　　　四十國歸之。」後因以湯網比喻刑政的寬大。開湯罟，謂打開三面獵網；比喻
　　　除去惡勢力。

〔35〕須：雖；雖然。「讒人」句：言姦臣還非常多。讒人，愛進讒言的人，小人。《詩·小雅·青蠅》：「營營青蠅，止于棘，讒人罔極，交亂四國。」堆堵：積聚，言其多。

〔36〕「予於」二句：謂開成四年杜牧回京任左補闕。左補闕有諷諫之責，故言諫官。明主：賢明的君主。唐孟浩然《歲暮歸南山》：「北闕休上書，南山歸敝廬。不才明主棄，多病故人疏。」

〔37〕於時：對於時政。裨補：有益的補充。

〔38〕拜章：上奏摺。唐劉禹錫《賀赦表》：「新歲拜章，遙獻南山之壽。」

〔39〕如何：奈何。干斗氣：言上沖牛斗之壯志；這裡比喻李甘的凜然正氣。牛斗氣，指寶劍的光氣。晉代張華和雷煥一起觀天象，看見斗宿和牛宿之間有紫氣，雷煥說這是寶劍的精氣，於是張華讓雷煥做豐城令，雷煥到豐城後，掘地，得到了寶劍龍泉和太阿。詳見《晉書·張華傳》。參見《道一大尹、存之學士、庭美學士，簡於聖明，自致霄漢，皆與舍弟昔年還往。牧支離窮悴，竊於一麾，書美歌詩，兼自言志，因成長句四韻，呈上三君子》詩注〔6〕。

〔40〕「竟作」句：謂李甘貶封州而卒，竟然化作荒遠之地的一抔土。炎荒，邊遠之地。

〔41〕投湘賦：把寫好的賦投進了湘水裏。西漢賈誼被貶為長沙王太傅，路過湘江，哀屈原之不幸，有同病相憐之感，於是作賦祭祀。參見《弔屈原賦》序。《史記·屈原賈生列傳》：「自屈原沉汩羅後百有餘年，漢有賈生，為長沙王太傅，過湘水，投書以弔屈原。」

【簡評】

大和九年，發生了震驚朝野的「甘露之變」，這是唐朝政治史上的一件大事，也是杜牧這首詩敘述的重點。詩人追憶了幾年前的甘露之變，寫了李甘的身世，慨歎忠貞之士被貶謫死亡於荒僻之地，稱頌了李甘的氣節，隱約流露出在朝為官的不良政治環境。如今雖然是諫官，「常欲雪幽冤，於時一裨補」，於私常常念及為好友雪冤，於公渴盼為朝政奉獻，可是「膽薄多憂懼」，只好焚燒詩稿，祭奠亡靈。詩人筆力恣肆，沉痛哀絕，詩句如「潛身九地底，轉上青天去」，力掃千鈞，再現了驚心動魄的政變，表現了衰世中的無奈。

洛中送冀處士東遊〔1〕

處士有儒術，走可挾車輈〔2〕。壇宇寬帖帖，符彩高酋酋〔3〕。不愛事耕

稼，不樂干〔4〕王侯。四十餘年中，超超為浪遊〔5〕。元和五六歲，客於幽魏州〔6〕。幽魏多壯士，意氣相淹留〔7〕。劉濟願跪履，田興請建籌〔8〕。處士拱兩手，笑之但掉頭〔9〕。自此南走越，尋山入羅浮〔10〕。願學不死藥〔11〕，粗知其來由。卻於童頂上，蕭蕭玄髮抽〔12〕。我作八品吏，洛中如繫囚〔13〕。忽遭冀處士，豁〔14〕若登高樓。拂榻與之坐，十日語不休〔15〕。論今星璨璨，考古寒颼颼〔16〕。治亂掘根本，蔓延相牽鉤〔17〕。武事何駿壯，文理何優柔〔18〕。顏回捧俎豆，項羽橫戈矛〔19〕。祥雲繞毛髮，高浪開咽喉〔20〕。但可感神鬼，安能為獻酬〔21〕。好入天子夢，刻像來爾求〔22〕。胡為去吳會〔23〕，欲浮滄海〔24〕舟。贈以蜀馬棰〔25〕，副之胡闚裘〔26〕。餞酒〔27〕載三斗，東郊黃葉稠。我感有淚下，君唱高歌酬。嵩山〔28〕高萬尺，洛水〔29〕流千秋。往事不可問，天地空悠悠〔30〕。四百年炎漢〔31〕，三十代宗周〔32〕。二三里遺堵，八九所高丘〔33〕。人生一世內，何必〔34〕多悲愁。歌闋解攜〔35〕去，信非吾輩流〔36〕。

【注釋】

〔1〕開成元年（836）秋作，其時杜牧為監察御史、分司東都。洛中：即洛陽。冀處士：名不詳。處士：指未仕或不仕的人。東遊：去往江南遊歷。

〔2〕「處士」二句：謂冀處士學識高超，性格果敢、氣度豪蕩。儒術：儒家學術。《後漢書·荀爽傳論》：「荀爽、鄭玄、申屠蟠俱以儒行為處士，累徵並謝病不詣。」挾車輈（zhōu）：用手控制車轅。輈，車的泛稱。古代大車上的車轅稱轅，兵車、田車、乘車上的車轅稱輈。《左傳·隱公十一年》：「公孫閼與潁考叔爭車，潁考叔挾輈以走，子都拔棘以逐之。」

〔3〕「壇宇」二句：謂冀處士談論問題宏闊從容；他的風度翩翩、儀容美好。壇宇：指言談的範圍與界限。《荀子·儒效》：「君子言有壇宇，行有防表，道有一隆。」清王念孫《讀書雜志》卷十：「言有壇宇，猶曰言有界域。」寬：寬廣。帖帖：安靜閒雅的樣子。唐李商隱《海上謠》：「雲孫帖帖臥秋煙，上元細字如蠶眠。」符彩：指玉的紋理光彩。此處喻人風度儀態。唐王勃《採蓮賦》：「乃有貴子王孫，乘閒縱觀，何平叔之符彩，潘安仁之藻翰。」畐畐：高大的樣子。喻人外貌堂皇，神采煥發。

〔4〕干：干謁，向有地位的人求見。唐盧仝《揚州送伯齡過江》：「努力事干謁，我心終不平。」

〔5〕超超：謂議論高深奧妙，透徹不同凡俗。《世說新語·言語》：「我與王安豐說延

陵、子房，亦超超玄著。」唐儲光羲《哥舒大夫頌德》：「超超渭濱器，落落山
西名。」浪遊：四處漫遊。

〔6〕「元和」二句：謂元和年間，曾漫遊於幽州、魏州一帶。客：客遊。幽魏州：幽
州和魏州，在今北京和河北一帶。

〔7〕「幽魏」二句：謂其地多雄風俠骨、慷慨意氣之士。唐韓愈《送董邵南序》：「燕
趙古稱多感慨悲歌之士。」意氣：志趣。淹留：挽留，留住。唐杜甫《賓至》：
「竟日淹留佳客坐，百年粗糲腐儒餐。」

〔8〕「劉濟」二句：言劉濟願意向他請教，遵從其為師；田興亦請冀處士幫助出謀
劃策。劉濟：貞元至元和中為幽州節度使，連任二十多年。見《舊唐書·劉濟
傳》。跪履：跪而進履，用西漢張良故事。《史記·留侯世家》：「良嘗閒從容步
遊下邳圯上，有一老父，衣褐，至良所，直墮其履圯下，顧謂良曰：『孺子，
下取履！』良愕然，欲毆之，為其老，強忍，下取履。父曰：『履我！』良業
為取履，因長跪履之。父以足受，笑而去。良殊大驚，隨目之。父去里所，復
還，曰：『孺子可教矣。後五日平明，與我會此。』……五日，良夜未半往。
有頃，父亦來，喜曰：『當如是。』出一編書，曰：『讀此則為王者師矣。後十
年興。十三年孺子見我濟北，穀城山下黃石即我矣。』遂去，無他言，不復
見。旦日視其書，乃《太公兵法》也。良因異之，常習誦讀之。」跪履，表示
向長者虔誠求教。田興：即田弘正。元和中為魏博節度使。建籌：謀劃、獻
策。《新唐書·田弘正傳》：「弘正幼通兵法，善騎射，承嗣愛之，以為必興吾
宗，名之曰興。」

〔9〕拱兩手：拱手禮，表示尊敬。掉頭：轉頭。

〔10〕越：唐時嶺南道，春秋時屬百越之地，故稱越。羅浮：羅浮山，在廣東省境
內，是道教名山。山上有洞，道教列為第七洞天。相傳晉葛洪在此得仙術。唐
李白《當塗趙炎少府粉圖山水歌》：「峨眉高出西極天，羅浮直與南溟連。」

〔11〕不死藥：能使人長生不死的藥。宋司馬光《資治通鑒》卷七：「自齊威王、宣王、
燕昭王皆信其言，使人入海求蓬萊、方丈、瀛洲，云此三神山在渤海中，去人
不遠。患且至，則風引船去。嘗有至者，諸仙人及不死之藥皆在焉。」

〔12〕童頂：頭頂髮疏如兒童；喻禿頂。蕭蕭：稀疏的樣子。玄髮抽：長出黑髮。

〔13〕「我作」二句：詩人自謂官品甚微，鬱悶落寞。八品吏：處於第八等級的官吏。
曹魏時職官分為九品，一品最高，九品最低。隋唐時九品又分正從，自正四品
起，每品又分上下二階，共有三十階。八品有正八品上、正八品下、從八品上、

從八品下四種。此詩八品吏指監察御史，《新唐書·百官志三》：「監察御史十五
人，正八品下。掌分察百僚，巡按州縣、獄訟、軍戎……。」如繫囚：像被捆
住的囚犯一樣。

〔14〕遭：遇，遇到。豁：豁然。

〔15〕拂榻：擦拭坐榻。不休：不停。

〔16〕星璨璨：形容對當今之事議論風發，見解燦然。考古：考察古代的歷史事物。
寒颼颼：形容考證古典，不辭冷僻，探賾幽深。

〔17〕「治亂」二句：謂討論對紛亂的問題治理，能提綱挈領，切入根本；思路開闊能
旁徵博引，相互印證，絲絲相扣。掘：窮盡。蔓延、牽鉤：本是古代的兩種雜
戲。此處指擴展、發展與相互牽連。東漢張衡《西京賦》：「巨獸百尋，是為蔓
延。」唐張銑注：「言作大獸，名為蔓延之戲。」《隋書·地理志》：「南郡襄陽，
有牽鉤之戲。」牽鉤即拔河。

〔18〕武事：軍事。《左傳·莊公四年》：「故臨武事，將發大命，而蕩王心焉。」駿壯：
強壯。文理：禮儀。優柔：優雅柔和；指文章從容自得。《文心雕龍·養氣》：
「志於文也，則申寫鬱滯，故宜從容率情，優柔適會。」

〔19〕「顏回」二句：謂冀處士文武之才如顏回知禮、項羽善戰一樣。顏回：魯人，字
子淵，又稱顏淵，孔子的得意弟子，以德行著稱。事見《史記·仲尼弟子傳》。
俎豆：古代宴客、祭祀用的禮器。俎形如几案，豆類似高足盤。《史記·孔子世
家》：「孔子為兒嬉戲，常陳俎豆，設禮容。」項羽：名籍，力能扛鼎，胸有大
志，秦朝末年起兵，稱西楚霸王，與劉邦爭奪天下，失敗後自刎於烏江。事見
《史記·項羽本紀》。此句以「項羽善戰」對應前所謂「武事駿壯」。

〔20〕「祥雲」二句：謂吉祥的雲彩在頭上繚繞，聲音洪亮。祥雲：瑞雲。南北朝庾
信《廣饒公宇文公神道碑》：「祥雲入境，行雨隨軒。」唐趙彥昭《奉和人日清
暉閣宴群臣遇雪應制》：「祥雲應早歲，瑞雪候初旬。」高浪：聲音高亢響亮。

〔21〕「但可」二句：謂冀處士的話，可以動天地，感鬼神，但他並不以此從事獻酬，
以獲得名利。獻酬：飲酒相酬勸。這裡指從事干謁，獲得名利。《詩·小雅·楚
茨》：「為賓為客，獻酬交錯。」唐韓愈《送劉師服》：「草草具盤饌，不待酒獻
酬。」以上四句，意思是說你周遊辯說有祥瑞徵兆，聲音高亢響亮。這樣的高
行可以感動天地鬼神，絕非只是飲酒酬勸之用而已。

〔22〕「好入」二句：指商王武丁夢見賢人傅說，畫像找尋之事。傅說（yuè），殷高宗
時為相。相傳傅說曾築於傅岩之野，武丁訪得，舉以為相，出現殷中興的局面。

詩歌中此典常用於稱美宰相。馮集梧注引《帝王世紀》:「(殷)高宗夢天賜賢人,胥靡之衣,蒙而來曰:『我,徒也,姓傅名說。』武丁寤而推之曰:『傅者,相也,說者,歡說也,天下豈有傅而說民者哉?』乃使百工寫其形象,求諸天下。」爾求:求爾;尋找你。參見《感懷詩一首》注〔33〕。

〔23〕吳會(kuài):古代指東南吳地。秦時會稽郡,至東漢時分為吳郡與會稽二郡,故稱吳會。自唐以後,多稱蘇州為吳會,即江南一大都會。亦泛指三吳之地。唐張文規《吳興三絕》:「吳興三絕不可捨,勸子強為吳會行。」

〔24〕滄海:神話傳說中仙人所居海島名。舊題漢東方朔《海內十洲記》:「滄海島,在北海中,地方三千里,去岸二十一萬里,四面繞島,各廣五千里。水皆蒼色,仙人謂之滄海。」唐李商隱《搖落》:「未諳滄海路,何處玉山岑。」

〔25〕蜀馬棰:蜀地所產的馬鞭,是著名特產。為唐代馬鞭名品。唐許渾《謝人贈鞭》:「蜀國名鞭見惠稀,鴛騶從此長光輝。」

〔26〕副之:再加上。胡罽(jì)裘:用西域產的毛織品製成的衣裘,又稱罽賓裘。《漢書·西域傳上》:罽賓國「其民巧,雕文刻鏤,治宮室,織罽,刺文繡,好治食。」罽:毛織物。《爾雅》:「犛罽也。」邢昺疏「罽者,織毛為之。」

〔27〕餞酒:餞別的酒。

〔28〕嵩山:五嶽之一,稱嵩嶽,在河南登封縣北。古稱外方,因其山形高大,又名嵩高山。

〔29〕洛水:源出陝西洛南縣西北部。東入河南,經洛陽,至鞏縣的洛口入黃河。《元和郡縣圖志》卷六:「洛陽縣洛水,在縣西南三里。」

〔30〕悠悠:遙遠,無窮盡。

〔31〕「四百」句:謂漢代有天下四百年。兩漢共四百二十六年,這裡舉其成數。炎漢:即漢代。漢自稱以火德王,故稱炎漢,又稱炎劉。三國魏曹植《徙封雍丘王朝京師上疏》:「受禪炎漢,臨君萬邦。」

〔32〕宗周:周為諸侯所宗仰,故稱。周朝共三十七王。《詩·小雅·正月》:「赫赫宗周,褒姒滅之。」周平王所都為洛邑,即洛陽,故杜牧在洛陽作詩稱為宗周。

〔33〕遺堵:殘存的城牆。高丘:當亦指洛陽古城遺跡。

〔34〕一世:一生,一輩子。何必:未必。唐李頻《寄遠》:「化石早曾聞節婦,沉湘何必獨靈妃。」

〔35〕歌闋:歌罷。闋,樂曲演奏完。東漢張衡《東京賦》:「《王夏》闋,《騶虞》奏。」解攜:猶言分手、別離,動詞。解,分解;攜,攜手。唐白居易《北樓

送客歸上都》：「憑高眺遠一淒淒，卻下朱闌即解攜。」

〔36〕「信非」句：謂冀處士有古心高義，超逸於我輩群倫。

【簡評】

這是一首贈別詩。一位姓冀的處士遠遊蘇州，杜牧賦詩贈別。俗話說，亂世多隱士。冀處士精通儒術，富有社會治理策略，連地方軍政首腦都對其禮節有加，可見其絕非不通人情、死讀經書的儒生。點題贈別之後，突然宕開筆墨，寫天地悠悠，滄海變化，於自己的淒苦別緒中，稱頌處士灑脫不羈。

本詩對冀處士的外貌、性格、才華、高行等進行了多方面的表現，突出了一個集縱橫家、儒士、處士特徵於一身的思想者、言說者的形象。作者善於作典型刻畫：「劉濟願跪履，田興請建籌。處士拱兩手，笑之但掉頭」，寫其心性豪蕩果決；「論今星璨璨，考古寒颼颼。治亂掘根本，蔓延相牽鉤」，論其學識豐富深刻；「但可感神鬼，安能為獻酬」，表達其義行境界；而嵩山、洛水、炎漢、宗周的自然與歷史的描寫，更襯托出冀處士其人的堅定和崇高。全詩情感跌宕起伏，筆力勁健；豁若登樓，豪縱馳放，氣勢磅礡；體現出作者高朗俊逸的氣質和詩風。

通過此詩我們可以窺知「甘露之變」後杜牧的心態。峰高萬尺的中嶽嵩山巍巍高聳，滔滔洛水千古流淌。往事不堪回首，天地枉自悠悠。兩漢前後四百二十餘年，周朝延續三十七王，如今只能從故址遺跡中回想往昔。人生一世，不過短短數十年，何必有那多悲哀、憂愁？既深感自己彷彿是被拘繫於牢獄的囚徒，又自問何必有那麼多悲哀、憂愁，足見詩人心中有著何等沉重、繁多、亂麻似的矛盾糾結。

送沈處士赴蘇州李中丞招，以詩贈行〔1〕

山城樹葉紅，下有碧溪水。溪橋向吳路〔2〕，酒旗誇酒美。下馬此送君，高歌為君醉。念君苞〔3〕材能，百工在城壘〔4〕。空山三十年，鹿裘〔5〕掛窗睡。自言隴西公〔6〕，飄然〔7〕我知己。舉酒屬吳門〔8〕，今朝為君起。懸弓〔9〕三百斤，囊書數萬紙。戰賊即戰賊，為吏即為吏〔10〕。盡我所有無，惟公之指使。予曰隴西公，滔滔〔11〕大君子。常思掄群材〔12〕，一為國家治〔13〕。譬如匠見木，礙眼皆不棄〔14〕。大者粗十圍，小者細一指。撝概〔15〕與棟樑，施之皆有位。忽然豎明堂，一揮〔16〕立能致。予亦何為者，亦受公恩紀〔17〕。處士有常言，殘虜〔18〕為犬豕。常恨兩手空，不得一馬箠〔19〕。今依隴西公，

如虎傅〔20〕兩翅。公非刺史材，當坐岩廊〔21〕地。處士魁奇姿〔22〕，必展平生志。東吳饒風光〔23〕，翠巘〔24〕多名寺。疏煙疊疊〔25〕秋，獨酌平生思。因書問故人，能忘批紙尾〔26〕。公或憶姓名，為說都憔悴〔27〕。

【注釋】

〔1〕此詩作於開成三年（838）秋，時杜牧在宣州幕。李中丞：李道樞，唐文宗開成二年至四年任蘇州刺史，兼御史中丞。

〔2〕吳路：吳，地名，此指吳郡蘇州。

〔3〕苞：通「包」，懷有，具有。

〔4〕百工：各類工匠。《墨子·節用中》：「凡天下群百工，輪車鞼匏，陶冶梓匠，使各從事其所能。」城壘：城池和營壘。漢桓寬《鹽鐵論·繇役》：「自古明王不能無征伐而服不義，不能無城壘而禦強暴也。」這裡是形容沈處士有各種傑出才能。

〔5〕鹿裘：鹿皮做的衣服，本指粗陋之裘衣，貧者所穿；這裡指隱士的衣服。《晏子春秋·外篇》：「晏子相（齊）景公，布衣鹿裘以朝。公曰：『夫子之家若此其貧也，是奚衣之惡也！』」《列子·天瑞》：「孔子游於太山，見榮啟期行乎郕之野，鹿裘帶索，鼓琴而歌。」

〔6〕隴西公：指李道樞，隴西為李姓郡望。

〔7〕飄然：超脫的樣子。

〔8〕屬：通「矚」，矚目，看。吳門：古吳縣城（今蘇州）之別稱。吳縣為春秋吳郡。此指蘇州。

〔9〕懸弓：彎弓；挽弓。此句喻勇猛強壯。《後漢書·蓋延傳》：「蓋延字巨卿，漁陽要陽人也。身長八尺，彎弓三百斤。」宋徐鈞《蓋延》：「力挽強弓數百斤，兵鋒到處策奇勳。」

〔10〕「戰賊」二句：形容沈處士能文能武，才能適應多種職位。

〔11〕滔滔：水大貌；此喻人的度量大。

〔12〕揀群材：選拔人才。揀，選擇。

〔13〕一為（yī wèi）：完全為了。治：安定，太平。

〔14〕「譬如」二句：謂好比高超的匠人看見不入眼的木材都不捨棄；比喻廣納人才，善於利用人才，揚長避短。《孔叢子》卷上：「子思曰：夫聖人之官人，猶大匠之用木也。取其所長，棄其所短。故杞梓連抱而有數尺之朽，良工不棄，何也？知其所妨者細也。卒成不訾之器。」礙：滿，遍。此指眼光所及。

〔15〕搚（xiè）：門限。橜：短木樁。皆比喻才能微小的人。

〔16〕忽然：假設連詞；猶言如果、倘若、假使。明堂：古代帝王宣明政教的場所，凡朝會、祭祀、慶賞、選士、養老、教學等大典均在此舉行。一揮：舞動一下手臂或手中之物。

〔17〕何為（hé wéi）：是什麼。恩紀：恩情。《後漢書‧孔融傳》：「曹操與融書：『孤與文舉既非舊好，又於鴻豫亦無恩紀，然願人之相美，不樂人之相傷，是以區區思協歡好。』」

〔18〕殘虜：指跋扈的藩鎮。

〔19〕馬箠：馬鞭。這裡指騎馬戰鬥。

〔20〕傅：安上，增加；與「附」義同。《史記‧韓信盧綰列傳》：「護軍中尉陳平言上曰：『胡者全兵，請令強弩傅兩矢外向，徐行出圍。』」

〔21〕岩廊：高峻的廊廡，借指朝廷。漢桓寬《鹽鐵論‧憂邊》：「今九州同域，天下一統，陛下優游岩廊，覽群臣極言至論……。」

〔22〕魁奇姿：奇偉特出的姿質。魁，卓越，突出。奇姿，不凡的姿貌。

〔23〕饒：豐富。風光：風景，景象。唐李咸用《同友人秋日登庾樓》：「六代風光無問處，九條煙水但凝愁。」

〔24〕翠巘：青山。

〔25〕亹（wěi）亹：進貌，此指徐緩上升。

〔26〕批紙尾：在紙張末尾作批答。古人致書於尊者，尊者只在信末書寫，作為答覆。宋沈括《夢溪補筆談‧雜志》：「前世風俗，卑者致書於所尊，尊者但批紙尾答之。」

〔27〕憔悴：盡力，盡瘁。《左傳‧昭公七年》：「《詩》曰：或燕燕居息，或憔悴事國。」

【簡評】

　　友人沈處士將往蘇州刺史為幕僚，而刺史又有恩於詩人，乃臨別贈詩。臨別贈詩，多感慨淒涼。而此詩抒寫與友人分別，卻毫無蕭瑟淒怨之感。詩人大處落筆，從人的志向才能出發，寫處士富於才華、文武雙全，受到刺史賞識，而刺史又前途莫可限量，蘊含著處士從此才華得以展示，如虎生翼。隱居三十年至今才獲重視，處士自然是欣喜萬分。此詩健朗豪邁，英氣颯爽，鼓舞人心，既寬慰了處士，又恰到好處地表達了對刺史的頌揚。詩句設色清麗，如「山城樹葉紅，下有碧溪水」，清新可人。

長安送友人遊湖南〔1〕

　　子性劇弘和，愚衷深褊狷〔2〕。相捨囂譊〔3〕中，吾過〔4〕何由鮮。楚南饒風煙，湘岸苦縈宛〔5〕。山密夕陽多，人稀芳草〔6〕遠。青梅繁枝〔7〕低，斑筍〔8〕新梢短。莫哭葬魚人〔9〕，酒醒且眠飯〔10〕。

【注釋】

〔1〕此詩作於大中四年（850），時杜牧在長安。湖南，唐湖南觀察使的轄區，治所潭州即今湖南長沙。《元和郡縣志》：「湖南觀察使管州七：潭州、衡州、郴州、永州、連州、道州、邵州。」

〔2〕「子性」二句：謂友人度量極大，性情溫和；而自己則胸襟狹小，性情急躁。子：你；對男子的尊稱或美稱。性：性格，個性。劇：非常，十分。弘和：寬宏平和。弘，大。愚：謙詞，謂自己。衷：內心。褊狷（biǎn juàn）：褊狹狷介；正直孤傲，不合俗。宋王禹偁《答晁禮丞書》：「某褊狷剛直為眾所知，雖強損之，未能盡去。」

〔3〕相捨：謂離別。囂譊（náo）：喧嘩吵鬧；此指京城。

〔4〕過：過錯。何由：因何，為什麼。鮮（xiǎn）：少。語本《北齊書·崔瞻傳》：「（瞻）與趙郡李槃為莫逆之友，槃將東還，瞻遺之書曰：『仗酒使氣，我之常弊，詆訶指切，在卿尤甚。足下告歸，吾於何聞過也？』」

〔5〕「楚南」二句：意謂湖南卑濕，湘水曲折。楚南：湖南古屬楚國，在楚之南，故稱。饒：多。風煙：風光，景象。唐駱賓王《在江南贈宋五之問》：「風煙標迥秀，英靈信多美。」湘：湘水，又名湘江，源於廣西興安之海陽山，入湖南，至零陵與瀟水匯合，稱「瀟湘」。苦：非常，很。縈宛：盤曲迂迴。

〔6〕芳草：香草，常比喻才德兼備的人。

〔7〕繁枝：茂密的樹枝。

〔8〕斑筍：斑竹的筍。斑竹，即紫竹，竹有紫色或灰褐色的斑紋，也稱湘妃竹。《博物志》：「舜二妃曰湘夫人。舜死，二妃啼，以涕揮竹，竹盡斑。」參見南朝梁任昉《述異記》卷上。

〔9〕葬魚人：指屈原。屈原被流放，自沉汨羅江前曾對漁父言：「寧赴常流而葬乎江魚腹中耳，又安能以皓皓之白而蒙世俗之溫蠖乎！」見《史記·屈原賈生列傳》。

〔10〕眠飯：睡覺和吃飯。指過平靜安穩的生活。宋曾鞏《戲書》：「交遊斷絕正當爾，眠飯安穩餘何求。」

【簡評】

　　作者在京城送別將要南下的摯友，因為這位朋友的存在，詩人感到在都市喧囂的人海中多了一些快樂，少了一些過失。因而分別在即，心中自然悵惘若失。詩人不直接寫分別的哀怨，而是設想友人南下後的情形。

　　「山密」二句是寫景的佳句。作者在長安而寫楚地之景，純屬想像之筆。設想友人在夕陽之下的重巒疊嶂中行走，眼見芳草連綿無際，不免使人產生寂寥之感。明麗的景色中委婉含蓄地表達了作者對友人的思念與關切，情緒稍有傷感而不低沉。

皇　風〔1〕

　　仁聖天子神且武〔2〕，內興文教外披攘〔3〕。以德化人漢文帝〔4〕，側身修道周宣王〔5〕。遠蹛巢穴盡窒塞〔6〕，禮樂刑政皆弛張〔7〕。何當提筆侍巡狩〔8〕，前驅白旆弔河湟〔9〕。

【注釋】

〔1〕此詩作於會昌四年（844）。皇風：王風，帝王的教化。漢班固《東都賦》：「觀明堂，臨辟雍；揚緝熙，宣皇風。」

〔2〕仁聖天子：指唐武宗。會昌二年四月，加仁聖文武至神大孝皇帝尊號。仁聖，仁德聖明，稱頌帝王的套話。《禮記·經解》：「其在朝廷，則道仁聖禮義之序；燕處，則聽雅頌之音。」神且武：英明威武。

〔3〕內興文教：對內推行禮樂法度。外披攘：打敗了外圍構成威脅的勢力。披攘，屈服，倒伏；此指擊敗敵人。《三國志·魏書·陳思王傳》：「朱旗所拂，九土披攘。」

〔4〕漢文帝：名劉恒（前180～前157年在位），漢高祖劉邦的第四個兒子，為人寬容平和，即位後勵精圖治，提倡節儉，廢除肉刑，使百姓休養生息，安心生產，生活逐漸富裕起來，漢朝步入了強盛時期。《漢書·文帝紀贊》：「專務以德化民，是以海內殷富，興於禮儀。」

〔5〕側身修道：憂懼不安，踐行興國的思想。側身，謂寢不安席，兢兢業業。修道：猶修行，行道。修養德行以實現某種理想。漢桓寬《鹽鐵論·救匱》：「故公孫丞相、倪大夫側身行道，分祿以養賢，卑己以下士。」周宣王：名姬靜，暴君周厲王之子，西周第十一代君主（前827～前782年在位）。周宣王即位時周朝國勢已衰，他力圖有所作為，在政治上任用召穆公、尹吉甫、仲山甫等賢臣輔

佐朝政，對外討伐獫狁、西戎等，使西周出現了短暫的中興局面。《詩·大雅·雲漢》小序：「仍叔美周宣王也。宣王承厲王之烈，內有撥亂之志，遇災而懼，側身修行，欲銷去之。」唐岑參《北庭西郊候封大夫受降回軍獻上》：「側身佐戎幕，斂衽事邊陲。」

〔6〕迒（háng）蹊：野獸行走的小路。迒，獸跡。蹊，道路。東漢張衡《西京賦》：「結罝百里，迒杜蹊塞。」窒塞：堵住，不通。

〔7〕弛張：放鬆或拉緊弓弦。比喻禮樂刑政弛張有致，合乎文武之道。《禮記·樂記》：「禮樂刑政，四達而不悖，則王道備矣。」又《禮記·雜記下》：「一張一弛，文武之道也。」

〔8〕何當：猶何日，何時。唐杜甫《晦日尋崔戢李封》：「思見農器陳，何當甲兵休。」巡狩：古代天子出行。漢班固撰《白虎通義》卷下：「王者所以巡狩者何？巡者，循也。狩，牧也，為天下循行守牧民也。」

〔9〕白斾（pèi）：白色的旗幟。斾，古代末端像燕尾形狀的旗子。《詩·小雅·六月》：「白斾央央。」小序謂為宣王北伐獫狁而作。弔：慰問；伐：討伐。此謂弔民伐罪，即慰問受苦的人民，討伐有罪的統治者。河湟：西戎之地，在今甘肅、青海湟水和黃河流域。《新唐書·吐蕃傳上》：「湟水出蒙谷，抵龍泉與河合。……故世舉謂西戎地曰河湟。」

【簡評】

這是一首頌歌。唐武宗會昌四年，吐蕃內亂，朝廷以劉蒙為巡邊使，準備收復河湟。杜牧得知消息後，大為振奮。詩人將唐武宗比作促使中興局面出現的周宣王、漢代明君漢文帝，抒發了渴望中興的迫切願望。在這種熱望中，詩人由衷地產生「何當提筆侍巡狩」，到前線建功立業的念頭。

詩意在讚頌武宗李炎內興文教、外伐敵寇，大有漢文帝劉恒以德化人、周宣王姬靜修道消災之風，以其「神武」，杜絕違背禮儀的野蠻行為，使禮樂刑政張弛有度；表達自己期望能夠手持筆管，侍從武宗皇帝，收復河湟，弔民伐罪！可惜的是，晚唐已國力乏弱，唐武宗雖有收復河湟之望，卻已力不從心，詩人的滿懷熱望只能化為冰冷的失望。直到宣宗李忱登基，河西、隴右百姓挺身起義，驅逐了吐蕃統治者，才使河湟一帶回歸於大唐。

雪中書懷〔1〕

臘雪〔2〕一尺厚，雲凍寒頑癡〔3〕。孤城大澤畔，人疏煙火微〔4〕。憤悱欲

誰語，憂慍不能持〔5〕。天子號仁聖，任賢如事師〔6〕。凡稱曰治具，小大無不施〔7〕。明庭開廣敞，才儁受羈維〔8〕。如日月縆升，若鸞鳳葳蕤〔9〕。人才自朽下，棄去亦其宜〔10〕。北虜壞亭障，聞屯千里師〔11〕。牽連久不解，他盜恐旁窺〔12〕。臣實有長策〔13〕，彼可徐鞭笞〔14〕。如蒙一召議〔15〕，食肉寢其皮。斯乃廟堂事，爾微非爾知〔16〕。向來躪等語，長作陷身機〔17〕。行當臘欲破，酒齊不可遲〔18〕。且想春候暖，甕間傾一卮〔19〕。

【注釋】

〔1〕此詩會昌二年（842）十二月作，時杜牧任黃州刺史。

〔2〕臘雪：陰曆十二月下的雪。臘，本為古代十二月的一種祭祀，後代指陰曆十二月。

〔3〕「雲凍」句：謂雪天寒冷，雲層凍結凝固。頑癡：形容凍雪凝結，非常堅硬。

〔4〕「孤城」二句：謂黃州僻處雲夢澤畔，人煙十分稀少。杜牧《黃州刺史謝上表》：「黃州在大江之側，雲夢澤南，古有夷風，今盡華俗。戶不滿二萬，稅錢才三萬貫。」孤城：指黃州，治所在今湖北黃岡。唐詩用孤城一詞，一般用於比喻，為虛指。偶有實指，根據詩意而定。大澤：指雲夢澤。

〔5〕「憤悱」二句：謂內心鬱悶憂傷，難以自抑，卻無處傾訴。憤悱（fěi）：冥思苦想但不知如何用言語來表達。《論語·述而》：「不憤不啟，不悱不發，舉一隅，不以三隅反，則不復也。」憂慍（yùn）：憂鬱惱怒。不能持：不能控制。

〔6〕天子：指唐武宗李炎，年號為會昌。仁聖：仁愛聖明。此為唐武宗尊號。《舊唐書·武宗本紀》：會昌二年「四月乙丑朔，光祿大夫、守司空、兼門下侍郎平章事李德裕……等上章，請加尊號曰仁聖文武至神大孝皇帝。」事師：侍奉師長。

〔7〕「凡稱」二句：謂凡屬有益的治國措施，不論其大小，無不施行。治具：治理國家的各種措施。《史記·酷吏列傳》：「法令者治之具，而非制治清濁之源也。」施：施行。

〔8〕「明庭」二句：謂朝廷聖明，敞開大門，凡有才之士均受到任用。明庭：朝廷。《史記·封禪書》：「黃帝乃治明廷。明廷，甘泉也。」廷與庭通。甘泉為漢武帝宮殿名，代指朝廷。才儁（jùn）：才子，才能卓越的人。羈（jī）維：籠絡，束縛，引申為任用。

〔9〕「如日」二句：謂武宗朝政治開明，如旭日之初升，似新月之上弦，蒸蒸向上；又彷彿鸞鳳之毛羽絢麗繽紛，繁榮昌盛。縆：通「恒」。《詩·小雅·天保》：「如月之恒，如日之昇。」箋：「月上弦而就盈，日始出而就明。」縆升，指

日益興盛。鸞：鳳凰的一種。葳蕤（wēi ruí）：草木繁茂披垂狀，此謂鸞鳳之長羽紛披。此處形容人才之盛。《楚辭・東方朔・七諫初放》：「上葳蕤而防露兮，下泠泠而來風。」

〔10〕「人才」二句：謂自己才能低劣，被棄逐是理所應當的。自：本來。此二句化用唐孟浩然《歲暮歸南山》「不才明主棄，多病故人疏」句意，含有牢騷不平，實為憤激之語，言自己出守黃州，實際上是被朝廷棄逐。杜牧《祭周相公文》云：「會昌之政，柄者為誰？忿忍陰污，多逐良善。牧實忝幸，亦在遣中。」柄者指李德裕。朽下：技不如人，才能低下。

〔11〕「北虜」二句：謂回紇入侵中土，朝廷已調集大軍抵禦之。北虜：泛指北方少數民族。這裡指回紇，會昌二年回紇烏介可汗率兵入侵，朝廷征兵迎戰。《後漢書・袁安傳》：「憲日矜己功，欲結恩北虜。」亭障：古代設於邊疆險要處供防守之堡壘。屯：戍守，駐紮。千里師：指會昌二年（842）八月，調集陳許徐汝襄陽等處軍隊集中於太原、振武、天德一線，防禦回紇。事見《舊唐書・武宗本紀》。

〔12〕「牽連」二句：言如不及時解決回紇這一問題，則恐其他敵人窺伺，乘隙而起。牽連：拖延。不解：不結束，不罷休。他盜：指心懷異謀的藩鎮將帥。語本《史記・項羽本紀》：「所以遣將守關者，備他盜之出入與非常也。」旁窺：在一旁伺機圖謀，覬覦。漢賈誼《過秦論》：「秦孝公據崤函之固，擁雍州之地，君臣固守，以窺周室。」

〔13〕長策：良好的計策。《史記・平津侯主父列傳》：「靡蔽中國，快心匈奴，非長策也。」

〔14〕彼：指回紇。徐：慢慢地。鞭笞（chī）：鞭打，引申為驅使，驅逐。《漢書・陸賈傳》：「漢王起巴蜀，鞭笞天下。」

〔15〕召議：聽從朝廷召喚議和。「食肉」句：謂將回紇徹底消滅。《左傳・襄公二十一年》：「然二子者，譬於禽獸，臣食其肉，而寢處其皮矣。」

〔16〕「斯乃」二句：謂抵禦侵略、保障國土為朝廷大事，非官職卑微者所宜知。斯：此。廟堂：指朝廷。爾：詩人自指。微：官職卑微，地位低下。

〔17〕「向來」二句：謂從來越級進諫者，常陷於危殆。向來：從來。躐（liè）等：超越等級，不按次序。《禮記・學記》：「幼者聽而弗問，學不躐等也。」長：常常，經常。陷身機：使自己走入絕境的陷阱。機，捕鳥獸的機檻。《後漢書・趙壹傳》：「單網加上，機牙在下。」

〔18〕「行當」二句：謂臘月將盡，釀酒不宜遲緩。行當：猶言正當。臘欲破：破臘，臘月末，臘月快要結束。酒齊（jì）：指釀酒。古代按酒之清濁成色分為五等，稱「五齊」。《周禮·天官·酒正》：「辨五齊之名：一曰泛齊，二曰醴齊，三曰盎齊，四曰緹齊，五曰沉齊。」鄭玄箋：「醴以上尤濁，盎以下差清。」

〔19〕「且想」二句：謂以便來年春暖花開，一醉解千愁。春候：春天的氣候。甕（wèng）、卮（zhī）：均為古代盛酒的器具。甕為酒罈子，卮為酒杯。傾：喝乾。甕間傾卮，指嗜酒成性。

【簡評】

此詩表現了詩人深切憂念邊患，欲獻其平寇良策的熱望。

會昌二年，回紇入侵，朝廷征各路兵馬討之。八月，回紇攻掠雲、朔等州，朝廷發陳、許、徐、汝等處兵馬太原會師。杜牧一直注重軍事，研讀過兵法，主張削平藩鎮，收復河湟失地。故當朝廷征討回紇之時，抒發經世報國之志。

杜牧雖然在黃州為官，實為被朝廷貶謫此處，故空有報國之志，並無用武之地。看到人民的苦難不斷加深，自己的禦敵良策又不能被採用，心中十分的憤懣，此詩就是他心中憤懣之情的抒發。詩中壯志難伸、抑鬱不平之氣噴薄而出。這種抱負滿懷而無力施展的無奈感，讓人聞之垂淚。如何能施展才華？只有在酒甕旁邊借酒消磨時光。詩歌一方面讚頌了帝王的英明，眾多人才得到重用，另一方面表達了自己胸懷遠略、渴望發揮才幹，間雜著淪落被貶的沉痛，憤懣、感慨躍然紙上。

雨中作〔1〕

賤子本幽慵，多為儁賢侮〔2〕。得州荒僻中，更值連江雨〔3〕。一褐擁秋寒，小窗侵竹塢〔4〕。濁醪氣色嚴〔5〕，皤腹瓶罌古〔6〕。醺醺〔7〕天地寬，悅悅秸劉伍〔8〕。但為適性情，豈是藏鱗羽〔9〕。一世一萬朝，朝朝〔10〕醉中去。

【注釋】

〔1〕此詩具體寫作時間不詳，應在會昌二年至四年（842～844）間。

〔2〕「賤子」二句：謂我本就幽深平庸，大多是被俊逸的才能欺侮、侵害。賤子：詩人謙稱自己。《漢書·樓護傳》：「成都侯商子邑為大司空，貴重，商故人皆敬事邑，唯護自安如舊節，邑亦父事之，不敢有闕。時請召賓客，邑居樽下，稱『賤子上壽』。坐者百數，皆離席伏，護獨東鄉正坐。」唐杜甫《奉贈韋左丞丈二十二韻》：「丈人試靜聽，賤子請具陳。」本幽慵：本性愛靜懶散。儁

賢：有才能的人。侮：輕慢，侮辱。

〔3〕「得州」二句：意謂自己任荒僻之地小吏，面對國運日漸衰微，內憂外患，卻報國無門。連江：滿江。「更值」句運用借代手法，喻指諸帝才庸，邊事不斷，宦官專權，黨爭延續，一系列的內憂外患如蟻穴潰堤。

〔4〕「一褐」二句：點明了寫作的時間正值秋季，表現了詩人當時所處環境的艱苦，住竹樓，開小窗。褐：貧賤者穿的粗布衣。《詩·豳風·七月》：「無衣無褐，何以卒歲？」擁：圍裹。竹塢：長著茂盛竹林的山坳。

〔5〕濁醪（láo）：渾濁的酒。醪，濁酒。氣色嚴：氣味和成色極濃。嚴，濃重。此句意謂豪飲濃酒使人臉上增添了威猛氣色。

〔6〕皤（pó）腹瓶罌（yīng）古：古時大腹小口的酒瓶和酒器。皤，大肚子。罌，瓶。罌多為木製或陶製。此句意謂傾盡古罌使人挺肚凸腹。

〔7〕酣酣：飲酒痛快酣暢的樣子。唐白居易《不如來飲酒》：「不如來飲酒，仰面醉酣酣。」

〔8〕怳（huǎng）怳：狂貌；恍恍惚惚，醉酒的樣子。嵇（jī）劉伍：與嵇康和劉伶為伴。嵇康和劉伶都以擅飲酒和才學著名，三國魏正始年間，曾與阮籍、阮咸、山濤、向秀、王戎在山陽縣竹林痛飲，世稱竹林七賢。劉伶曾作《酒德頌》。

〔9〕「但為」二句：謂詩人此時想要放蕩不羈，隨性而生，想要隱居田園，隱藏自己的行跡。適性情：合乎心意。藏鱗羽：隱逸不顯。鱗羽，龍鱗鳳羽，本指魚類和鳥類，此比喻行跡。《後漢書·陳留老父傳》：「夫龍不隱鱗，鳳不藏羽，網羅高懸，去將安所？」

〔10〕朝朝：天天，每天。

【簡評】

杜牧由長安出任黃州刺史，正值壯盛有為之年，縱然心懷報效國家的大志，又才華出眾，恰逢國難當頭（會昌二年回鶻入侵）正需人才，而自己卻只能流落在荒僻幽寂之地，痛苦萬分，備受煎熬，故吟詩自歎。詩人無法力挽狂瀾，只得無奈將一腔悲憤交於酒肆。此詩用白描、襯托的手法直抒胸臆，寫出詩人在秋雨季節落寞空虛、吟酒消愁的情形。

「賤子」二句詩人自嘲是被空有一身的俊傑才華所侵害。他賦詩明志，著文上書，積極向當權者獻計獻策。可見詩人對於當時朝中不公平現象的怨恨和憤懣，以及十分低落的心情。「更值連江雨」運用了借代的修辭，代指晚唐的

日漸衰微。

「一褐」二句運用起興手法，點明寫作時間，以天氣的寒冷襯托出詩人內心的寒冷、孤寂，暗引後文的愁苦之思。用寓情於景手法，圍繞「寒」字展開，點明了詩人夜晚的寂寞難耐、孤獨痛苦。用一「小」字傳遞作者人微言輕、力量渺小的無助之感。

「濁醪」二句採用擬人的修辭，表面寫濁酒實則寫自己表情的嚴肅和痛苦。詩人用鱛腹瓶的酒具暢飲，已然喝得有些醉醺醺，卻仍然「氣色嚴」；詩人內心抑鬱之深、愁苦之濃重躍然紙上。「酣酣」二句用典，通過劉伶、嵇康二人當時因遭到的排擠、打壓而沉溺於醉，疏遠世故，借古諷今表現詩人也因受到了不公平的待遇而痛苦、抑鬱、怨恨之情，抒發了自己不附流俗之志。此處詩人意不在酒，所謂蓋時方艱難，人各懼禍，唯託於醉；更加表現出詩人有才華而不被賞識的無奈。

「但為」二句使用借代的修辭，用「鱗羽」來借代自己的行跡。真意不可言，唯「以醉之名」表達對美好生活的嚮往。最後兩句可見詩人此時已經身心俱疲，醉情飲酒而不理世事，只想在醉意中度過自己的一生，失望、無奈、愁苦、抑鬱、憤懣之情溢於言表。

偶遊石盎僧舍〔1〕

敬岑草浮光〔2〕，句沚水解脈〔3〕。益鬱乍怡融〔4〕，凝嚴忽頹坼〔5〕。梅額暖眠酣〔6〕，風緒和無力〔7〕。凫浴漲汪汪〔8〕，雛嬌村幂幂〔9〕。落日美樓臺，輕煙飾〔10〕阡陌。瀲綠古津〔11〕遠，積潤苔基釋〔12〕。孰謂漢陵〔13〕人，來作江汀〔14〕客。載筆〔15〕念無能，捧籌〔16〕慚所畫。任轡〔17〕偶追閒，逢幽〔18〕果遭適。僧語淡如雲，塵事繁堪織。今古〔19〕幾輩人，而我何能息。

【注釋】

〔1〕此詩作於大和五年（831）春。詩題原注：「宣州作」。石盎：今宣城敬亭山石盎寺。僧舍：寺廟。

〔2〕敬岑：即敬亭山，在今宣城北。唐李白《獨坐敬亭山》：「眾鳥高飛盡，孤雲獨去閒。相看兩不厭，只有敬亭山。」浮光：反射的光；落日經水面反映形成的光影。

〔3〕句：句溪，一名東溪，在今宣城東。因溪流曲折迂迴，故有此名。沚：水中小

島。《詩・秦風・蒹葭》：「溯洄從之，道阻且右。溯游從之，宛在水中沚。」解：融化，消散。北魏賈思勰《齊民要術・水稻》：「二月冰解。」

〔4〕益：逐漸。《漢書・蘇武傳》：「武益愈，單于使使曉武。」鬱：茂密繁多。乍：恰好。怡融：怡悅舒暢。

〔5〕凝嚴：嚴寒；封凍貌。頹坼（chè）：消散，逝去。

〔6〕梅纇（lèi）：梅花的花苞。暖眠酣：暖暖地睡得正香，形容花苞在暖風中尚未開放的樣子。

〔7〕風緒和無力：風絲溫柔和煦。

〔8〕鳧：野鴨或家鴨。汪汪：廣闊充盈的樣子。

〔9〕雛：初生的禽鳥。冪（mì）冪：煙霧濃密籠罩的樣子。

〔10〕飾：修飾，裝飾。

〔11〕瀲：水波蕩漾。津：渡口。

〔12〕積潤：積累日久變得濕潤。釋：浸漬。《禮記・內則》：「欲濡肉，則釋而煎之以醢。」

〔13〕漢陵：杜牧家在杜陵，是漢宣帝陵寢所在，故以漢陵人自稱。

〔14〕江汀：江邊的平地。南朝梁江淹《雜詞・構象臺》：「立孤臺兮山岫，架半室兮江汀。」

〔15〕載筆：攜帶文具記錄王事。《禮記・曲禮上》：「史載筆，士載言。」

〔16〕籌：記數用的用具。《北史・王勇傳》：「州頗有優劣，文令探籌取之。」

〔17〕任轡：信馬，任馬隨意走。轡，馬轡頭，代指馬。

〔18〕逢幽：到了幽靜之地。

〔19〕今古：現代與古代，從古至今。

【簡評】

杜牧在宣州沈傳師幕上，遊覽敬亭山，感受到初春萬物復蘇的勃勃生機，而詩人時年29歲，正處於渴望夢想實現價值的年紀。詩人用細膩的筆觸寫出新春景象，綠草浮光，梅花似乎綻放又似乎才酣睡，儘管春風柔和似不著力，但是春天的禽鳥安閒優雅，即使是夕陽西下，樓臺亭閣也是那麼美好。由於詩人的輕鬆愜意與奮發向上，自然界的勃勃生機呈現出更加旺盛的生命力；自然的生機，又給人以奮發向上的力量。詩歌情景交融，清新活潑，積極向上。

赴京初入汴口曉景即事先寄兵部李郎中〔1〕

　　清淮控隋漕〔2〕，北走長安道。檣形櫛櫛〔3〕斜，浪態迤迤〔4〕好。初旭〔5〕紅可染，明河〔6〕澹如掃。澤闊鳥來遲，村饑人語早。露蔓〔7〕蟲絲多，風蒲燕雛老〔8〕。秋思高蕭蕭〔9〕，客愁長嫋嫋〔10〕。因懷京洛〔11〕間，宦遊何戚草〔12〕。什伍持津梁〔13〕，潝湧爭追討〔14〕。翾便詎〔15〕可尋，幾秘〔16〕安能考。小人乏馨香〔17〕，上下將何禱〔18〕。唯有君子心，顯豁知幽抱〔19〕。

【注釋】

〔1〕唐宣宗大中五年（851）秋，杜牧由湖州刺史拜考功郎中、知制誥，入京，途經汴口，作此詩。汴口：汴水流入淮河的地方，在今江蘇盱眙。曉景：拂曉的景色。即事：就眼前事物賦詩抒懷；多用作詩題。

〔2〕清淮：淮河。控：貫通。隋漕：隋煬帝時開鑿的通濟渠。

〔3〕檣：船上的桅杆。櫛（zhì）櫛：密集的樣子。

〔4〕浪態：波浪的形態。迤迤：相連的樣子。

〔5〕初旭：剛剛升起的太陽。

〔6〕明河：天河，銀河。唐宋之問《明河篇》：「明河可望不可親，願得乘槎一問津。」

〔7〕露蔓：帶著露水的蔓草。

〔8〕風蒲：蒲柳，即水楊、一種入秋就凋零的樹木。燕雛老：小燕子長大了。

〔9〕秋思：秋天的思緒。蕭蕭：寂寞淒涼。

〔10〕嫋嫋：綿綿不絕。

〔11〕京洛：洛陽的別稱。東周、東漢皆建都於此，又唐以洛陽為東京，故名。

〔12〕宦遊：指士人外出求官或做官。宦，做官入仕。《史記·司馬相如列傳》：「長卿久宦遊不遂，而來過我。」唐杜審言《和晉陵陸丞早春遊望》：「獨有宦遊人，偏驚物候新。」戚草：匆忙，倉促。

〔13〕什伍：古代軍隊或戶籍的編制，五人為伍，十人為什。《禮記·祭義》：「軍旅什伍，同爵則尚齒，而弟達乎軍旅矣。」這裡指駐守在渡口的士兵。持：把持。津梁：渡口。

〔14〕潝（hòng）湧：水勢洶湧，深不可測。這裡形容渡口的士兵氣勢洶洶。追討：討要。

〔15〕翾（xuān）便：輕盈，輕便的樣子。詎：哪裏。

〔16〕幾秘：秘密，隱秘。

〔17〕馨香：美好的聲譽。

〔18〕上下將何禱：向神仙禱告。《論語·述而》：「子疾病，子路請禱。子曰：『有諸？』子路對曰：『有之。誄曰：「禱爾於上下神祇。」』子曰：『丘之禱久矣。』」上下，指天地。

〔19〕幽抱：幽靜孤獨的情懷。南朝齊謝朓《奉和竟陵王同沈右率過劉先生墓》：「善誘宗學原，鳴鐘齊幽抱。」

【簡評】

　　作者由地方官轉為京官，考核官員，為皇帝起草詔書，也算是進入權力中心，自然是一件欣喜的事情。所以詩人眼中的景物也呈現出一派靜謐美好的景象，運河的浪花呈現出美妙姿態，初升的太陽如同染過一樣。不過，往昔京洛短暫的任職經歷，在心中落下的陰霾依舊。正如沿途風景，有勝景也有淒涼蕭瑟景色。在向京中的實權派官員兵部郎中的這首彙報詩中，詩人恰當地運用景色表達了自己的感受。

獨　酌〔1〕

　　長空碧杳杳〔2〕，萬古一飛鳥〔3〕。生前酒伴閑，愁醉閑多少〔4〕。煙深隋家寺〔5〕，殷葉〔6〕暗相照。獨佩一壺遊〔7〕，秋毫泰山小〔8〕。

【注釋】

〔1〕此詩大概作於長安，具體時間不詳。

〔2〕碧杳杳：形容碧藍的天空深邈廣大。杳杳：幽遠貌；深遠無際的樣子。唐柳宗元《早梅》：「欲為千里贈，杳杳山水隔。」

〔3〕「萬古」句：謂一萬年的時間，就像鳥從眼前飛過一樣；形容時光飛快地逝去。晉張協《雜詩十首》之二：「大火流坤維，白日馳西陸。人生瀛海內，忽如鳥過目。」萬古：指年代久遠。

〔4〕「生前」二句：謂趁生前閑暇之時飲酒，與酒為伴，而愁悶時借酒買醉，則悠閑何如？生前：有生之年。唐杜甫《醉時歌》：「不須聞此意慘愴，生前相遇且銜杯。」

〔5〕煙深：霧氣濃重。隋家寺：隋朝所建的佛寺。馮集梧《樊川詩集注》卷一以為即長安萬年縣朱雀街之東靖善坊大興善寺。按，此詩寫作的時間、地點未詳，故隋家寺解讀為隋代寺廟。

〔6〕殷（yān）葉：紅葉。殷，黑紅色。這裡指樹葉深暗的顏色。

〔7〕「獨佩」句：謂自己帶著一壺酒去遊玩。《晉書・劉伶傳》：「常乘鹿車，攜一壺酒，使人荷鍤而隨之，謂曰：『死便埋我。』」佩：攜帶。一壺：特指酒。

〔8〕「秋毫」句：謂秋天的毫毛與泰山難分大小。意謂天地萬物難分彼此，一切都是相對的。語本《莊子・齊物論》：「天下莫大於秋毫之末，而太山為小。」意謂天下之物大小相對，秋毫雖小，然猶有更小之物，故秋毫為大；而泰山雖大，猶有更大之物，故泰山為小。這裡的用意是不要計較是非物我，對人生的態度要灑脫。

【簡評】

詩歌以擬人、誇張、用典的手法，抒發了詩人獨自飲酒消愁的情思與自我解脫的胸襟。詩人於清冷山寺中，幻化為一隻翱翔的小鳥；長空的遼闊與萬古的時空，凸顯了詩人的孤傲與愁緒。前生以酒相伴的玄想，分明是今生愁悶的心理影像。

一切事物都是相對的，秋毫之於更小之物，其為大矣；而泰山較之更大之物，其為小矣。以此而論，一代王朝，不可一世，在萬古時空中，也只是忽而過目的飛鳥。因此詩人將「生前酒伴閒」看成一種現世自適的最好方式，而「閒」就是一種上乘境界了。

曹操說：「何以解憂？唯有杜康。」詩人如同劉伶，沉迷於醉鄉；恍如進入莊子世界，泰山也變得微不足道了：一切界限消弭，混同如一。看似灑脫，實則愁思彌襟。清人潘德輿以此詩為例，說杜牧詩歌「伉爽有逸氣，實出李義山、溫飛卿、許丁卯諸公上。」（《養一齋詩話》卷十）

惜　春

春半年已除，其餘強為有〔1〕。即此醉殘花〔2〕，便同嘗臘酒〔3〕。悵望送春杯〔4〕，殷勤掃花帚〔5〕。誰為駐東流，年年長在手〔6〕。

【注釋】

〔1〕「春半」二句：謂春天最好的光景已經過去，年節也已過完，其餘的時光就顯得意味不足了。春半：指陰曆二月十五日。年已除：謂一年好景已過。除：過去；逝去。《詩・唐風・蟋蟀》：「今我不樂，日月其除。」強：勉強。唐李白《送梁四歸東平》：「玉壺挈美酒，送別強為歡。」

〔2〕即：介詞，就在（某時某地）。醉殘花：沉醉在落花中。唐韋應物《灃上醉題寄滌武》：「誰言不同賞，俱是醉花間。」

〔3〕臘酒：陰曆十二月釀造的米酒。臘本為祭名，周時臘與蠟各為一祭，臘祭祖先，蠟祭百神。秦漢改為臘。漢臘行於陰曆十二月，故後世稱十二月為臘月。臘酒在開春後飲用，外表顯得有些渾濁，但是它有著名酒般的醇美。

〔4〕悵望：惆悵地張望、想望；悵惘地看著。南朝齊謝朓《新亭渚別范零陵雲》：「停驂我悵望，輟棹子夷猶。」送春杯：白居易《快活》：「可惜鶯啼花落處，一壺濁酒送殘春。」

〔5〕殷勤：情深義重。《南史·任昉傳》：「為《家誡》，殷勤甚有條貫。」掃花：唐孟浩然《春中喜王九相尋》：「林花掃更落，徑草踏還生。」

〔6〕「誰為」二句：謂誰能使時光停流不逝呢？唯有一杯在手，藉以銷愁而已！駐：留住；使停留。東流：東去的流水，比喻逝去的時光。唐李白《金陵歌送別范宣》：「四十餘帝三百秋，功名事蹟隨東流。」

【簡評】

春天，充滿陽光、充滿希望，欣欣向榮，然而春日匆匆，從初春到春半，彷彿只是瞬間，於是，「春半」成了詩人吟詠創作的母題，表達傷春惜春的惆悵。

文人傷春惜春，詩詞自古常見。然而一般都是在暮春時節，抒寫韶華易逝青春難再。此詩作者卻在仲春時節警覺地感受到春天的消逝，聲稱此外的時光不足為道，警句開篇，出語不凡，而不久前臘歲迎春的喜慶氣氛尚未遠離。於是，詩人飲酒送春，歸攏落紅，癡癡地期盼著能夠遮斷滾滾東流水，挽回花兒千朵豔。如何消遣殘春的並非美好的時光呢？年年長在手的仍然是那酒杯，只有它能使愁心暫空，時間停駐。「刻意傷春復傷別，人間唯有杜司勳。」（唐李商隱《杜司勳》）

首聯運用了誇張修辭，鮮明地體現了作者對春天的熱愛，突出了春天對於作者的重大意義。「春」呼應了題目。體現了詩人對人生短暫的感歎，為全詩奠定了淡淡哀愁的感情基調。領聯中的「殘花」「臘酒」呼應了首聯的「年已除」，同時這兩個事物充滿著詩人對歲月流逝的惋惜和自己對建功立業的渴望。其中「殘花」襯托出詩人當時的處境和心境的悲淒。頸聯中詩人描寫了「送春杯」和「掃花帚」這兩個平凡但卻冥冥中帶有悲涼氣氛的意象，渲染了一個寂靜哀婉的氛圍，進一步表現詩人當時內心的寂寥。尾聯中詩人將時間比作東去的春水，無人能抵擋住時間的腳步，就像是流水，不論你緊握還是放開都會從指縫中一滴滴無情地溜走。「年年」運用疊詞，使詩有節奏感

和音樂性，也有助於更好地抒發情感，好似詩人舉著別春的臘酒輕輕哼唱的詠歎調。

古往今來仁人志士都痛惜時間的流逝：孔夫子面對流水曾有「逝者如斯夫，不捨晝夜」（《論語・子罕》）的感歎；詩人屈原也有「日月忽其不淹兮，春與秋其代序」（《離騷》）的吟唱。歎惜時間的流逝，就是珍惜生命的有限，切望在有生之年能最大限度地做一番有意義的事業。此詩也正體現了這一主旨。這是一首心絮小詩，詩人借景抒懷，借傷春抒發心中鬱結；蕭閒的趣味中有淡淡的哀傷，壯志難酬、不甘沉淪的痛楚，在反覆的感慨之中得以抒發憂憤，排解積鬱，進行自我救治。

題安州浮雲寺樓寄湖州張郎中〔1〕

去夏疏雨餘，同倚朱欄語〔2〕。當時樓下水，今日到何處〔3〕。恨〔4〕如春草多，事與孤鴻去〔5〕。楚岸柳何窮〔6〕，別愁紛若絮〔7〕。

【注釋】

〔1〕此詩會昌二年（842）春作，時杜牧出任黃州刺史，由京城赴任，途經安州。去歲與堂兄杜愷路過安州，雨後與張文規遊賞浮雲寺。而今重遊故地，詩人悵然若失，寺壁題詩。安州，今湖北安陸。張郎中，即張文規，歷拾遺、補闕、吏部員外郎。開成三年出為安州刺史，會昌元年七月轉任湖州刺史。父張弘靖，子張彥遠，俱為名臣。新、舊《唐書》有傳。祖孫三代皆為著名書畫家。

〔2〕「去夏」二句：謂去年夏天（會昌元年）雨後曾與張文規同登浮雲樓，並肩憑欄共語。疏雨：細雨，小雨。朱欄：塗著紅漆的欄杆。唐劉禹錫《同樂天登棲靈寺塔》：「步步相攜不覺難，九層雲外倚欄干。」

〔3〕今日：現在，如今。何處：什麼地方。

〔4〕恨：遺憾。唐杜甫《復愁》十一：「每恨陶彭澤，無錢對菊花。」

〔5〕事：往事。與：猶言似、好像。與上文「如」對文義同。孤鴻：孤零零的大雁。三國魏阮籍《詠懷》之一：「孤鴻號外野，朔鳥鳴北林。」

〔6〕楚岸：楚地江邊。此指從安陸浮雲寺樓眺望，其視野中的長江岸邊。唐杜甫《纜船苦風戲題四韻》：「楚岸朔風疾，天寒鵁鶄呼。」窮：高。晉左思《吳都賦》：「窮陸飲木，極沉水居。」

〔7〕絮：柳絮。

【簡評】

這是一首懷友詩，表現別後相思之情，以草與絮比愁緒。流水，春草，孤鴻，垂柳，簡單而連綴的意象彷彿在共同訴說著：我所記得的這些景致，都是與我所懷想的人一道，而今人不在了，這些景致也便如同被剝除生命一般黯然失色了。

首聯敘事，展現難以磨滅的深刻印象，疏雨中同倚朱欄的情景寫出作者與張文規的親切感情。頷聯無疑而問，尤見情致。借景抒情，眼前只有流水淙淙，暗示故人不在，往事成空，友朋思念躍然紙上。於流水中詩人巧妙地抒發了時光的流逝、追憶往事的悵惘，然而流水卻不顧一切奔流不息，這又是一種以無情之物反襯有情之人的手法。此聯看似用筆隨意而意蘊深厚，於眼前景致中傳達情志。宋代黃庭堅《臨水詩》「去年昨日水，今日到何處」句，即化用此聯。

頸聯用明喻手法，將愁緒具體化為春天一望無垠的芳草，似乎於詩歌中閃現出一個悵望飛鴻遠去的詩人形象。以「春草」寫離恨，以「孤鴻」寫往事，也別出心裁。尾聯以「楚岸」與「柳絮」言別愁，讓讀者的思緒隨著詩人的視野而延伸，岸柳無窮，詩亦餘味不盡。整首詩將愁緒寫得具體深沉而又綿長。

恨如春草，愁若柳絮，喻情極為切至。春草長滿天涯，狀恨之多；柳絮紛揚空中，喻愁之複雜。此類比喻，對唐宋詞頗有影響，常為後人化用。如：南唐李煜《清平樂》：「離恨恰如春草，更行更遠還生。」宋蘇軾《正月二十日與潘郭二生出郊尋春，忽記去年是日同至女王城作詩，乃和前韻》：「人似秋鴻來有信，事如春夢了無痕。」宋賀鑄《青玉案》：「若問閒愁都幾許？一川煙草，滿城風絮，梅子黃時雨。」宋周邦彥深愛此詩，在《瑞龍吟》下闋中綴合詩句入詞，寫道：「名園露飲，東城閒步，事與孤鴻去。」

過驪山作〔1〕

始皇東遊出周鼎〔2〕，劉項縱觀皆引頸〔3〕。削平天下實辛勤，卻為道傍窮百姓〔4〕。黔首不愚爾益愚〔5〕，千里函關囚獨夫〔6〕。牧童火入九泉底，燒作灰時猶未枯〔7〕。

【注釋】

〔1〕這首詩是杜牧路過驪山秦始皇墓時有感而作。驪山在今陝西省臨潼東南，距西

安七十餘里，是秦嶺北側的一個支脈，山勢遠望如駿馬，所以稱驪山。秦始皇的陵墓就座落在此處。始皇陵南倚驪山，北臨渭水，景色秀麗，氣勢雄偉。此地自古以來是遊覽勝地。據《史記·秦始皇本紀》記載，始皇即帝位後，徵發七十萬人，修築陵墓。墳高五十餘丈，周回五里餘。墓中藏滿奇珍異寶，並以水銀灌注為江河大海，以寶石珍珠鑲嵌成日月星辰。上具天文，下具地理，以人魚膏為燭，點燃後長久不滅。確實是極為豪華而又堅固的地下宮殿。秦始皇下葬後，秦二世為了「防泄大事」，把築墓工匠全部埋在墓道之中；宮中凡未生育的宮女，全部殉葬。

〔2〕「始皇」句：指秦始皇統一六國後，曾五次巡遊。東行郡縣，路過彭城，齋戒禱告，又讓千人到泗水中去撈取，都沒有找到周鼎。周鼎：周代的傳國寶鼎，共九個，是國家權力的象徵，據說沉在泗水中。鼎，古代烹飪器具，用金屬鑄造，有三足兩耳，古代作為傳國的寶器。事見《史記·封禪書》及《秦始皇本紀》。出周鼎，謂國柄遷移。唐李商隱《送千牛李將軍赴闕五十韻》：「縱未移周鼎，何辭免趙坑。」

〔3〕「劉項」句：謂劉邦與項羽都曾在道旁觀看秦始皇出巡時盛況，各自發出不同慨歎。《史記·高祖本紀》載：劉邦微時，曾在咸陽縱觀秦始皇出巡，歎息說：「嗟乎！大丈夫當如是也！」《史記·項羽本紀》載：始皇出巡會稽，渡浙江，項羽與叔父項梁一起觀看，項羽說：「彼可取而代也。」縱觀：恣意觀看。引頸：伸長脖子，探頭觀望。

〔4〕「削平」二句：謂秦始皇為了統一天下，勤苦經營，誠非易事。然秦朝建立後，僅十五年，就被農民起義推翻。天下被布衣起家的劉邦所奪取。削平天下：統一天下。辛勤：艱難。窮百姓：指劉邦、項羽。

〔5〕黔（qián）首：庶民、平民、老百姓。秦統一中國後，令百姓以黑巾纏頭，遂稱之為黔首。黔，黑色。《史記·秦始皇本紀》：「分天下以為三十六郡，郡置守、尉、監。更名民曰『黔首』。」爾：你，指秦始皇。益愚：更加愚昧。秦始皇統一中國後「焚書坑儒」，實施愚民政策。故唐章碣《焚書坑》云：「竹帛煙消帝業虛，關河空鎖祖龍居。坑灰未冷山東亂，劉項元來不讀書。」

〔6〕「千里」句：謂天險函谷關最終成為獨夫自囚之所。函關：函谷關，西據高原，東臨絕澗，南接秦嶺，北塞黃河，是中國歷史上建置最早的雄關要塞之一。函谷關歷史上有兩座，秦關位於河南省靈寶市北 15 公里處的王垛村，漢關位於距三門峽市約 75 公里處洛陽新安縣，地處「兩京古道」，緊靠黃河岸邊，因關

在谷中，深險如函，故稱函谷關。《元和郡縣志》卷五：「秦函谷關在今陝州靈寶縣西南十二里，以其道險隘，其形如函，故曰函谷。項羽坑秦降卒於新安，即此地。」獨夫：指眾叛親離，無人擁護的統治者。此謂秦始皇。

〔7〕「牧童」二句：以民間流行的牧羊兒入秦始皇墓，引起火災，屍體燒成灰前還沒有乾枯的傳說，形容秦朝徹底滅亡之速。據《漢書・劉向傳》記載：秦始皇帝葬於驪山之旁，墳高五十餘丈，周回五里有餘。天下百姓對築陵之役，頗感困苦，故時有謀反。驪山之役未完，陳勝將領周章即率軍百萬至其下。項羽又燒毀宮室營宇，還有人見項羽掘墓。後來，一牧童所亡之羊進入墓穴，牧童拿火把照亮墓穴以尋羊，失火燒掉棺槨。劉向歎曰：「自古及今，葬未有盛如始皇者也。數年之間，外被項籍之災，內罹牧豎之禍，豈不哀哉！」九泉：猶言黃泉；地下極深的地方，指死者的葬處。按，據近年考古報告，謂始皇墓尚完好，並未燒毀。

【簡評】

　　這是一首詠史詩，是對秦朝滅亡這一重大歷史事件的評說。主要評述秦始皇的是非功過。論其功，秦始皇平定天下，一統中國，功業甚巨。然長期戰爭不能與民休息，驕奢縱逸，更使百姓窮困，必然揭竿而起，取而代之。「黔首不愚爾益愚」，道出至理。通過對秦始皇荒淫奢侈生活的描寫，借古諷今，對唐朝統治者提出警告。詩中將這位帝王的身世與秦朝的命運相結合，著眼於朝代更替教訓，通過秦始皇的暴政與悲慘教訓，警示統治者不可驕奢放縱。

　　詩末「牧童火入九泉」的傳說引用，與「東遊出周鼎」之情景形成強烈對照，富於悲劇性與諷刺效果。與杜牧其他詩相比，末二句顯得太刻露、苛酷，應當是少年氣盛時的作品。杜牧於敬宗寶曆元年（825）曾作《阿房宮賦》，藉秦之驕奢淫逸、二世而亡以刺敬宗。此詩則以辛辣的諷刺並運用對照的手法譏評秦始皇，其用意仍在借古諷今，勸喻當政者引以為戒，其命題立意與《阿房宮賦》所表現的主旨基本相似。

池州送孟遲先輩〔1〕

　　昔子來陵陽〔2〕，時當苦炎熱。我雖在金臺，頭角長垂折。奉披塵意驚，立語平生豁〔3〕。寺樓最騫軒，坐送飛鳥沒〔4〕。一樽中夜〔5〕酒，半破前峰月〔6〕。煙院松飄蕭〔7〕，風廊竹交戞〔8〕。時步郭〔9〕西南，繚徑苔圓折〔10〕。好鳥響丁丁〔11〕，小溪光汛汛〔12〕。籬落見娉婷，機絲弄啞軋〔13〕。煙濕樹姿

嬌，雨餘山態活〔14〕。仲秋往歷陽，同上牛磯歇〔15〕。大江吞天〔16〕去，一練橫坤抹〔17〕。千帆美滿風，曉日殷〔18〕鮮血。歷陽裴太守〔19〕，襟韻苦超越〔20〕。鞍鼓畫麒麟〔21〕，看君擊狂節〔22〕。離袖颭應勞，恨粉啼還咽〔23〕。明年忝諫官〔24〕，綠樹秦川〔25〕闊。子提健筆來，勢若夸父渴〔26〕。九衢林馬撾，千門織車轍〔27〕。秦臺破心膽，鯨陣驚毛髮〔28〕。子既屈一鳴，余固宜三刖〔29〕。慵憂長者來，病怯長街喝〔30〕。僧爐風雪夜，相對眠一褐。暖灰重擁瓶，曉粥還分鉢〔31〕。青雲馬生角，黃州使持節〔32〕。秦嶺望樊川，只得回頭別〔33〕。商山四皓祠，心與樗蒲說〔34〕。大澤兼葭風，孤城狐兔窟〔35〕。且復考詩書，無因見簪笏〔36〕。古訓屹如山，古風冷刮骨〔37〕。周鼎列瓶罌，荊璧橫抛攦〔38〕。力盡不可取，忽忽〔39〕狂歌發。三年未為苦，兩郡非不達〔40〕。秋浦倚吳江，去檝飛青鶻〔41〕。溪山好畫圖，洞壑深閨闥〔42〕。竹岡森羽林，花塢團宮纈〔43〕。景物非不佳，獨坐如韛緤〔44〕。丹鵲東飛來，喃喃送君札〔45〕。呼兒旋供衫，走門空踏襪〔46〕。手把一枝物，桂花香帶雪〔47〕。喜極至無言，笑餘翻〔48〕不悅。人生直作百歲翁，亦是萬古一瞬〔49〕中。我欲東召龍伯翁〔50〕，上天揭取北斗柄〔51〕。蓬萊頂上斡〔52〕海水，水盡到底看海空。月於何處去，日於何處來？跳丸相趁走不住〔53〕，堯舜禹湯文武周孔皆為灰〔54〕。酌此一杯酒，與君狂且歌〔55〕。離別豈足更關意，衰老相隨可奈何〔56〕。

【注釋】

〔1〕此詩會昌六年（846）作，時杜牧為池州刺史。池州：又名池陽郡，故治在今安徽貴池縣。孟遲：字遲之，平昌（今山東德平）人，會昌五年（845）進士。孟遲在當時很有詩名，尤其工寫絕句。事蹟見《唐才子傳》卷七。先輩：敬詞，唐時及第進士間互相推敬謂之先輩。唐李肇《唐國史補》：「得第謂之前進士，互相推敬，謂之先輩。」

〔2〕子：古時對男子之美稱，此謂孟遲。陵陽：山名；在安徽石埭縣北，相傳為陵陽子明得仙之地；一說在安徽宣城。此處代指宣城。陵陽山東臨宛、句子溪，北與敬亭山對峙，《列仙傳》記載陵陽子明成仙後隱居在這裡，故名。《太平御覽》卷四六《陵陽山》條：「《宣城圖經》曰：『陵陽山在涇縣西南一百三十里。』《列仙傳》云：『陵陽子明釣得白龍放之，後五年，龍來迎，子明上丹陽陵陽山，一百餘年乃得仙。』」《方輿勝覽》：「陵陽山在宣城，一峰為疊嶂樓，一峰為譙樓，一峰為景德寺。」杜牧於文宗開成二年至三年在宣州崔鄲幕府任職。此處指開成中事。

〔３〕「我雖」四句：意謂自己當年雖曾受聘崔鄲，卻並不得意，只因幸聞孟遲一席
話，心胸方豁然開朗，俗忿俱消。金臺：黃金臺，又稱燕臺。杜牧此時受崔鄲
辟在宣州幕府，故言金臺。據南朝梁任昉《述異記》所記，燕昭王築臺以接待
賢士，故稱賢士臺，又稱招賢臺。後用以為招賢納士之典故。《史記‧燕召公世
家》：昭王延攬賢士，「為（郭）隗築宮而師事之」。後傳為燕昭築臺，以千金置
臺上。事見《水經注‧易水》。頭角：喻年輕人之氣概或才華。垂折：喻失意，
精神不振的樣子。奉披：有幸聽說。披為披覽，引申為聽說。塵意：世俗之見。
立語：言論，見解。漢王充《論衡‧薄葬篇》：「陸賈依儒家而說，故其立語，
不肯明處。」豁：豁然開朗的樣子。

〔４〕寺樓：指宣州開元寺樓。杜牧有《題宣州開元寺》《宣州開元寺南樓》等詩，可
參看。騫（qiān）軒：即軒騫，高飛的樣子。此處描寫樓角飛簷，如鳥翅高舉。
騫，通「騫」，飛起的意思。唐柳宗元《觀八駿圖說》：「觀其狀甚怪，咸若騫若
翔，若龍鳳麒麟，若螳螂然。」沒：消失，看不見。

〔５〕中夜：半夜。三國魏曹植《美女行》：「盛年處房室，中夜起長歎。」

〔６〕「半破」句：謂月至夜半始突破山峰遮擋而升上中天。

〔７〕煙院：霧氣籠罩的寺院。飄蕭：飄曳，飛揚。

〔８〕風廊：通風的穿廊。唐韓愈《送侯參謀赴河中幕》：「雪徑抵樵叟，風廊折談
僧。」交戛（jiá）：猶交加，紛亂貌；風吹竹林，竹子搖曳撞擊發出的聲音。

〔９〕步：走，散步。郭：外城。

〔10〕「繚徑」句：謂迂迴盤曲的小路，人跡罕至，布滿了苔蘚。苔圓折：圓潤的苔
蘚也隨著路形曲折延伸。圓折，盤旋曲折。

〔11〕「好鳥」句：謂美麗的鳥兒在叫。丁（zhēng）丁：象聲詞。原指伐木聲。《詩‧
小雅‧伐木》：「伐木丁丁，鳥鳴嚶嚶。」後廣泛用於形容漏聲、簷馬聲、棋聲
等。唐方干《陪李郎中夜宴》：「間世星郎夜宴時，丁丁寒漏滴聲希。」唐人常
用以形容鳥聲、琴聲、佩玉聲等。此處指鳥鳴聲。

〔12〕汃（pà）汃：水聲，水光閃動的樣子。清金農《僦居玉溪與無悶講師精藍相近
屢過率贈》：「聽法何心發愛涎，溪光汃汃石戔戔。」

〔13〕「籬落」二句：謂隔著籬笆，望見美麗的農家少女，在弄織布機上的紗線，發出
咿呀咿呀的聲音。籬落：即籬笆。用竹、葦或樹枝等編成起隔離作用的柵欄。
娉婷（pīng tíng）：姿態美好貌，此處謂美麗的農家少女。機絲：紡織機上的線
紗。啞軋（yā yà）：紡織機聲。

〔14〕「煙濕」二句：謂雨後之霧氣使樹姿嬌好，山色秀美。雨餘：雨水充足。

〔15〕「仲秋」二句：此為回憶當年秋天與孟遲一起遊歷和州、采石磯的情形。據本詩中所提到的人事，杜牧與孟遲宣州交遊在開成三年。仲秋：陰曆八月。歷陽：即和州，又稱歷陽郡，今安徽和縣。牛磯：牛渚山在安徽當塗縣西北，山腳突出長江部為采石磯，又稱牛磯或牛渚磯，是古代溝通大江南北的重要渡口。《元和郡縣志》：「當塗縣牛渚山，在縣北三十五里，山突出江中，謂之牛渚圻，古津渡處也。」相傳詩人李白在此捉月溺水。

〔16〕吞天：形容長江浪高，洶湧澎湃。

〔17〕「一練」句：謂長江如在大地上橫抹的一條白練。練：白色的熟絹；此喻長江。南朝齊謝朓《晚登三山還望京邑》：「餘霞散成綺，澄江靜如練。」坤：八卦之一，地也。八卦是《周易》中的八種基本圖形。相傳為伏羲所作。名稱為：乾、坤、震、巽、坎、離、艮、兌。《易經》作者認為，八卦主要象徵天、地、雷、風、水、火、山、澤八種自然現象，並認為乾坤兩卦在八卦中佔有重要地位，是八卦的根本，是萬事萬物的最初根源。

〔18〕千帆：眾多的帆船。殷（yān）：黑紅色。

〔19〕裴太守：裴儔，字次之，杜牧的姐夫，時為和州刺史。唐代文人慣稱刺史為太守。參見《初春雨中舟次和州橫江裴使君見迎李趙二秀才同來因書四韻兼寄江南許渾先輩》詩。

〔20〕襟韻：謂襟懷風度。苦：極，非常。超越：高超脫俗。

〔21〕「鞔（mán）鼓」句：謂皮革製成的鼓面上畫著麒麟圖案。鞔：把皮革繃緊固定在鼓框的周圍做成鼓面。唐段成式《酉陽雜俎》卷一二：「玄宗常伺察諸王。寧王嘗夏中揮汗鞔鼓，所讀書乃龜茲樂譜也。」畫麒麟：鼓面上畫著麒麟。

〔22〕「看君」句：謂裴太守欣賞孟遲擊出節奏極為快速之鼓點。擊狂節：快節奏敲鼓。亦喻逞才肆志。擊：敲打。節：節奏，節拍。《後漢書·禰衡傳》載：漢末名士禰衡，在曹操軍中供職，他恃才傲物，得罪曹操，曹操降他為鼓史。一次元宵節晚宴，曹操有意羞辱禰衡，命禰衡為賓客擊鼓助興。禰衡裸身揚捶擊鼓，作《漁陽摻撾》曲，音調悲壯，鏘鏘如金石之聲。鼓擊三遍，四座賓客皆為之感動。後因以「漁陽摻撾」詠禰衡，亦借喻慷慨激昂的鼓樂。

〔23〕「離袖」二句：謂二人依依惜別，揮手勞勞。颭（zhǎn）：扇動；風吹浪動的樣子；此處指揮手。《正字通》：「凡風動物與物之受風搖曳者，皆謂之颭。」勞：慰問。恨粉：代指歌女。

〔24〕「明年」句：敘說開成四年杜牧與孟遲別後赴京任左補闕、史館修撰。左補闕乃諫官之屬。忝（tiǎn）：謙詞。杜牧開成三年（838）冬被任命為左補闕，四年春赴任。

〔25〕秦川：謂今陝西、甘肅秦嶺以北平原地帶，古屬秦國，故稱秦川。此謂以京城長安為中心的關中地帶。

〔26〕「子提」二句：謂孟遲赴京參加科舉考試，文筆縱橫，才華卓越，如夸父逐日，意志堅定。健筆：雄健的筆，指出眾的文采。夸父：上古神話中一個善良而善於奔跑的人物，與太陽競走，渴死。夸父渴，謂為成就事業而遇到困難；亦喻指氣勢磅礡。《山海經·海外北經》：「夸父與日逐走，入日；渴，欲得飲，飲於河、渭；河、渭不足，北飲大澤。未至，道渴而死。棄其杖，化為鄧林。」又，《列子·湯問》：「夸父不量力，欲追日影，逐之於隅谷之際。渴欲得飲，赴飲河、渭。河、渭不足，將走北飲大澤。未至，道渴而死。棄其杖，屍膏肉所浸，生鄧林。鄧林彌廣數千里焉。」

〔27〕「九衢」二句：謂孟遲意氣豪放，乘車騎馬，踏遍京城。九衢（qú）：四通八達的道路。林，喻馬鞭頻舉，與下「織」字相對。馬撾（zhuā）：趕馬的馬棰，馬鞭子。織車轍：車轍印跡如織，形容來往車多。

〔28〕「秦臺」二句：謂孟遲意氣風發，議論縱橫，如秦鏡照透人心，如黥陣驚人毛髮。秦臺：即秦鏡。傳說秦宮有方鏡，廣四尺，高五尺九寸，鏡中的人影是倒著的，用手捫著心口來照，就可以看見五臟，由此知道人的病症在哪裏。如果女子有邪心，鏡子就能照出來。秦始皇經常用這面鏡子來照宮人，發現有不良之心的就殺掉。見《西京雜記》卷三。黥（qíng）陣：漢將黥布擅長行軍佈陣，故稱黥陣。黥布即英布，曾犯法黥面，故稱黥布。秦末率驪山刑徒起事，歸附項羽，封九江王。楚漢相爭時，蕭何說之歸漢，封淮南王，從劉邦擊滅項羽於垓下。高祖十一年，發兵謀反，為番陽人所殺。事見《史記·黥布列傳》。

〔29〕「子既」二句：謂二人均懷才不遇：孟遲科舉落第，未能一鳴驚人；自己則如和氏之懷玉，在臺省同樣諫議難用，無人識寶，意氣不伸。屈：曲而不伸。一鳴：比喻平時默默無聞，突然做出驚人的表現。《史記·滑稽列傳》：「此鳥不飛則已，一飛衝天；不鳴則已，一鳴驚人。」唐代多指進士及第。三刖（yuè）：多次遭受刖刑。刖：斷足，古代酷刑之一。《韓非子·和氏》記載，春秋楚國人卞和在荊山上砍柴，偶而得一塊玉璞，先後獻於楚厲王、楚武王，然均被

鑒定為石頭，被楚王以欺詐罪名實施刖刑，下令砍去左右腳。楚文王時，卞
和抱著璞玉在荊山下哭泣。楚文王得知，命匠人琢磨，得寶玉，成為舉世聞
名的和氏璧。

〔30〕「慵憂」二句：謂自己慵懶，不肯攀附權貴，以身體病弱為託詞，不願意為他人
喝道。慵（yōng）憂：慵懶憂愁。長者：貴顯者之稱。《史記·陳丞相世家》：
「（張）負隨平至其家，家乃負郭窮巷，以敝席為門，然門外多有長者車轍。」
喝：喝道，古時官員出行，前導者喝止行人避路。

〔31〕「僧爐」四句：謂兩人曾於風雪之夜至僧寺，同被共榻而眠；夜半飲酒暖身，晨
起分粥而食。褐（hè）：粗毛布衣，此謂粗布縫製的被子。瓶：古代比缶小的容
器，用以汲水，也用以盛酒食。缽（bó），僧人盛飯之具。

〔32〕「青雲」二句：謂仕途上突然轉了好運，出任黃州刺史。青雲：謂仕途順暢，
官高爵顯。《史記·范睢蔡澤列傳》記載，須賈到了秦國丞相府，發現丞相竟
然是當初差點兒被他害死的范睢時，「頓首言死罪，曰：『賈不意君能自致於青
雲之上。』」馬生角：比喻不可能實現的事；亦比喻歷盡困境，苦熬出頭。王
充《論衡·感虛篇》：「傳書言：燕太子丹朝於秦，不得去，從秦王求歸。秦王
執留之，與之誓曰：『使日再中，天雨粟，令烏白頭，馬生角，廚門木象生肉
足，乃得歸。』當此之時，天地佑之，日為再中，天雨粟，烏頭白，馬生角，
廚門木象生肉足，秦王以為聖，乃歸之。」使持節：古使臣出使，必持符節以
作憑證。魏晉時，以持節為官名。唐初，諸州刺史加號持節，總管則加使持節，
而無實節，但頒銅魚符作為一種榮譽。此指會昌二年（842）杜牧出守黃州。
按：此二句乃激憤語，杜牧對外放州官深致不滿，故語帶譏諷。

〔33〕「秦嶺」二句：謂詩人告別故鄉，前往黃州赴任。秦嶺：即終南山，亦稱太一
山、南山，位於長安城南。樊川：水名，在長安城南，其地本杜縣之樊鄉，漢
樊噲食邑於此，因以得名。為長安城南名勝，杜佑有別墅在此。《元和郡縣志》：
「萬年縣樊川，一名後寬川，在縣南三十五里，本杜陵之樊鄉，漢高祖賜樊
噲食邑於此。」《長安志》：「《三秦記》：長安正南秦嶺，嶺根水流為秦川，一
名樊川，長安名勝之地。周處士韋復，唐杜牧之，岐國杜公，奇章牛公之居皆
在焉。」《舊唐書·杜佑傳》：「佑城南樊川有佳林亭，卉木幽邃，佑每與公卿
燕集其間，廣陳妓樂，諸子咸居朝列，當時貴盛，莫之與比。」

〔34〕「商山」二句：謂自己在黃州如隱逸之士，常以樗蒲之戲自娛。四皓：謂秦末
隱居於商山的四位老者，世稱「商山四皓」，後人為立祠廟。廟在商州上洛（今

陝西商縣）東南丹水嶺上。詳見《題商山四皓廟》詩注〔1〕。與：參與。樗蒲
（chú pú）：古代一種賭博遊戲。漢代時已經產生了，到了晉代尤其盛行。就
是擲色子（骰子）決勝負，定輸贏。「樗蒲」（摴蒱）在床上進行。得採有盧、
雉、犢、白等稱，後來泛稱賭博為摴蒱。一擲五子皆黑者為盧，為最勝採。
《宋書·鄭鮮之傳》載：「先擲得雉，高祖甚不說，良久乃答之。四坐傾矚，
既擲，五子盡黑，……鮮之大喜，徒跣繞床大叫，聲聲相續。」唐薛能《并
州》：「庭前蛺蝶春方好，床上樗蒲宿未收。」唐鄭嵎《津陽門詩》：「繞床呼盧
恣樗博，張燈達晝相謾欺。」說（yuè），通「悅」。

〔35〕「大澤」二句：謂黃州處於雲夢澤畔，地僻城孤，人煙稀少，風吹蒹葭，狐兔出
沒，一片荒涼。大澤：雲夢澤。蒹葭（jiān jiá）：蘆荻草，蘆葦。參見《雪中書
懷》詩注〔4〕。

〔36〕「且復」二句：意謂姑且再研熟讀《詩》《書》，無從置身朝廷，參與朝政。詩書：
《詩經》和《尚書》。無因：無從。簪笏（zān hù）：古代朝見，插筆於冠，以備
記事，此稱為簪。朝見時所執之狹長手版為笏，版笏每以玉、象牙或竹片製成，
有事則書於上，以備遺忘。簪笏代指在朝中做官。

〔37〕「古訓」句：謂古代的典則像山一樣莊嚴地屹立在那裏。古訓：先王的遺典。
《詩·大雅·烝民》：「古訓是式，威儀是力。」《正義》：「古訓者，故舊之道，
故為先王之遺典也。」古風：本指古代之人情風貌，此喻指人情事故。刮骨：
比喻極其寒冷。

〔38〕「周鼎」二句：謂鼎彝重器與一般瓶罐同列，玉璧之寶竟遭棄毀。意即不為世
所用而沉淪下僚。周鼎，周朝傳國寶器。《史記·秦始皇本紀》：「始皇還，過
彭城，齋戒禱祠，欲出周鼎泗水。」後用來比喻寶貴的事物。罌（yīng）：大
肚小口的陶製或木製容器。荊璧：和氏璧；因產於荊楚，故稱。後因以荊璧比
喻優秀卓異的人材。橫：粗暴，蠻橫。拋撒（sà）：扔掉，拋散。

〔39〕忽忽：恍恍惚惚，失意的樣子。

〔40〕「三年」二句：謂杜牧從會昌二年至四年（842～844）為黃州刺史，後又轉池州
刺史，至此首尾三年。刺史在當時已是高官，可謂仕途顯達。兩郡：指杜牧先
後出任刺史的黃州和池州。達：顯貴。

〔41〕秋浦：池州治所在秋浦縣。今屬安徽省。倚：靠近。吳江：指長江；池州附近
的江面。池州古屬吳國，故稱。檝（jí）：即「楫」，船槳。鶻（gǔ）：鶻鵃，古
書上說的一種鳥，羽毛青黑色，尾巴短。此指船頭所刻的青鶻鳥圖案。

〔42〕「洞壑」句：謂山洞深邃，有如閨房。壑（hè）：山谷；溝谷。閨闥（tà）：內
　　　室，引申為閨房。闥，門也。

〔43〕「竹岡」二句：謂岡上茂密的竹林森然排列，猶如羽林軍矛戟林立；花塢裏的花
　　　朵好像一簇簇輕紗做的宮花一樣。花塢（wù）：四面高起而中間凹下的花圃。
　　　纈（xié）：染花的絲織品或織物上的印染花紋。羽林：唐代皇帝禁衛軍的名稱。
　　　參見《杜秋娘詩》注〔27〕。

〔44〕韝紲（gōu xiè）：謂受束縛。韝，舊時臂套，用皮製成，射箭、架鷹時縛於兩臂
　　　束住衣袖以便動作。紲，繩索。

〔45〕丹鵲：鵲之一種。《拾遺記》卷二：「塗修國獻青鳳、丹鵲各一雌一雄。」喃
　　　喃：細語聲；此指鳥啼聲。札：信。

〔46〕「呼兒」二句：謂聞孟遲來訪，匆忙呼喚侍兒取衣，且未及穿鞋便欲出門迎候。
　　　旋（xuàn）：急貌；立即。走門：出門。空踏襪：只穿襪子，忘記穿鞋。

〔47〕把：動詞，持，握。一枝：猶一朵。用作花之數量詞。桂花：唐代稱考中進士
　　　為折桂，此即用以喻進士及第。

〔48〕翻：副詞，反而。唐王昌齡《塞上曲》：「功多翻下獄，士卒但心傷。」

〔49〕直：就是，即使。一瞬（shùn）：轉眼間，比喻時間極為短促。

〔50〕龍伯翁：古代神話中巨人國的國民。巨人國又稱龍伯國。《河圖玉版》云：「龍
　　　伯國人長三十丈，生萬八千歲而死。」《列子・湯問》記載：龍伯國有個巨人幾
　　　步就到達了東海五仙山，投下釣鉤，一釣就兼得六隻海龜，帶回國中，燒灼它
　　　們的甲骨用來占卜凶吉，其中兩座仙山因此沉沒。天帝大怒，逐步削減龍伯國
　　　的國土，也使龍伯國的人逐漸變小。但到了伏羲、神農氏的時代，龍伯國人還
　　　身高數十丈。參見晉張華《博物志》。

〔51〕揭：拿，持。北斗柄：即斗杓。北斗七星由天樞、天璇、天璣、天權、玉衡、
　　　開陽、搖光組成，其中，天樞至天權名「斗魁」，玉衡至搖光名「斗杓」，亦稱
　　　斗柄。

〔52〕蓬萊：蓬萊山的省稱。神話傳說中的東海神山。詩文中常用來泛指仙境。《史
　　　記・封禪書》：「自威、宣、燕昭使人入海求蓬萊、方丈、瀛洲。此三神山者，
　　　其傳在渤海中，去人不遠；患且至，則船風引而去。蓋嘗有至者，諸仙人及不
　　　死之藥皆在焉。其物禽獸盡白，而黃金銀為闕。」舊題晉王嘉《拾遺記・高
　　　辛》：「三壺則海中三山也。一曰方壺，則方丈也；二曰蓬壺，則蓬萊也；三曰
　　　瀛壺，則瀛洲也；形如壺器。」唐李白《古風》其三：「蟪蛄蔽青天，何由睹

蓬萊。」斡（wò）：迴旋，旋轉。南朝宋謝惠連《七月七日夜詠牛女》：「傾河
易回斡，欸情難久悰。」到底：到最後，到底部。

〔53〕「跳丸」句：謂時光流逝非常迅速。跳丸：比喻日月運行。謂時間過得很快。《禮
記·月令·正義》：「先師以為日似彈丸，或以為月亦似彈丸。」唐韓愈《秋懷
詩》：「憂愁費暑景，日月如跳丸。」相趁：猶相逐。不住：不斷。

〔54〕「堯舜」句：謂像堯、舜、禹、商湯、周文王、周武王、周公、孔子等歷史上的
聖君賢士皆隨時光流逝而化為灰燼。

〔55〕狂且歌：縱情飲酒，放聲高歌。

〔56〕關意：掛念，關心。南朝梁蕭統《七契》：「鵠蓋龍旗，初不關意。」奈何：猶
言怎麼樣、怎麼辦。一般位於句末。

【簡評】

此詩敘述了與友人孟遲在宣州、京師和池州的三次交往，既寫相互的友
情，也寫共同的不遇之感，深摯感人。是考察杜牧當時思想經歷的重要篇章。

詩敘議結合，敘述數年來二人的友誼，自己數年為宦的經歷，二人初識的
喜悅、中間的分合、相聚的歡欣。敘述過往場景，如山寺遊賞、深夜酌酒、漫
步溪畔、僧爐聽雪，湖光山色，栩栩如生，形象傳神，情感飽滿酣暢。這一系
列細節描寫，不但使二人情誼表現得血肉豐滿，親切生動，而且使全詩充滿趣
味。「慵憂」一聯，道出在複雜的朝廷人事環境中對獨立人格的堅持，頗可品
味。「手把一枝物」四句寫出好友相見後的複雜情感，刻畫心靈曲盡其妙。東
召龍伯，折北斗取水，想像奇特，駭人耳目。

本詩最值得稱道的是結尾的抒情。杜牧這時在池州，頗不得志，他出守外
州，是朝廷黨爭、人事傾軋的結果。抱負不能實現，加以衰老相催，頗生無可
奈何之感，故而對酒狂歌，以及時行樂。

全詩凡一百二十句，氣雄筆健，跌宕起伏，情真意切，有石破天驚之語，
有笑傲人世之情；極少蕭瑟淒涼的話別氛圍，心胸襟懷，高昂激越。結尾以浪
漫筆調表惜別之意，感情噴薄，想像飛越，出語驚人，頗具屈原問天之奇特；
有韓愈之氣勢，李賀之奇詭，亦依稀可見李白之遺韻。

重　送 〔1〕

手撚金僕姑〔2〕，腰懸玉轆轤〔3〕。爬頭峰北正好去〔4〕，繫取可汗鉗〔5〕作
奴。六宮雖念相如賦，其那防邊重武夫〔6〕。

【注釋】

〔1〕重送：再次送別。此詩會昌六年（846）作。孟遲及第後，為了實現抱負而從軍入幕，杜牧已作長詩送別而未盡意，故又作詩重送，以勉勵孟遲為國立功。

〔2〕手撚（niē）：手把。金僕姑：箭名。《左傳·莊公十一年》：「乘丘之役，公以金僕姑，射南宮長萬。」又《格致鏡原》卷四一：「魯人有僕忽不見，旬日而返。主欲笞之，僕曰：『臣之姑修玄女術得道，白日上升。昨降於泰山，召臣飲，極歡，不覺遂旬日。臨別贈臣以金矢一乘，曰：此矢不必善射，宛轉中人，而復歸於筈。主人試之，果然。因以金僕姑名之。自後魯之良矢，皆以此名。」唐盧綸《和張僕射塞下曲》：「鷲翎金僕姑，燕尾繡蝥弧。」

〔3〕玉轆轤：劍名。用玉裝飾劍首的寶劍，玉呈轆轤形，故名。《漢書·雋不疑傳》注：「晉灼曰：古長劍首以玉作井鹿盧形，上刻木作山形，如蓮花初生未敷時。今大劍木首，其狀似此。」轆轤：一作「鹿盧」。

〔4〕爬頭峰：地名，或作杷頭烽。《資治通鑒》卷二四六：「河東節度使苻澈修杷頭烽，舊戍以備回鶻。」胡三省注：「杷頭烽北臨大磧，東望雲朔，西望振武。」「宋白曰：杷頭烽在朔州。」朔州今屬山西省。好去：猶今言「走好」。對出行者的祝願之辭，有希望、企盼之意。唐高適《送楊山人歸嵩陽》：「山人好去嵩陽路，惟餘眷眷長相憶。」

〔5〕繫取：縛住，捉住綁起來。可汗（kè hán）：我國古代鮮卑、蠕蠕、突厥、回紇、蒙古等西北少數民族的最高統治者稱可汗。鉗：古代刑法之一，以鐵圈束頸。

〔6〕「六宮」二句：謂後宮妃嬪雖然喜誦相如辭賦，怎奈邊防尚須倚重武將。六宮：皇后嬪妃居住的地方。相如賦：相如，司馬相如，西漢著名辭賦家。漢武帝時，皇后陳阿嬌因為妒忌失寵，在長門宮獨居。聽說司馬相如文采好，就派人帶著百斤黃金去請司馬相如作賦，這就是《長門賦》。《長門賦》情詞淒婉，感動了漢武帝，於是陳阿嬌再次獲寵。其那（nuó）：猶其奈。怎奈，無奈。重武夫：重用武臣。

【簡評】

全詩採用錯落有致的句法，以詩歌形象塑造了一位勇猛善戰的武將，刻畫出邊塞壯士豪放颯爽的形象，表現出對守疆土保國家的崇尚；寓其消滅賊酋之壯志，並用以勉勵孟遲為國立功。其時北方回鶻猶為患未已，詩人雖作地方官吏，仍憂念朝政，故前一年寫《上李司徒相公論用兵書》，詳陳平定澤潞之策。至池州後，又作《上李太尉論北邊事啟》，貢獻驅逐回鶻之計。而詩

人遠守僻左，壯志難酬的抑鬱也寄寓其中。明楊慎《升菴詩話》卷五評送孟遲兩首詩曰：「二詩奇崛，而用韻古。」頗能代表杜牧古詩的風格。

題池州弄水亭〔1〕

　　弄水亭前溪，颭灩〔2〕翠綃舞。綺席草芊芊〔3〕，紫嵐峰伍伍〔4〕。螭蟠得形勢，翬飛〔5〕如軒戶。一鏡奩曲堤，萬丸跳猛雨。檻前燕雁棲，枕上巴帆〔6〕去。叢筠侍修廊，密蕙媚幽圃。杉樹碧為幢，花駢紅作堵〔7〕。停樽〔8〕遲晚月，咽咽〔9〕上幽渚。客舟耿〔10〕孤燈，萬里人夜語。漫流罥〔11〕苔槎，饑梟曬雪羽。玄絲落鉤餌，冰鱗〔12〕看吞吐。斷霓天帔〔13〕垂，狂燒漢旗怒〔14〕。曠朗半秋〔15〕曉，蕭瑟好風露〔16〕。光潔疑可攬，欲以襟懷貯。幽抱吟九歌〔17〕，羈情〔18〕思湘浦。四時皆異狀，終日為良遇。小山浸石稜，撐舟入幽處。孤歌倚桂岩，晚酒眠松塢。紆餘帶〔19〕竹村，蠶鄉足砧杵。塍泉落環佩〔20〕，畦苗差纂組〔21〕。風俗知所尚，豪強恥孤侮。鄰喪不相舂〔22〕，公租無詬負〔23〕。農時貴伏臘〔24〕，簪瑱〔25〕事禮賂。鄉校〔26〕富華禮，征行產強弩。不能〔27〕自勉去，但愧來何暮〔28〕。故園漢上林〔29〕，信美非吾土〔30〕。

【注釋】

〔1〕此詩作於會昌五年（845）秋。池州：州名。唐武德四年分宣州置，治所在秋浦縣（今安徽貴池市）。弄水亭：杜牧所建，在貴池縣南通遠門外，因李白《秋浦歌》有「飲弄水中月」之句，杜牧極其賞愛，所以命名「弄水」。見《清一統志》。同年，張祜拜訪杜牧時有《題池州杜員外弄水新亭》，可參閱。此外，杜牧還有《春末題池州弄水亭》詩。歷代文人多有題詠，如宋陳舜俞《弄水亭》：「未識貴池好，嘗聞弄水名。白鳥鑒中立，畫船天上行。」

〔2〕颭灩（zhǎn yàn）：水波蕩漾貌。唐溫庭筠《鴻臚寺有開元中錫宴堂樓臺池沼雅為勝絕荒涼遺址僅有存者偶成四十韻》：「颭灩蕩碧波，炫煌迷橫塘。」

〔3〕綺席：豐美的筵席。芊芊（qiān qiān）：草木茂盛貌。

〔4〕伍伍：排列成行。

〔5〕形勢：形狀，架勢。翬飛：形容飛簷如鳥飛舉翼。

〔6〕燕雁：指飛鳥。巴帆：指往巴地之船。巴，古國名；位於今四川省東部一帶地方。

〔7〕「杉樹」二句：言樹綠如幢，花簇似牆。作：比喻動詞，猶言似、如。

〔8〕停樽：即停杯。端起酒杯，開始飲酒。此為反訓詞。遲：緩慢。

〔9〕咽咽：樂聲凝滯悲切。唐李賀《傷心行》：「咽咽學楚吟，病骨傷幽素。」

〔10〕耿：光、明。

〔11〕罥（juàn）：掛；纏繞。唐杜甫《茅屋為秋風所破歌》：「高者掛罥長林梢，下者飄轉沉塘坳。」

〔12〕冰鱗：指銀色的遊魚。

〔13〕帔：披肩。

〔14〕「狂燒」句：此以赤色之漢旗比喻雲霞。狂燒：指火紅的雲霞。

〔15〕半秋：仲秋，陰曆八月。唐楊憑《樂遊園望月》：「炎靈全盛地，明月半秋時。」

〔16〕蕭瑟：秋風吹動的樣子。《楚辭·九辯》：「蕭瑟兮草木搖落而變衰。」李周翰注：「蕭瑟，秋風貌。」唐張九齡《在郡秋懷二首》：「秋風入前林，蕭瑟鳴高枝。」風露：涼風與露水。詩詞中多用來刻畫秋色。《韓非子·解老》：「以昏晨犯山川，則風露之爪角害之。」唐王昌齡《東溪玩月》：「光連虛象白，氣與風露寒。」

〔17〕《九歌》：《楚辭》篇名。戰國屈原本湘沅間祀神的民間樂曲而作。有《東皇太一》《湘君》《湘夫人》《山鬼》等。《九歌》之「九」並非實指，乃言其多。《九歌》實為十一篇。

〔18〕「羈情」句：晉王嘉《拾遺記》卷十：「屈原以忠見斥，隱於沅湘，……被王逼逐，乃赴清泠之水。楚人思慕，謂之水仙。其神遊於天河，精靈時降湘浦。」

〔19〕紆（yū）餘：指砧杵聲斷續起伏。帶：遮蔽、掩蔽之意。

〔20〕塍（chéng）：田間的土埂子。《說文·土部》：「塍，稻中畦也。」環佩：此處喻指水珠。

〔21〕纂組：赤色綬帶，亦泛指精美的織錦。此處取其如錦繡之義。

〔22〕鄰喪：《禮記·曲禮上》：「鄰有喪，舂不相。」相，是相和歌，歌之以協調舂米的動作。相舂：舂米時喊號子。

〔23〕詬負：辱罵其虧欠。

〔24〕伏臘：伏，夏天的伏日；臘，冬天的臘日，古代兩種祭祀的名稱。後亦以指伏祭與臘祭之日，或泛指節日。唐呂溫《經河源軍漢村作》：「金湯天險長全設，伏臘華風亦暗存。」

〔25〕瑱：玉名。瑱是古時的一種耳飾，瑱的佩戴方式有三種說法，古代有注釋家認為是塞於耳中；現在主流的觀點認為瑱是繫於笄簪，懸於耳側的方式佩戴；另

有一些學者認為瑱是先在耳垂穿孔，穿孔佩戴的。大約可以分為男女兩式，男子的瑱則多稱為「充耳」「纊」。女子的瑱，較有特色的則是「簪珥」——將懸有瑱的絲繩繫於髮簪之首，插簪於髻，懸於耳際，故名。《詩‧墉風‧君子偕老》在刻畫衛宣姜時寫道：「鬒髮如雲，不屑髢也，玉之瑱也，象之揥也。」禮賂：按照禮節贈送財物。

〔26〕鄉校：鄉學；古代地方學校。

〔27〕不能：無能。

〔28〕「但愧」句：《後漢書‧廉范傳》：「廉范字叔度，京兆杜陵人，……後頻歷武威、武都二郡太守，隨俗化導，各得治宜。建中初，遷蜀都郡太守，其俗尚文辯，好相持短長，范每歷以淳厚，不受偷薄之說。成都民物豐盛，邑宇逼側，舊制禁民夜作，以防火災，而更相隱蔽，燒者日屬。范乃毀削先令，但嚴使儲水而已。百姓為便，乃歌之曰：『廉叔度，來何暮？不禁火，民安作。平生無襦今五絝。』」

〔29〕上林：漢長安宮苑名。秦時所建，漢武帝又重加擴建，周圍至三百里，有離宮七十。苑中放養禽獸，供皇帝射獵。司馬相如有《上林賦》。故址在今陝西西安西。杜牧家於樊川，為漢上林苑地。《漢書‧揚雄傳》：「武帝廣開上林，南至宜春、鼎胡、御宿、昆吾，旁南山而西，至長楊、五柞，北繞黃山，瀕渭而東，周袤數百里。」唐李吉甫《元和郡縣圖志‧關內道一‧京兆府》：「（長安縣）上林苑，在縣西北一十四里，周匝二百四十里，相如所賦也。」唐李白《侍從宜春苑奉詔賦龍池柳色初青聽新鶯百囀歌》：「新鶯飛繞上林苑，願入簫韶雜鳳笙。」

〔30〕信美：猶誠為佳麗之意；實在美麗。信，的確。漢王粲客居荊州，作《登樓賦》，有「雖信美而非吾土兮，曾何足以少留」之語。後因以信美表示羈旅思鄉。唐牛徵《登岳王樓即事》：「危樓送遠目，信美奈鄉情。」

【簡評】

池州城南門外，有碧溪青山，叢竹翠柏，蕙草紅花，是一處風景優美的地方。杜牧臨溪建造了一個供人遊覽賞景的亭子，取李白「飲弄水中月」詩意，命名為「弄水亭」。亭初造畢，還題寫了一首五言古詩，讚美弄水亭的宜人景致。

天氣晴朗的時候弄水亭前的溪水波光瀲灩，岸邊草木茂盛，遠處接連不斷的山峰排列成行，甚是威武。弄水亭的造型如飛鳥，上面還裝飾著漂亮的

圖案。而一旦雨天到來，廣闊的水面被如同彈丸一樣急速落下的雨滴迅猛敲打著，場面甚是壯觀。檻前的燕子，遠去的船隻，環廊兩側的翠竹、杉樹和花牆構成了一幅美好的圖畫。在清冷的月夜，撐著小船，登上湖中幽靜的小渚，孤燈伴客船，萬籟俱靜，小渚之上的景象更顯淒涼。下過雨後的傍晚，天邊的雲霞火紅一片，而清曠的原野上卻是一派蕭條的景象。在這種情況下，詩人想起了屈原大夫，最後發出了再美的樂土也終歸不是我的家鄉的慨歎。詩人自始至終一直在變換描寫景物的落腳點，從弄水亭前，再到亭子周圍、遠處的小渚、遙遠的天際、無邊的曠野。使得整首詩充滿了流動的美，讓人感覺彷彿有一種氣勢在不停的飛動。同時，天氣的陰晴變化和不同景色之間的對比，在另一個層面上突出彰顯了一種變化的力量，強化了這種流動的美。這種流動的美，也完全是一氣呵成的，流暢自如，節奏鏗鏘明快，沒有絲毫的停頓，也沒有刻意雕琢的痕跡，就像詩人那率性灑脫、不受束縛的個性一樣。

　　參見《春末題池州弄水亭》詩注評。

題宣州開元寺〔1〕

　　南朝謝朓城，東吳最深處〔2〕。亡國去如鴻，遺寺藏煙塢〔3〕。樓飛九十尺，廊環四百柱。高高下下中，風繞松桂樹。青苔照朱閣，白鳥兩相語。溪聲入僧夢，月色暉粉堵〔4〕。閱景無旦夕，憑欄有今古〔5〕。留我酒一樽，前山看春雨〔6〕。

【注釋】

〔1〕此詩開成三年（838）春作，時杜牧三十六歲。詩題原注：「寺置於東晉時」。
　　　開元寺：晉代時稱永安寺，唐代時改名開元寺，是宣城佛寺中香火最旺的。清馮集梧《樊川詩集注》卷一引《名勝志》：「宣城縣城中景德寺，晉名永安，唐名開元，蘭若中之最勝者。」

〔2〕「南朝」二句：意謂宣城風景優美，古蹟眾多，既有謝朓之遺蹤，亦為孫吳之故地。南朝：指東晉後建都建康（今南京）的宋、齊、梁、陳四朝；此謂南齊。謝朓城：即宣城，因南朝齊著名詩人謝朓曾在此任太守，留有謝公樓、謝公亭等眾多景物，故稱。東吳：三國孫吳地處江東，故稱江南一帶為東吳。

〔3〕「亡國」二句：謂東晉、宋、齊、梁、陳各朝相繼滅亡，如鴻飛杳遠，不再復返，唯有古寺尚遺。煙塢：煙靄彌漫的山岡。塢，山塢，四面高中間低之山地。

〔4〕「樓飛」八句：謂寺樓倚山傍水，高大雄偉，周圍松、桂參差錯落，環境清幽，無論白天夜晚，均景色優美，引人入勝。飛：高。廊環：環形的走廊。高高下下中：高處的臺榭、低處的深池和中間的建築。白鳥：白羽之鳥，謂鶴鷺之類。溪聲：宛溪水流聲。宛溪，即宣州東溪，源出安徽宣城東南嶧山，東北流為九曲河，折而西繞城東，稱宛溪。北流合句溪，又北流入當塗縣境，合於青弋江，由此出蕪湖入長江。開元寺即在宛溪邊。暉：照映，照耀。粉堵：粉牆。粉牆黛瓦為江南建築特色。

〔5〕「閱景」二句：謂開元寺之景象朝夕均宜觀賞，而倚樓憑欄，憑弔古人，每令人追念不已。憑欄：倚著欄杆。今古：猶往昔，往古。偏義複詞，偏指古。

〔6〕「留我」二句：謂詩人飲酒春雨，憑欄處氣象常新。

【簡評】

杜牧在春雨中登上寺樓，憑欄遠眺，見氣象常新，生今古之感。故以雄豪俊爽之筆，狀靜謐幽美之境。開元寺是宣城的一處名勝，建築優美，風景幽奇，杜牧常來遊賞。除了這首《題宣州開元寺》之外，他還寫過《大雨行》《題宣州開元寺水閣》等，都是在開元寺中所作。

此詩用較多的筆墨描寫春雨中開元寺幽古靜謐的風景，意到筆隨，無意精雕，但「亡國去如鴻，遺寺藏煙塢」，「閱景無旦夕，憑闌有今古」四句，深粹凝練，甚為醒目。由此知詩人生當晚唐，心中常有感慨，即景落筆，紙上總有歷史的風雲。

詩開頭兩句寫開元寺的地理位置，「南朝」「東吳」兩詞，在地理上加入了些許歷史的感慨。東吳、南朝，都已如孤鴻杳然而沒，唯有那時的寺廟深藏在雲煙繚繞的山塢之中。「樓飛」四句描寫開元寺的建築風景。寺樓高達九十尺，彷彿欲凌空飛去，走廊迴環，廊柱多達四百。寺廟隨山勢高低上下，山風吹拂著松樹與桂樹。「青苔」四句寫寺中眾生，包括飛鳥與僧人。這四句寫寺中的清幽生活。杜牧在寺中住過，對其環境十分瞭解，朱閣白鳥、溪聲月色云云，都是經驗之談。從「樓飛」到「月色」八句，前六句是晝景，後兩句是夜景，無論晝夜，寺中之景一般幽美，這便引出「閱景無旦夕」，即欣賞寺中之景沒有早晚之別；然而憑欄卻有今古。憑欄遠望，總免不了懷古傷今。起首「南朝」「東吳」「亡國」「遺寺」之語，此時方落到實處。到底如何懷古傷今，詩人並不細寫，只說要攜酒一樽，去前山看春雨。

詩如同一篇遊記，用白描手法，形象而逼真地為我們描繪出遊賞開元寺所

見景象。詩人採用移步換景的手法，從剛入視線的謝樓，逐漸進入寺中，繼之詳細描繪寺院景觀，線索分明。中間雖有興亡感慨，但語淡如煙，也有夢醒時分，但擾夢的不過是溪流與月色。全詩色彩淡雅，感情澄澈，清韻悠揚，可謂人淡如菊心如水。

大雨行 [1]

　　東垠黑風駕 [2] 海水，海底卷上天中央。三吳六月忽淒慘，晚後點滴來蒼茫 [3]。錚棧雷車軸轍壯 [4]，矯躍蛟龍爪尾長 [5]。神鞭鬼馭載陰帝 [6]，來往噴灑何顛狂 [7]。四面崩騰玉京仗 [8]，萬里橫牙羽林槍 [9]。雲纏風束亂敲磕，黃帝未勝蚩尤強 [10]。百川氣勢苦豪俊，坤關密鎖愁開張 [11]。大和六年 [12] 亦如此，我時壯氣神洋洋。東樓聳首看不足 [13]，恨無羽翼高飛翔。盡召邑中豪健者，闊展 [14] 朱盤開酒場。奔觥槌鼓 [15] 助聲勢，眼底不顧纖腰娘 [16]。今年闌茸 [17] 鬢已白，奇遊壯觀唯深藏。景物不盡 [18] 人自老，誰知前事堪悲傷。

【注釋】

〔1〕此詩開成三年（838）作，時杜牧在宣州幕中。詩題注：「開成三年宣州開元寺作」。開成三年自六月至八月，南部大雨持續。《舊唐書·文宗本紀下》：「大河而南，幅員千里，楚澤之北，連亙數州。以水潦暴至，堤防潰溢，既壞廬舍，雙損田苗。」

〔2〕東垠：東邊，東方天際。駕：駕馭，這裡指海風狂吹。

〔3〕三吳：泛指江蘇南部、浙江北部一帶。詳參《郡齋獨酌》詩注〔20〕。淒慘：淒涼悲慘，這裡指天變陰暗。點滴：下雨。蒼茫：急切倉猝；曠遠無邊的樣子。唐杜甫《北征》：「杜子將北征，蒼茫問家室。」

〔4〕「錚棧」句：謂雷聲非常大，像鐘鑼齊鳴、雷車滾動一樣發出巨響。錚：形如銅鑼的樂器；同「鉦」，古代的一種樂器，銅製，形似鐘而狹長，有長柄可執，口向上以物擊之而鳴，在行軍時敲打。棧（zhǎn）：古代樂器；小鐘。《爾雅·釋樂》：「大鐘謂之鏞，其中謂之剽，小者謂之棧。」《晉書·郭璞傳》：「蓋王者之作，必有靈符……觀五鐸啟號於晉陵，棧鐘告成於會稽。」雷車：雷神的車子。舊題晉陶潛《搜神後記》卷五：「向一更中，聞外有小兒喚阿香聲，女應諾。尋云：『官喚汝推雷車。』女乃辭行，云：『今有事當去。』夜遂大雷雨。」唐顧雲《天威行》：「轟轟砢砢雷車轉，霹靂一聲天地戰。」軸轍壯：雷車滾動時軸

轆發出的聲音很大，形容雷響。

〔5〕「矯矆」句：比喻閃電迅速，電光長。矯矆（jué）：夭矯跳躍，形容閃電在天空頻繁驚現，跳動不停之狀。

〔6〕神鞭：《三秦記》：「秦始皇作石橋，欲過海看日出處，有神人能趨石下海，石去不速，神輒鞭之，皆血流。」鬼馭：鬼神駕馭。陰帝：即女媧。《淮南子·覽冥訓》：「女媧煉五色石以補蒼天。」注：「女媧，陰帝，佐虙戲（即伏羲）治者也。」

〔7〕來往：來去，往返。噴灑：激射散佈。唐崔道融《溪上遇雨二首》：「坐看黑雲銜猛雨，噴灑前山此獨晴。」顛狂：瘋狂，形容雨大。

〔8〕崩騰：動盪紛亂。言如石之崩裂，水之沸騰。唐李商隱《天津西望》：「虜馬崩騰忽一狂，翠華無日到東方。」玉京仗：仙界的儀仗，比喻大雨。玉京，即天闕，道家傳說中的仙闕，為三十二帝之都，在無為之天。詩歌中多喻指仙境。《魏書·釋老志》：「道家之原，出於老子。其自言也，先天地生，以資萬類。上處玉京，為神王之宗；下在紫微，為飛仙之主。」唐白居易《夢仙》：「須臾群仙來，相引朝玉京。」

〔9〕橫牙：縱橫交錯貌。羽林槍：以皇帝出行之羽林軍喻雨。羽林，唐代皇帝禁衛軍的名稱。此處比喻大雨。參見《杜秋娘詩》注〔27〕。

〔10〕敲磕：敲叩，擊打。黃帝：少典之子，姓公孫，居軒轅之丘，故號軒轅氏。敗炎帝於阪泉，又與蚩尤戰於涿鹿之野，斬殺之，諸侯尊為天子，以代神農氏。蚩尤：傳說古代九黎族部落酋長，炎帝後裔。這裡把蚩尤比作大雨。《山海經·大荒北經》云：「蚩尤作兵伐黃帝，黃帝乃令應龍攻之冀州之野。應龍畜水，蚩尤請風伯、雨師縱大風雨。黃帝乃下天女曰『魃』，雨止，遂殺蚩尤。」又一傳說：「應龍已殺蚩尤，又殺夸父，乃去南方處之，故南方多雨。」

〔11〕「百川」二句：謂河流因為大量雨水的注入，氣勢變得非常之大；地面被雨水覆蓋住都露不出來。坤關：地軸。晉張華《博物志》卷一：「地有三千六百軸，互相牽制。」唐杜甫《三川觀水漲二十韻》：「乘陵破山門，回幹裂地軸。交洛赴洪河，及關豈信宿。」開張：打開，展開。

〔12〕大和六年：即832年。《舊唐書·文宗本紀下》記載，大和五年起淮南、浙江東西道、荊襄、鄂岳、劍南東川並水災害稼。六年春仍「逾月雨雪，寒風尤甚，頗傷於和」。其時牧之三十歲，在沈傳師宣歙觀察使幕府。大，通「太」。洋洋：得意歡樂的樣子。

〔13〕聳首：仰頭。不足：不盡，不厭。

〔14〕闡展：大展。

〔15〕奔觥：放縱地飲酒。觥（gōng），用獸角做成的酒器。槌：擊。

〔16〕不顧：不回頭看，不看。纖腰娘：細腰的舞女。

〔17〕闒茸（tà róng）：卑弱頹靡，庸碌無為。漢桓寬《鹽鐵論·利議》：「諸生闒茸無行，多言而不用，情貌不相副。」

〔18〕不盡：沒有窮盡。

【簡評】

　　這是一篇寫雨景的佳作。六月為江南暴雨密集期。詩人以酣暢奇崛的筆墨，用誇張、比喻、擬人、對比等手法，描寫開成三年大雨，寫出南方暴雨的兇猛、恐怖。

　　起筆寫黑風駕海水，海底卷上天，大氣磅礡。接著以錚棧雷車，矯蹬蛟龍，神鞭鬼馭，儀仗崩騰，槍戟縱橫，雲纏風束，蚩尤強暴等一系列的比喻描寫雨勢，奇思如注，沛然莫禦，天上、地下、音聲、心感，一一摹現於目前。追憶大和六年（832）的那場雨，自己與友朋縱酒高歌，欣賞暴風驟雨；如今雖然景象奇異，卻只是退縮一角，再無欣賞心境。歲月改變的不僅是鬢髮，重要的是心境、心氣與心志。「景物不盡人自老，誰知前事堪悲傷」，美好記憶的回味，徒增今朝的傷感。

　　全詩天上地下縱橫馳騁，風格豪邁沉雄，頗受韓愈的影響。詩中多用比喻，將雨的聲勢凸現出來。宋吳聿《觀林詩話》：「牧又多以竹、雨比羽林，《栽竹》詩云：『歷歷羽林影。』又：『竹岡森羽林。』《大雨行》：『萬里橫亙羽林槍。』」

　　此詩典型地表現出杜牧詩歌豪放雄奇的一面，極大地發揮了詩人的藝術才能。當詩人澎湃的激情奔騰難抑時，那氣貫長虹的浪漫主義情調洶湧而出，使他豪放健朗、俊邁不羈的精神風貌得到淋漓盡致的表露。

自宣州赴官入京，路逢裴坦判官歸宣州，因題贈〔1〕

　　敬亭山〔2〕下百頃竹，中有詩人小謝城〔3〕。城高跨樓滿金碧，下聽一溪〔4〕寒水聲。梅花〔5〕落徑香繚繞，雪白玉瑙花下行〔6〕。縈風酒斾掛朱閣，半醉遊人聞弄笙〔7〕。我初到此未三十〔8〕，頭腦釵利筋骨輕〔9〕。畫堂檀板秋拍碎，一引有時聯十觥〔10〕。老閒腰下丈二組，塵土高懸千載名〔11〕。重遊鬢白〔12〕事皆改，唯見東流春水平。對酒不敢起，逢君還眼明〔13〕。雲罍〔14〕

看人捧，波臉任他橫〔15〕。一醉六十日，古來聞阮生〔16〕。是非離別際，始見醉中情。今日送君話前事，高歌引劍還一傾〔17〕。江湖〔18〕酒伴如相問，終老煙波〔19〕不計程。

【注釋】

〔1〕此詩開成四年（839）春作，時杜牧離宣城赴官入京。裴坦，字知進，唐文宗大和八年（834）進士，曾任沈傳師宣歙觀察使幕判官，與杜牧為同僚。參見《宣州送裴坦判官往舒州，時牧欲赴官歸京》詩注。開成四年春，裴坦赴舒州辦公務，杜牧赴京時，值裴歸宣州，途中相遇，故題詩贈之。判官：官名。唐置，為大都督府、都督府及節度、觀察、團練、防禦等使的僚屬，位次副使。此指觀察使之屬官。

〔2〕敬亭山：山名。在安徽宣城縣北。一名昭亭山，又名查山。山上舊有敬亭，相傳為謝朓賦詩之所，山以此名。山高數百丈，千岩萬壑，為登臨勝地。南朝齊謝朓《敬亭山》：「茲山亙百里，合沓與雲齊。」唐李白《獨坐敬亭山》：「眾鳥高飛盡，孤雲獨去閒。相看兩不厭，只有敬亭山。」又《宣城縣志》：「敬亭自謝、李相繼賦詩，遂有名天下。」

〔3〕小謝城：指宣城。南朝齊謝朓曾為宣城太守，人稱「謝宣城」，謝朓與劉宋謝靈運同族而年輩稍晚，故又稱「小謝」。謝靈運被稱為「大謝」。唐李白《宣州謝朓樓餞別校書叔雲》：「蓬萊文章建安骨，中間小謝又清發。」

〔4〕金碧：形容色彩照人眼目。一溪：指宛溪。《江南通志》：「宛溪在寧國府東，水至清澈。」唐李白《題宛溪館》：「吾憐宛溪好，百尺照心明。」參見《題宣州開元寺水閣》詩注。

〔5〕梅花：詩人詠梅，重要的是借梅怡情，抒懷，表節。其中凝聚著深刻的含義，體現詩人的心靈境界。梅花超絕氣韻，神清骨秀，端莊高標，幽獨超逸，具有高潔的品質。

〔6〕「雪白」句：謂女子在花下遊賞。玉璫，玉製耳飾，借指女子。

〔7〕縈風：隨風飄動。酒斾：酒旗。弄笙：吹笙，演奏笙管。笙，是我國古老的簧管樂器，一般用十三根長短不同的竹管製成，用於吹奏。它由笙簧、笙笛、笙斗三個部分組成，由笙簧振動引起笙笛內的空氣振動而發音。

〔8〕「我初」句：杜牧曾兩次為宣城幕吏，大和四年（830）初次隨沈傳師至宣城，時年二十八歲，故言「我初到此未三十」；第二次從崔鄲，在開成二年（837），三十五歲。

〔9〕頭腦銛利：思維敏捷，反應快。銛（shàn）利：敏銳；爽利，鋒利。筋骨輕：身體輕盈。唐皮日休《公齋・新竹》：「圓緊珊瑚節，銛利翡翠翎。」

〔10〕「畫堂」二句：謂在畫堂賞樂，隨檀板之節拍而擊節欣賞；情濃之時，可連飲數杯。畫堂：繪有畫飾的廳堂。檀板：檀木所製的拍板。用檀木數片，以繩串聯，按音樂節拍敲擊。引：奉壺進酒。南朝梁江淹《恨賦》：「濁醪夕引。」晉陶潛《歸去來兮辭》：「引壺觴以自酌。」一引，猶言一飲。唐李白《將進酒》：「會須一飲三百杯。」觥（gōng）：古代盛酒器，流行於商晚期至西周早期，腹橢圓，上有提梁，底有圈足，獸頭形蓋，亦有整個酒器作獸形的，並附有小勺。

〔11〕「老閒」二句：謂詩人年老閒散，淡薄官宦，唯願留清名於千古。丈二組：拴於印上的長絲帶，此代指官印。《漢書・嚴助傳》：「陛下以方寸之印，丈二之組，填撫方外。」塵土：塵世，人世。

〔12〕重遊：謂詩人開成二年（837）應崔鄲之辟再次來到宣城。鬢白：詩人時年三十五歲，然鬢髮已白。其四十歲在黃州所作《郡齋獨酌》云：「前年鬢生雪，今年鬚帶霜。」

〔13〕「對酒」二句：以阮籍自喻，言不拘禮法，獨與裴坦志趣相投。據《晉書・阮籍傳》，「鍾會數以時事問之，欲因其可否而致之罪，皆以酣罪獲免。」籍又能為青白眼，見禮俗之士，以白眼對之。及嵇喜來弔，籍作白眼，喜不懌而退。喜弟康聞之，乃齎酒挾琴造焉。籍大悅，乃見青眼。眼明：謂以青眼對志趣相投的裴坦。以下四句義同，亦用阮籍典為喻。

〔14〕雲罍（léi）：大酒杯，刻畫著雲雷紋飾的酒樽。《世說新語・任誕》：「諸阮皆能飲酒，仲容（阮咸）至宗人間共集，不復用常杯斟酌，以大甕盛酒，圍坐相向大酌。」

〔15〕「波臉」句：據《晉書・阮籍傳》：「鄰家少婦有美色，當壚沽酒，籍嘗詣飲，醉便臥其側。籍既不自嫌，其夫察之，亦不疑也。」波臉：即波眼，眼中漾著秋波；謂美麗的少婦。任他橫：指阮籍在鄰婦旁醉臥並無非禮的想法和行為。此形容詩人與裴坦酣飲盡情。

〔16〕「一醉」二句：謂阮籍一次醉酒達六十天。據《晉書・阮籍傳》記載，晉文帝司馬昭想拉攏阮籍，要與他聯姻，為長子即後來的晉武帝司馬炎求親，阮籍不好直接拒絕，就天天醉酒，一連喝了兩個月，司馬昭無法開口，也就罷了。阮生，指阮籍，字嗣宗。魏晉名士，不問世事，不拘禮法，口不臧否人物，以酣飲避

世遠禍。古來：自古至今。

〔17〕引劍：拔劍起舞。一傾：傾杯而盡。傾，傾杯，乾杯。

〔18〕江湖：泛指五湖四海各地。江湖，在中國文化中有多重引申含義。《莊子·大宗
　　師》：「相濡以沫，不如相忘於江湖。」指遠離朝廷與公家的民間；後來也泛指
　　古時不接受當權控制指揮和法律約束而適性所為的社會歷史環境。

〔19〕終老煙波：隱居以終老，謂歸隱江湖。《新唐書·張志和傳》：「坐事貶南浦尉，
　　會赦還，以親既喪，不復仕，居江湖，自稱煙波釣徒。」煙波：霧靄蒼茫的水
　　面。不計程：不考慮前程。

【簡評】

此詩寫朋友相聚，用歌行體進行敘述，情辭高華，流麗激蕩，文采飛揚，
辭章俊逸。

詩中表現杜牧對宣州的眷戀之情及與裴坦的厚誼，也透露出「甘露之變」
後杜牧複雜的心理狀態：一方面想入京供職，以實現自己的抱負；另一方面擔
心朝廷政治黑暗，宦官專權，而壯志難酬。詩人兩次入幕宣州，一在「甘露之
變」前，一在其後，重遊作詩，感慨油然而生。

杜牧在即將離任宣州之際，恰與老友重逢，故詩中既有數年宣州生活的
回憶，也有與友人曾經酣飲大醉情景的追想。詩歌用綺麗的語言，描繪了宣
州敬亭山名勝，當年年輕氣盛、豪放不羈，如今重遊興味索然。「唯見東流春
水平」，形象地烘托出詩人心緒落寞，縱然勝景在前，美酒在座，卻毫無心思。
「逢君還眼明」，寫出路逢友人的喜悅，於是二人開懷暢飲。詩人寫景既點明
了心緒，又烘托反襯了友情。

「梅花落徑香繚繞」四句，畫面感呼之欲出。舊友久不曾見，重逢自當
一醉，於是「一醉六十日」「始見醉中情」，即將再度分別的愁緒，已然拋諸
杯底，留下只有對酒高歌的曠達。至於「老閒腰下丈二組」四句，絕類太白
風度，超然世外，不與人同。詩人感慨唏噓，在對沉醉歌舞酒宴生活的調侃
中，抒發了沉抑下僚的深切悲哀。

唐代，持劍舞蹈成為一種社會風氣，友人宴飲時也舞劍助興，如詩人李
白每至酒酣耳熱之際，便拔劍起舞，「三杯拂劍舞秋月，忽然高詠涕泗漣」
(《玉壺吟》)；「萬里橫歌探虎穴，三杯拔劍舞龍泉」(《南陵別兒童入京》)。
在唐代斐旻的劍術、李白的詩和張旭的草書被人們稱為「三絕」。劍術與藝術
的進一步結合便是劍舞，唐代的劍舞已經達到極高的水平，詩人杜甫曾寫下

了千古名篇《觀公孫大娘弟子舞劍器行》。同樣是舞劍，儲光羲《貽從軍行》中卻是另一種感受：「馬上吹笛起寒風，道傍舞劍飛春雪。男兒懸弧非一日，君去成高節。」飛雪舞劍，送行從軍的人，頗有悲中取樂的意味。一樣的感受，在杜牧詩中，也是悲歡：「今日送君話前事，高歌引劍還一傾。江湖酒伴如相問，終老煙波不計程。」

贈宣州元處士〔1〕

　　陵陽北郭隱，身世兩忘者〔2〕。蓬蒿三畝居，寬於一天下〔3〕。樽酒對不酌，默與玄相話〔4〕。人生自不足，愛歎遭逢寡〔5〕。

【注釋】

〔1〕本詩作於開成三年（838），當時杜牧任宣州團練判官。元處士：生平未詳。杜牧另有《題元處士高亭》。一說，元處士即元孚。《全唐詩》卷八二三《元孚小傳》：「元孚，宣城開元寺僧，與許渾同時。」處士：指有才德而隱居不仕者；亦泛指未做過官的士人。這在唐代的習慣上，稱為「高士」，古稱「隱士」，都是同一涵義的名稱。《荀子‧非十二子》：「古之所謂處士者，德盛者也。」

〔2〕「陵陽」二句：謂元處士如北郭先生之隱居，身世兩忘，超然物外。陵陽：山名。詳見《池州送孟遲先輩》詩注〔2〕。北郭：指北郭先生廖扶。東漢廖扶絕世塵外，專精經典，尤明天文、讖緯之術，州郡公府辟召皆不應。時人因號為「北郭先生」。見《後漢書‧廖扶傳》。身世：身，自身；世，社會。南朝宋鮑照《詠史》：「君平獨寂寞，身世兩相棄。」

〔3〕「蓬蒿」二句：謂元處士身居陋室而胸襟開闊。蓬蒿（péng hāo）：蓬草和蒿草；形容雜草叢生。東漢高士張仲蔚，不慕榮名，隱居不出，以詩文自遣。安居貧舍，家居蓬蒿之中。詩歌中常用仲蔚蓬蒿喻指窮困處境。晉皇甫謐《高士傳‧張仲蔚》：「張仲蔚者，平陵人也，與同郡魏景卿俱修道德，隱身不仕。明天官博物，善屬文，好詩賦，常居窮素，所處蓬蒿沒人，閉門養性，不治榮名，時人莫識，唯劉、襲知之。」三畝居：泛指村野寒儉的住宅。《淮南子‧原道訓》：「任一人之能，不足以治三畝之宅也。」

〔4〕「樽酒」二句：謂面對美酒，卻不喝，只是默默探討淵深玄妙的哲理。這裡以揚雄喻元處士，謂其淡泊名利。揚雄（公元前53～公元18），字子雲，蜀郡成都（今四川成都）人。少年好學，博覽群書，是繼司馬相如之後西漢最著名的辭賦家。為人平易寬和，口吃不能快速講話，靜默愛沉思，清靜無為，沒有什麼

嗜好欲望，不追逐富貴，不擔憂貧賤，不故意修煉品性來在世上求取聲名。見
《漢書・揚雄傳》。玄：揚雄好古而樂道，仿《易》而作《太玄》。唐許渾《元
處士自洛歸宛陵山居見示詹事相公餞行之什因贈》注云：「元君多隱廬山學
《易》，常為相國師服。」

〔5〕「人生」二句：謂人生多有不如意事，元處士獨能坦然處之，而一般人則每耿耿
於懷，不免歎息生不遭時。遭逢：遭遇，遇合。寡：寡遇；即不得人賞識。

【簡評】

杜牧在尋訪深通哲理的元處士時，作此詩贈與他。詩描繪元處士的隱居生
活，表現出人與自然渾然一體的境界。

前兩句總述，點明元處士的隱居地點和高行。然後從居室和生活兩方面
進行分述。正是因為他胸懷寬廣，所以才有比整個天下都要寬廣的感覺。元
處士沉浸在自己的天地裏，即使斟了一杯酒，也常常不飲，而是默默地玄想
冥覽，心遊太玄。他身居斗室心寬天下，達到了人生最高境界。心寬天下便
取得真正自由。這兩句亦是對元處士的讚譽。清洪亮吉《北江詩話》卷四：
「杜牧之詩：『蓬蒿三畝居，寬於一天下。』非天地之寬，胸次之寬也。即十
字而幕天席地之概，已畢露紙上矣。」

最後兩句帶有惋惜之情，對元處士如今的處境表示同情。詩人認為，人
生本來就有不完美的地方，元處士平時也一定常歎息自己的人生機遇少，沒
有得到好的機遇或沒遇到真正欣賞自己的人。話雖如此，語氣中卻帶著一種
強烈的優越感和自得的意緒，避世而相忘於江湖，悠然忘我，與自然渾然一
體。

村　行〔1〕

春半南陽〔2〕西，柔桑過村塢〔3〕。娉娉〔4〕垂柳風，點點回塘雨〔5〕。褰
〔6〕唱牧牛兒，籬窺蒨裙女〔7〕。半濕解征衫〔8〕，主人饋雞黍〔9〕。

【注釋】

〔1〕此作於開成四年（839）春。杜牧由宣州赴官入京任左補闕、史館修撰，行經南
陽，避雨農家時受主人熱情招待，有感而作。

〔2〕春半：春之半，謂陰曆二月。春日匆匆，從初春到春半，彷彿只是瞬間，於
是，「春半」成了詩人吟詠創作的母題，表達傷春惜春的惆悵。杜牧詩中雨意
深濃。唐張若虛《春江花月夜》：「昨夜閒潭夢落花，可憐春半不還家。」南

陽：地名，古稱宛，在今河南省南陽市，唐朝為縣。

〔3〕柔桑：新長出來的嫩桑葉。《詩·豳風·七月》：「女執懿筐，遵彼微行，爰求柔桑。」村塢（wù）：小村莊；村落。塢指四面如屏的花木深處。

〔4〕娉娉（pīng pīng）：姿態美好的樣子。

〔5〕點點：零星，星星點點。回塘：曲折迂迴的池塘。

〔6〕蓑（suō）：蓑衣，草制的雨衣。這裡是動詞，穿雨衣。

〔7〕籬窺：從籬笆縫裏窺見。蒨（qiàn）裙：大紅色的裙子；即蒨紅色染料染成的裙子。蒨，草名，同「茜」。多年生，根可作紅色染料。此指代紅色。

〔8〕征衫：行旅途中所穿的衣服。宋樓鑰《水漲乘小舟》：「一番凍雨洗郊丘，冷逼征衫四月秋。」

〔9〕主人：接待賓客的人。與「客人」相對。饋（kuì）：贈，給；以食物待客。雞黍：雞和黃米飯，指招待客人的飯菜。《論語·微子》：「止子路宿，殺雞為黍而食之。」唐孟浩然《過故人莊》：「故人具雞黍，邀我至田家。」

【簡評】

這是作者有感而寫的田園村野風景小詩，描繪了鄉村的美景和溫馨生活，是一首民風民俗的頌歌。

首聯敘寫道經南陽，一派大好春光。美時，美地，美景，在「春半南陽西」中，隱約而至。遍村柔桑，欣欣向榮。具有奠定作品抒情基調的作用。頷聯描述秀麗風光，勾勒物態有聲有色，尤其「點點回塘雨」五字，字字有味，寫景視覺描寫中的疊音詞增強了作品的音韻美，更能讓讀者感受到作者所流露出的輕鬆愉快的心情。頸聯表現農村兒女生活。戴著蓑笠的「牧牛兒」唱著歌謠，籬笆邊的「蒨裙女」窺看來客的情態，更天真活潑，將聽覺描寫和視覺描寫緊密地結合起來。尾聯感激主人熱情招待。「饋雞黍」一筆寫出主人的熱情和厚道；作者所感受的溫馨與溫暖，還有對鄉村老人熱情好客的款待所表達的感激之情。

這是一幅運動著的風光圖，詩題就點出了「行」的特色。如果說，前面兩聯是寫風景動態美的話，那麼，後面兩聯就是寫風情動態美了。首聯、頷聯是寫村景，頸聯、尾聯是寫村情。其景實，其情真，與詩題是呼應的。雖全用白描，如此自然、純樸、有趣的鄉村圖畫，在杜牧作品中並不多見，此詩足備一格。

詩的藝術特色，可用輕倩秀豔來總括，即輕盈巧倩，秀美豔麗。它好像是

個風華正茂的女子，秋波流轉，含情脈脈，秀而不媚，豔而不淫，風姿婀娜，楚楚動人。在輕倩秀豔之中，顯示出野逸、村樸、真摯、熱情。詩人所描繪的柔桑、村塢、垂柳、塘雨、蓑衣、牧童、耕牛、籬笆、村女、主人、雞黍等，都是美好的田園風光。此詩將鄉村中美麗的風景、恬淡的生活和美好的人性描寫完美地融合起來，具有很高的藝術成就。

史將軍二首〔1〕

　　長�周都尉，閒如秋嶺雲〔2〕。取蝥弧登壘，以駢鄰翼軍〔3〕。百戰百勝價〔4〕，河南河北〔5〕聞。今遇太平日，老去誰憐〔6〕君？

　　壯氣蓋燕趙，耽耽魁傑人〔7〕。彎弧五百步，長戟八十斤〔8〕。河湟非內地，安史有遺塵〔9〕。何日武臺坐，兵符授虎臣〔10〕。

【注釋】

〔1〕據詩意，此詩當作於大中三年（849）河湟收復之前。史將軍：生平未詳。一說指史憲忠。史憲忠，字元貞。建康軍（今甘肅高臺東南）人。奚族。唐朝中後期將領，魏博節度使史憲誠之弟。史憲忠最初為魏博鎮牙門將，於唐憲宗時隨軍征討淮西、平盧叛藩，歷經大小三十戰，以勇悍知名。唐穆宗時，史憲誠成為魏博節度使，授史憲忠為貝州刺史。大和三年（829年），魏博軍亂，史憲忠逃歸京師。此後歷任隴州刺史、涇原節度使、朔方節度使、振武節度使、金吾大將軍等職，在邊境時清廉簡樸，屢抗吐蕃、突厥入侵，頗著功績。晚年入朝官至左龍武統軍，封北海縣子。卒年七十一，獲贈司空。參見《新唐書·史孝章傳》附。又一說，史將軍疑即史孝標，唐文宗時，史拜金吾衛將軍。備考。

〔2〕「長�」二句：以西漢名將周灶比擬史將軍，謂其曾立軍功，而今年老賦閒，猶如秋雲在山嶺飄逸。長�（pī）都尉：漢官名。長�，長刃兵器。周竈曾以長�都尉身份從劉邦擊項羽，立功封侯。《漢書·高惠高后文功臣表》：「隆慮克侯周竈以卒從起碭，以連敖入漢，以長�都尉擊項籍，侯。」師古注曰：「長�，長刃兵也，為刀而劍形。」

〔3〕「取蝥弧」二句：讚美史將軍當年之勇猛善戰，謂其身先士卒，猶如潁考叔取鄭伯之旗搶先登城；又如許盎之以駢鄰身份從軍作戰。蝥（máo）弧：春秋時期諸侯鄭伯的旗名，後用來借指軍旗。《左傳·隱公十一年》：「潁考叔取鄭伯之旗蝥弧以先登，子都自下射之，顛。」登壘：登上軍事堡壘。壘，軍壘；城牆。駢（pián）鄰：比鄰，此述漢代許盎從戰事。《漢書·高惠高后文功臣表》：

「柏至靖侯許盎以駢鄰從起昌邑。」師古注：「二馬曰駢。駢鄰，謂並兩騎為軍翼也。」翼軍：輔佐軍務。

〔4〕價：聲望；身價。

〔5〕河南河北：河南道和河北道。《唐六典》：「凡天下十道。二曰河南道，凡二十八州；四曰河北道，凡二十五州。」

〔6〕憐：愛惜，關懷。

〔7〕「壯氣」二句：謂史將軍威武雄壯，勇冠燕趙之士。蓋：超過，勝過。燕趙：原為戰國時期燕趙之地的黃河以北地區，唐代時常為藩鎮割據。其地自古多慷慨悲歌之士。指今河北、山西一帶。唐錢起《逢俠者》：「燕趙悲歌士，相逢劇孟家。寸心言不盡，前路日將斜。」耽（dān）耽：目光有神，威嚴逼視的樣子，即「虎視眈眈」。耽，通「眈」。魁傑：魁偉豪傑。魁傑人，指在傑出的人中占魁首。

〔8〕「彎弧」二句：極言史將軍武藝高超，射箭能射到五百步之外，使用長戟達八十斤。這裡是誇張的寫法。彎弧：彎弓。弧，弓。步，古代的長度單位，定制不一，或八尺、六尺，或五尺為一步。長戟（jǐ）：長柄的戟，在長柄的一端裝有青銅或鐵製成的槍尖，旁邊附有月牙形鋒刃。它是古代合戈、矛為一體的兵器，外形略似戈而兼有戈之橫擊、矛之直刺的兩種功能，殺傷力極強。《吳子·圖國》：「為長戟二丈四尺，短戟一丈二尺。」

〔9〕「河湟」二句：謂河湟隴右地區為吐蕃佔領，已非內地；類似安史叛亂之隱患仍然存在。河湟：指黃河上游及湟水流域一帶，自肅宗後為吐蕃所佔近一百年。《新唐書·吐蕃傳上》：「湟水出蒙谷，抵龍泉，與河合。……故世舉謂西戎地曰河湟。」「吐蕃本西羌屬，蓋百有五十種，散處河、湟、江、岷間。」內地：靠近國家的中心地帶，相對於邊疆和沿海地區而言。遺塵：謂安祿山、史思明殘餘勢力。安史亂平，肅宗貪圖苟安，仍任命安史舊將薛嵩、田承嗣等為節度使，縱其擁兵自重，後復相繼為亂。這種姑息養奸的做法，導致「河北藩鎮，自此強傲不可制矣。」（《資治通鑒》卷二二二胡三省注）

〔10〕「何日」二句：期望之辭。謂何日朝廷為收復河湟，平定藩鎮，而將兵符授予像史將軍這樣的猛將。武臺：漢未央宮殿名，召見武將受命的宮室。漢武帝曾於天漢二年在此召見征伐匈奴的將領李陵。見《漢書·李陵傳》。兵符：朝廷所授調遣兵將的符節憑證。《史記·魏公子列傳》：「嬴（侯嬴）聞晉鄙之兵符常在王臥內，而如姬最幸，出入王臥內，力能竊之。」虎臣：威猛如虎之將。《詩·魯頌·泮水》：「矯矯虎臣，在泮獻馘。」鄭玄箋：「矯矯，武貌。」

【簡評】

　　詩人稱頌武官良將，表達其對國家富強與統一的渴望。史將軍是一位戰功卓著的統帥，然而晚年卻不受重視。這兩首詩歌頌了史將軍的威武勇猛而又儒雅淡定，邊塞聲望卓著。

　　第一首重在寫史將軍當年如何取蝥弧之戰旗而躍登城壘，翼護軍隊而致全勝，以百戰百勝的戰績聲震河南河北，慨歎其功成而被閒置不用。表現了深切的同情和強烈的憂憤。

　　第二首轉寫現實，史將軍仍然壯氣衝天，彎弓揮戟，無愧眈眈豪傑。詩人先用襯托的手法，用慷慨的燕趙之士，襯托史將軍的豪邁壯氣，威風凜凜。然後用正面描寫的手法，寫史將軍彎弓射箭可達五百步之遠，所用的長戟重達八十斤，突出他武藝的高超。表達了詩人對史將軍的豪壯氣概和高超的武藝的讚揚之情，以及希望朝廷重用像史將軍這樣的人才，讓史將軍發揮軍事才能，早日收復國土，對史將軍給予深切的期望。詩人也借助對史將軍的描寫，反映了自己雖有滿腔熱血，並且深知兵法謀略，卻得不到重用的哀歎。

　　兩首詩作為一個整體，歌頌了史將軍的豪氣蓋世、英勇善戰，而惜其賦閒無用武之地。人才不受重視或者才非所用，或許是衰世的表徵。「今遇太平日」句微含譏刺，「河湟非內地」兩句憂國憂民，而「何日武臺坐」兩句，則寄希望於朝廷之振作。兩詩中間四句均用對偶以突出史將軍之勇武過人，唯「取蝥弧」四句為散文句式，前為一四式，後為四一式，略嫌拗口，蓋受韓愈詩風影響所致。

卷 二

華清宮三十韻〔1〕

繡嶺明珠殿〔2〕，層巒下繚牆〔3〕。仰窺雕檻〔4〕影，猶想赭袍〔5〕光。

昔帝登封〔6〕後，中原〔7〕自古強。一千年際會，三萬里農桑〔8〕。几席延堯舜，軒墀接禹湯〔9〕。雷霆馳號令，星斗煥文章〔10〕。釣築乘時用，芝蘭在處芳〔11〕。北扉閒木索，南面富循良〔12〕。

至道思玄圃，平居厭未央〔13〕。鈞陳裏岩谷，文陛壓青蒼〔14〕。歌吹千秋節〔15〕，樓臺八月涼。神仙高縹緲，環佩碎丁當〔16〕。泉暖涵窗鏡，雲嬌惹粉囊〔17〕。嫩嵐滋翠葆，清渭照紅妝〔18〕。帖泰生靈壽，歡娛歲序長〔19〕。月聞仙曲調，霓作舞衣裳〔20〕。雨露偏金穴〔21〕，乾坤入醉鄉〔22〕。

玩兵師漢武，回手倒干將〔23〕。鯨鬣掀東海〔24〕，胡牙揭上陽〔25〕。喧呼馬嵬血，零落羽林槍〔26〕。傾國留無路，還魂怨有香。蜀峰橫慘澹，秦樹遠微茫〔27〕。鼎重山難轉，天扶業更昌〔28〕。望賢餘故老，花萼舊池塘。往事人誰問，幽襟淚獨傷〔29〕。碧簷斜送日，殷葉半凋霜。迸水傾瑤砌，疏風罅玉房〔30〕。

塵埃羯鼓索〔31〕，片段荔枝〔32〕筐。鳥啄摧寒木，蝸涎蠹畫梁〔33〕。孤煙知客恨，遙起泰陵傍〔34〕。

【注釋】

〔1〕大中六年（852）作，時杜牧為中書舍人。溫庭筠《溫飛卿詩集》卷九有《華清宮和杜舍人》詩，即和杜牧之作。華清宮：唐宮名，故址在今陝西臨潼縣城南驪山上。山有溫泉。唐貞觀十八年（644）置，咸亨二年（671）名溫泉宮。天

寶六載（747），大加擴建，更名華清宮。宮治湯井為池，稱華清池，環山築宮室、羅城。安祿山之亂，破壞甚多。元和間重修，已罕遊幸，遂漸荒廢。見《唐會要》卷三十《華清宮》《長安志》卷一五等。

〔2〕繡嶺：華清宮在驪山上，驪山左右為西繡嶺與東繡嶺；唐玄宗時，驪山遍植花木，看上去像錦繡一般，因此名繡嶺。《陝西通志》卷八引《名山考》：「東繡嶺在驪山右，當時林木花卉之盛，類錦繡然，故名。」又見明何景明《雍大記》。明珠殿：唐宮殿，在長生殿南。

〔3〕層巒：重疊的山峰。繚牆：環繞宮殿的牆垣。

〔4〕仰窺：猶仰望。雕檻：雕刻有花紋的欄杆。

〔5〕赭（zhě）袍：紅色袍服，舊時為帝王之服。此以物代人，謂唐玄宗。《新唐書·車服志》：「初，隋文帝聽朝之服，以赭黃文綾袍，唐高祖以赭黃袍為常服，既而天子袍衫稍用赤黃，遂禁臣民服。」

以上第一段，寫華清宮地理形勢，引出往事回顧。

〔6〕昔帝登封：指開元十三年唐玄宗封禪泰山事。古代帝王登泰山築土為壇祭天稱封，在泰山下梁父山上闢場祭地稱禪。秦漢以後，歷代封建王朝都把封禪作為國家大典。《舊唐書·禮儀志三》：「十三年十一月丙戌，至泰山……庚寅，祀昊天上帝於山上封臺之前壇。……壬辰，玄宗御朝覲之帳殿，大備陳布。……玄宗製《紀太山銘》，御書勒於山頂石壁之上。……於是中書令張說撰《封祀壇頌》、侍中源乾曜撰《社首壇頌》、禮部尚書蘇頲撰《朝覲壇頌》以紀德。」

〔7〕中原：指黃河流域地區。此處代指中國。

〔8〕「一千」二句：意謂開元盛世千載難逢，國中男耕女織安居樂業。際會：機遇。

〔9〕「几席」二句：形容君聖臣良。意謂玄宗聖明德若堯舜，憑几延攬賢才；朝中大臣皆具禹湯之才幹，輔佐治理國事。幾（jī）席：祭祀席位，此謂帝王坐席。延：引。堯舜：唐堯和虞舜。遠古部落聯盟的酋長，古史相傳為聖明之君，後來成為稱頌帝王的套語。軒墀（chí）：古代宮殿前長廊和石階，此處代指朝廷。禹湯：禹是夏朝的開國君主，湯是商朝的開國君主，此處用來比喻有才幹的大臣。

〔10〕「雷霆」二句：形容玄宗號令嚴明，禮樂制度井然有序。號令：指唐玄宗發布的政令。星斗：指魁星。《漢書·天文志》：「斗魁戴筐六星，曰：文昌宮。」《晉書·天文志》：「東壁二星，主文章，天下圖書之秘府也。星明，王者興，道術

行，國多君子。」煥：鮮明；光亮。文章：此謂禮樂法度。後以「一天星斗」形容文章華美，本此。文章，星宿名，即文昌星；舊時傳說是主持文運科名的星宿。

〔11〕「釣築」二句：意謂西周開國功臣呂尚和商朝大臣傅說，這些有才能的人均能及時得到任用。釣：指呂尚，西周開國功臣。相傳釣於渭濱，周文王出獵相遇，與語大悅，同載而歸。立為師。後輔佐武王滅紂，封於齊。事見《史記·齊太公世家》。築：指傅說（yuè），殷武丁大臣。相傳曾築於傅險之野，武丁訪得，舉以為相，出現商朝中興的局面。因得說於傅險，故命為傅姓，號傅說。事見《史記·殷本紀》。參見《感懷詩一首》注〔33〕。乘時用：因時代所需而發揮作用。芝蘭：芝草和蘭草皆香草名。古時比喻君子德操之美或事物的美好等。此喻賢才。《荀子·王制》：「其民之親我歡若父母，好我芳若芝蘭。」《孔子家語·在厄》：「且芝蘭生於深林，不以無人而無芳；君子修道立德，不謂窮困而改節。」在處：猶處處。

〔12〕「北扉」二句：意謂開元、天寶間鮮有罪犯，故牢獄常空；而朝廷則多循吏良官。北扉（fēi）：漢時因繫犯人之所，此指牢獄。木索：束縛手腳之刑具。木謂腳鐐、手銬、枷鎖等；索即繩索，用以械繫犯人。南面：古代以坐北朝南為尊位，故稱君王為南面，此代指朝廷。循良：即循吏，古稱奉公守法的官吏。

以上第二段，寫玄宗開元、天寶時期政治清明之況。

〔13〕「至道」二句：謂玄宗厭居皇宮而思戀如仙境般的華清宮。至道：即唐玄宗，因玄宗尊號為「至道大聖大明孝皇帝」。玄圃：相傳崑崙山頂，有金臺五所，玉樓十二，為神仙所居。此喻華清宮。玄圃，也作懸圃，位於上通天界的仙山崑崙山的中層，穆天子曾遊其地。唐詩中多以之詠仙境或喻指皇宮、京城。《水經注·河水篇》：「崑崙之山三級：下曰樊桐，一名板松；二曰玄圃，一名閬風；上曰層城，一名天庭。是為太帝之居。」平居：平時，平日。未央：漢宮殿名。傳為蕭何所造，規模宏大，壯麗精工。《三輔黃圖》卷二：「未央宮周回二十八里，前殿東西五十丈，深十五丈，高三十五丈。營未央宮因龍首山以製前殿。至孝武以木蘭為棼橑，文杏為樑柱，金鋪玉戶，華榱璧璫，雕楹玉碣，重軒鏤檻，青瑣丹墀，左墄右平。黃金為璧帶，間以和氏珍玉，風至其聲玲瓏也。」此喻長安宮殿。未央宮是中國古代規模最大的宮殿建築群之一，總面積相對於北京紫禁城的六倍。古代詩詞中，未央宮即漢宮的代名詞。西漢以後，未央宮仍是多個朝代的理政之地，隋唐時也被劃為禁苑的一部分，

存世一千餘年，唐末毀。

〔14〕「鉤陳」二句：謂華清宮被崇山峻嶺所包裹，其刻有花紋的臺階高聳在半空中。鉤陳：星名，在紫微垣內，最近北極，天文家多藉以測極，謂之極星。也用來指稱後宮。此處指稱華清宮。《晉書‧天文志》：「北極五星，鉤陳六星，皆在紫宮中。……鉤陳，後宮也，大帝之正妃也，大帝之常居也。」文陛：雕鏤花紋的殿階。青蒼：深青色，指天空。

〔15〕歌吹（chuì）：歌聲和樂聲。專指作為儀禮慶典中演奏的音樂。歌吹為雅樂，於唐屬太常寺職。千秋節：唐玄宗生日。將皇帝生日設為全國性節日，在唐以前還無先例。把皇帝生日作為誕節，並且在禮典中製有慶賀儀式的規定始於唐朝。開元十七年（729），百官上表建議把每年的八月五日——玄宗降誕日，作為「千秋節」，群臣進萬壽酒，獻金鏡綬帶和以絲織成的承露囊。舉國歡慶，間有樂舞雜伎表演，還放假三天，可見其盛。天寶七載（748）改名「天長節」，至元和二年（807）停止舉行。見《舊唐書‧玄宗本紀》《唐會要》卷二九《節日》。

〔16〕「神仙」二句：謂華清宮裏舞女翩翩，飄若神仙，身上的環佩不斷發出叮叮噹當的聲響。環佩：佩玉；婦女的裝飾品。

〔17〕「泉暖」二句：寫溫泉與嬌雲映襯臨妝，既言宮之高，又見人之美。粉囊：裝化妝粉的袋子。

〔18〕嵐：山中霧氣。翠葆：以翠鳥羽毛為裝飾的車蓋。清渭：即渭水，黃河主要支流之一。《釋文》：「涇，濁水也；渭，清水也。」按，實則涇清渭濁，杜牧乃沿用舊說。紅妝：盛裝之美女，此謂楊貴妃。

〔19〕「帖泰」二句：謂玄宗以為國家安定了，百姓生活已經滿足，自己便可以在歡娛之中日久天長。《資治通鑑》卷二一六：「上晚年自恃承平，以為天下無復可憂，遂深居禁中，專以聲色自娛。」帖泰：安寧和順。按「帖泰」，一本作「怗（tiē）泰」。據《廣韻‧帖韻》：「怗，安也，服也，靜也。」是作「怗」為優。生靈：指人民，老百姓。壽：長久，與下句「長」義同。歲序：猶言時令，泛指時間。序，時序，季節。

〔20〕「月聞」二句：謂玄宗迷戀於仙曲般的霓裳羽衣舞曲。《霓裳羽衣曲》，唐樂曲名，簡稱《霓裳》。依其曲編製的舞蹈為《霓裳羽衣舞》。此曲本傳自西涼，名《婆羅門》，開元中河西節度使楊敬述獻，經玄宗潤色，於天寶十三載改為《霓裳羽衣曲》。唐時樂曲，曲終必促速，唯《霓裳羽衣曲》將畢，引聲益緩。楊貴妃善為《霓裳羽衣舞》。時唐宮中多奏此樂，安史亂後，譜調已不全。小說

家附會謂玄宗與方士遊月宮，聞仙樂，歸而記之，是為《霓裳羽衣曲》。唐詩中多以此曲指精美的舞曲或仙曲，或指帝王逸樂。唐白居易有《霓裳羽衣舞歌》，寫霓裳舞姿甚詳，可參看。

〔21〕「雨露」句：謂玄宗厚賜楊家兄妹。雨露：喻皇帝恩澤。金穴：喻豪富之家。此處指楊貴妃家族。《後漢書·郭皇后紀》：「（郭后弟）況遷大鴻臚。帝數幸其第，會公卿諸侯親家飲燕，賞賜金錢縑帛，豐盛莫比，京師號況家為金穴。」又《資治通鑑》卷二一六：「以貴妃姊適崔氏者為韓國夫人，適裴氏者為虢國夫人，適柳氏者為秦國夫人。三人皆有才色，上呼之為姨，出入宮掖，並承恩澤，勢傾天下。……三姊與銛、錡五家，凡有請託，府縣承迎，峻於制敕；四方賂遺，輻湊其門，惟恐居後，朝夕如市。……上所賜與及四方獻遺，五家如一。競開第舍，極其壯麗，一堂之費，動逾千萬；既成，見他人有勝己者，輒毀而改為。虢國尤為豪蕩。」

〔22〕「乾坤」句：極言玄宗奢侈揮霍，醉生夢死。乾坤：天地。入醉鄉：進入奢侈享樂、忘乎所以的昏庸狀態。

以上第三段，寫玄宗後期窮奢極欲，極盡歡娛。

〔23〕「玩兵」二句：謂玄宗傚仿漢武帝，窮兵黷武，多次發動戰爭；又任用非人，將兵權輕易授與楊國忠和安祿山等人，致使其反戈相向。玩兵：謂窮兵黷武。漢武：漢武帝劉徹，漢景帝之子。承文景之業，對內實行政治經濟改革，對外用兵，開拓疆土。罷黜百家，尊崇儒術，建太學，置五經博士。在位期間，是西漢一代軍事政治經濟文化的極盛時期。但迷信鬼神，大興土木，急征斂，重刑誅，連年用兵，使海內虛耗，人口減半。在位五十四年，自建元至後元曾改年號十一次，為帝王有年號之始。《漢書》有紀。倒干將：反戈相向。即利用朝廷賦予的兵權來攻擊朝廷，指安祿山舉兵反叛。倒，倒持，即將劍柄授與他人。干將：寶劍名。相傳春秋時吳人干將與妻莫邪善鑄劍，鑄有二劍，鋒利無比，一名干將，一名莫邪，獻給吳王闔閭。見《吳越春秋·闔閭內傳》卷四。後因以干將作為利劍的代稱。此處比喻兵權。按，玄宗於開元、天寶之際，發動過數次侵略邊境少數民族的不義之戰，僅其對南詔一戰，先後喪師二十萬。此處杜牧以玄宗比之於漢武帝，似為不妥。武帝興兵，除使天下困擾、國庫虛空外，尚有其鞏固邊境與國家統一的積極意義。

〔24〕「鯨鬣」句：喻安史叛亂猶如巨鯨在東海掀起狂濤惡浪。鯨鬣（liè）：鯨魚。鬣，魚類頷旁小鰭。

〔25〕「胡牙」句：謂安祿山舉叛亂大旗起兵謀反，攻下洛陽。胡牙：指安祿山的叛軍。牙即牙旗。揭：舉。上陽：唐宮殿名。高宗建，在洛陽禁苑之東，東接皇城之西南隅，南臨洛水，上元中置。玄宗曾作為行宮。遺址在今河南洛陽市。見《新唐書・地理志》。安祿山於天寶十四載（755）十二月丁酉，攻陷了東都洛陽。見《資治通鑒》卷二一四。

〔26〕「喧呼」二句：謂禁衛軍在馬嵬坡逼迫玄宗縊死楊妃事。安史叛亂，長安被侵，玄宗南逃，至馬嵬坡，六軍殺死楊國忠，並逼迫玄宗縊死楊貴妃。詳見《資治通鑒》卷二一八。馬嵬：地名，在今陝西省興平縣馬嵬鎮。因其地有相傳為晉人馬嵬所築的馬嵬城，故名。羽林：羽林軍，唐代皇帝禁衛軍的名稱。參見《杜秋娘詩》注〔27〕。

〔27〕「傾國」四句：寫楊妃死後，玄宗對之惋惜和懷念，觸景傷情。傾國：喻美人，《漢書・外戚列傳》載李延年歌：「北方有佳人，絕世而獨立。一顧傾人城，再顧傾人國。」後用來形容絕色女子。此處指楊貴妃。還魂香：香名。又作返魂香。傳說，西海極遠處有聚窟洲，上有返魂樹，煮樹根取汁，作成香丸，名卻死香，或反生香，使死者聞之可起死回生。詳見舊題漢東方朔《海內十洲記》。「還魂怨有香」即化用其意。又晉張華《博物志》載：漢武帝時，西域月氏國貢返魂香三枚。大如燕卵，黑如桑椹。燃此香，病者聞之即起，死未三日者，薰之即活。唐竇鞏《哭呂衡州八郎中》：「望盡素車秋草外，欲將身贖返魂香。」慘澹：淒慘黯淡，指景物。秦：長安一帶古屬秦國。

〔28〕「鼎重」二句：謂鼎雖小而重如山，不可奪移；有上天扶助，唐朝事業將更加昌盛。按，肅宗於天寶十四載六月即位於靈武，尊玄宗為「上皇天帝」。至德二載（757）九月癸卯，唐軍收復京師，十月收復東京，遣太子太師韋見素迎玄宗於蜀郡，十二月至長安。鼎重：喻國家政權有牢固的根基，不易動搖。鼎，以青銅製成之三足兩耳圓形炊器，舊時為國家政權之象徵。此處代指唐王朝政權。

〔29〕「望賢」四句：謂玄宗常常回想起途經望賢驛時，故老情意深切貢獻食品之事，更想念舊時的宮殿及兄弟親愛；這些往事時時使他黯然憂傷。望賢：驛名，在今陝西省咸陽縣東。天寶十五載（756），玄宗率楊貴妃及諸大臣自延秋門出，至咸陽望賢驛，官吏駭散，無復儲供。玄宗在宮門樹下休息，有父老獻麨，百姓獻食相繼。見《舊唐書・玄宗本紀》。麨（chǎo），炒的米粉或麵粉，一種乾糧。花萼：樓名。唐玄宗開元二年（714），以舊邸為興慶宮，後於宮之西南建樓，其西題為「花萼相輝之樓」，南曰「勤政務本之樓」。登樓可以望見諸王諸

弟府第。花萼之義，取《詩·小雅·棠棣》兄弟親愛之義。

〔30〕「碧簷」四句：寫玄宗在興慶宮內寂寞度日情景。殷（yān）葉：紅葉。雕霜：

葉經霜後凋零。迸水：雨後由檐溝迸流下傾之水。瑤砌：謂玉石砌成的宮殿臺

階。疏風：遠處吹來的風。罅（xià）：裂縫；此處使動用法。玉房：玉飾的房

子，喻華麗的宮殿。以上八句以過去事和眼前景來烘托玄宗內心的寂寞。

以上第四段，寫玄宗樂極生悲，釀成安史之亂，被迫縊死貴妃。

〔31〕羯（jié）鼓：唐代最著名的打擊樂器。羯鼓原來是西域的樂器，因為它是從戎

羯之地傳來，故稱羯鼓。它的形狀像一隻漆桶，上蒙羊皮，裝在小牙床（鼓架）

上，用兩根鼓杖敲擊。比起唐代眾多的管絃樂器來，羯鼓的聲音應該說是比較

單調的。但羯鼓在唐代風行一時，上自王公宰相，下至樂工百姓，都出了不少

擊羯鼓的好手。中唐時，任洛陽縣令的南卓曾專門寫了一本《羯鼓錄》，除記錄

了羯鼓的製做和演奏技藝外，還有不少有關羯鼓的軼聞趣事。羯鼓的聲音，用

來演奏急促的樂曲，鼓杖連續快速的急擊最為適宜。羯鼓是皇帝舉行盛大宴會

時主要的樂器之一，它用兩根鼓杖輕快地急敲，聲音短促清脆。參見新、舊《唐

書·音樂志》。索：寂寞；指消失。

〔32〕片段：指成片或成段的東西。喻指時斷時續的回憶。荔枝：果樹名。楊貴妃喜

食荔枝。《新唐書·楊貴妃傳》：「妃嗜荔枝，必欲生致之，乃置騎傳送，走數千

里，味未變，已至京師。」又，《資治通鑒》卷二一五：「妃欲得生荔支，歲命

嶺南馳驛致之，比至長安，色味不變。」胡注：「自蘇軾諸人，皆云此時荔支自

涪州致之，非嶺南也。」

〔33〕蝸涎：蝸牛的唾液。蠹（dù）：蛀蝕。畫梁：繪有花紋的棟樑。

〔34〕客：詩人自稱。泰陵：唐玄宗陵寢，在今陝西省蒲城縣東北金粟山。

以上第五段，以不勝今昔之慨結束全詩。

【簡評】

唐朝安史亂後由盛轉衰，中唐以後，不少詩人常用諷刺手法反映這一重大
題材，此詩為代表作。詩通過前後對比，表現出鮮明的時代特色，也具有較大
的政治借鑒意義。

「繡嶺明珠殿，層巒下繚牆」，先交代華清宮的地理形勢，繼而以「頌」
的筆調寫開、天之治，為其後安史之亂出現作對比性的鋪墊。自「至道恩玄
囿，平居厭未央」始筆鋒一轉，描寫玄宗後期不理政事，窮奢極欲，與楊貴
妃極盡歡娛。其「雨露偏金穴，乾坤入醉鄉」之景況引得後人不禁感慨「如

此天下，焉得不亂？」（宋許彥周《彥周詩話》）「玩兵師漢武，回手倒干將」以下寫叛軍起兵，「鯨鬣掀東海」五字將惡浪捲天之勢繪於目前，生動可感。而楊貴妃被迫縊死一節，詩人連用驚魂哀語，筆下一片慘淡微茫。「往事人誰問」，是對歷史的詰問，也引發讀者透過「塵埃羯鼓」「片段荔枝」等事件的感性表層，進行深入的理性思索。

此詩自出機杼，以五言排律，時而敘述，時而議論，或寫景，或抒情，揮灑自如，在以景寓情上尤為感人。如「碧簷斜送日」四句，分寫晴日、秋葉、雨天和遠風四種不同景物，意象衰颯孤清，用以烘托玄宗暮年的淒涼寂寞之情，富於抒情意味。而詩中的「雨露偏金穴，乾坤入醉鄉」一聯，極寫玄宗窮奢極欲之況，無愧為千古名句。

全詩為五言排律，偶摻散文句法，如「一千年際會，三萬里農桑」，卻亦屬對工整。適當運用散文化的句子，可增變化之致。此五言排律格局尤大，寫得「鏗鏘飛動，極敘事之工」（宋張戒《歲寒堂詩話》）。

長安雜題長句六首〔1〕

觚稜金碧照山高〔2〕，萬國珪璋捧赭袍〔3〕。舐筆和鉛欺賈馬，贊功論道鄙蕭曹〔4〕。東南樓日珠簾卷，西北天宛玉厄豪〔5〕。四海一家〔6〕無一事，將軍攜鏡泣霜毛〔7〕。

晴雲似絮惹低空〔8〕，紫陌〔9〕微微弄袖風。韓嫣金丸莎覆綠〔10〕，許公轆汗杏黏紅〔11〕。煙生窈窕深東第，輪撼流蘇下北宮〔12〕。自笑苦無樓護智，可憐鉛槧竟何功〔13〕。

雨晴九陌鋪江練〔14〕，嵐嫩千峰迭海濤〔15〕。南苑草芳眠錦雉〔16〕，夾城雲暖下霓旄〔17〕。少年羈絡青紋玉，游女花簪紫蒂桃〔18〕。江碧柳深〔18〕人盡醉，一瓢顏巷日空高〔20〕。

束帶謬趨文石陛，有章曾拜皂囊封〔21〕。期嚴無奈睡留癖，勢窘猶為酒泥慵〔22〕。偷釣侯家池上雨，醉吟隋寺日沉鐘〔23〕。九原可作吾誰與，師友琅琊邴曼容〔24〕。

洪河清渭天池滀〔25〕，太白終南地軸橫〔26〕。祥雲輝映漢宮紫，春光繡畫秦川明〔27〕。草妒佳人鈿朵色〔28〕，風回公子玉銜〔29〕聲。六飛南幸芙蓉苑〔30〕，十里飄香入夾城。

豐貂長組金張輩〔31〕，馳馬文衣許史家〔32〕。白鹿原〔33〕頭回獵騎，紫雲樓下醉江花〔34〕。九重樹影連清漢〔35〕，萬壽山光學翠華〔36〕。誰識大君謙讓

德〔37〕，一毫名利鬥黿蟆〔38〕。

【注釋】

〔1〕此詩大中四年（850）春作，杜牧時年四十八歲，在長安為司勳員外郎。長句：
　唐人習慣稱七言古詩為長句；後兼指七言律詩。七言詩稱長句，相對五言詩稱
　短句而言。

〔2〕「觚稜」句：謂長安宮殿金碧輝煌，巍峨高聳，可與終南山比高。觚稜（gū léng）：
　殿堂屋角的瓦脊成方角棱瓣之形，故名。此借指宮殿，詳見《杜秋娘詩》注
　〔40〕。

〔3〕「萬國」句：謂天下萬國皆來朝貢賀。圭璋：朝會、祭祀時所用的玉製禮器。
　周制，諸侯朝王執珪，朝后執璋。赭（zhě）袍：紅褐色袍服，唐時皇帝所穿。
　《新唐書·車服志》：「初，隋文帝聽朝之服，以赭黃文綾袍，……唐高祖以赭
　黃袍、巾帶為常服，……既而天子袍衫稍用赤黃，遂禁臣民服。」

〔4〕「舐筆」二句：意謂朝中文士之才華高於賈誼、司馬相如，宰相之功績德行遠勝
　蕭何、曹參。舐（shì）筆和（huò）鉛：用舌頭舐筆毛，用水攪和鉛粉來寫字。
　此謂朝中文士。欺：壓倒，勝過。賈馬：賈誼和司馬相如，都是西漢的辭賦家。
　贊功：輔助帝王創業的大功勞。《漢書·敘傳下》：「受命之初，贊功剖符，奕世
　弘業，爵土乃昭。」論道：談論治理國家的方法策略。鄙：鄙視。蕭曹：漢初
　著名丞相蕭何、曹參的合稱。二人輔佐漢高祖劉邦定天下，蕭何封酇侯，曹參
　封平陽侯，世以蕭曹並稱。漢之律令典制，多為蕭何制定，故世稱蕭何定律。
　蕭何死後，曹參繼蕭何為相，舉世不變，世稱蕭規曹隨。參見《史記·蕭相國
　世家》《曹相國世家》及《漢書·蕭何傳》。唐詩中常以蕭曹詠功臣、將相。

〔5〕「東南」二句：意謂日出東南之隅，樓上捲簾人為誰家之女；飾有革製轡頭、
　玉製環扣的天馬從西北大宛國而來，何等威武雄壯！「東南」句，化用漢樂
　府《陌上桑》意：「日出東南隅，照我秦氏樓。秦氏有好女，自名為羅敷。」
　珠簾：用珍珠綴飾的簾子。南朝齊謝朓《玉階怨》：「夕殿下珠簾，流螢飛復
　見。」珠簾卷則美人現，指社會安定百姓悠閒。天宛（yuān）：謂大宛國所產
　的天馬。大宛，漢西域國名。《史記·大宛列傳》：「大宛在匈奴西南，在漢正
　西，去漢可萬里。……多善馬，馬汗血，其先天馬子也。」裴駰引《漢書音
　義》曰：「大宛國有高山，其上有馬，不可得，因取五色母馬置其下，與交，
　生駒汗血，因號曰天馬子。」玉厄：玉環。杜牧原注：「《詩》曰：『儵革金厄。』
　蓋小環。」儵（tiáo），轡頭。厄，通「軛」，車轅前面駕在馬脖子上的曲木。

〔6〕四海一家：謂國家統一。

〔7〕「將軍」句：言將軍對著鏡子裏的白髮流下眼淚。指無用武之地。此詩微含諷刺，對朝廷的醉心太平，而使將軍賦閒，甚表隱憂。

〔8〕惹：觸動，挑逗。唐成彥雄《柳枝詞九首》：「愛把長條惱公子，惹他頭上海棠花。」低空：靠近地面處的天空。

〔9〕紫陌：指帝都繁華的道路。封建社會人們認為天上有紫微垣，為拱衛天子之宮，於是即以紫禁、紫陌之類字，為王城街道命名。漢王粲《羽獵賦》：「濟漳而橫陣，依紫陌而並征。」唐賈至《早朝大明宮》：「銀燭朝天紫陌長，禁城春色曉蒼蒼。」

〔10〕「韓嫣」句：寫王公貴族的奢華生活。韓嫣金丸：韓嫣，西漢人，漢武帝的幸臣。《西京雜記》卷四：「韓嫣好彈，常以金為丸，所失者，日有十餘，長安為之語曰：『苦飢寒，逐金丸。』京師兒童每聞嫣出彈，輒隨之。望丸之所落輒拾焉。」莎覆綠：綠油油的莎草覆蓋著（金丸），形容生活奢華。莎（suō），莎草；地下有細長的塊根，可入藥。

〔11〕「許公」句：謂宇文述沾滿汗水的馬鞍上，更黏上幾片鮮紅的杏花。亦寫權貴春晴野獵勝狀。許公：隋朝名將宇文述，字伯通，鮮卑族。隋朝開皇初，拜右衛大將軍，擁戴隋煬帝楊廣。煬帝即位，宇文述受到重用，任左衛大將軍，封許國公，總領軍事。性好奇，喜炫耀。《北史》卷七十九：「述素好著奇服，炫耀時人。定興為製馬韉，於後角上缺方三寸，以露白色，世輕薄者率仿學之，謂為許公缺勢。」韉（jiān）汗：馬鞍韉，上面的裝飾物垂在馬的汗溝處即馬的前腋，故稱。韉，馬鞍的坐墊。許公韉，為詠貴族坐騎的典實。杏黏（nián）紅：形容馬鞍的顏色類似杏紅。莎覆綠、杏黏紅，即覆莎綠、黏杏紅之倒裝。

〔12〕「煙生」二句：寫達官貴人居所的豪華氣派。窈窕：幽遠深邃的樣子。東第：帝城的東面都是王侯貴族的住宅，所以稱東第。《史記·司馬相如列傳》：「位為通侯，居列東第。」《索隱》：「列甲第在帝城東，故云東第也。」流蘇：以五彩羽毛或絲絨做成的穗子，常用作車馬、幃帳的垂飾。北宮：在漢代未央宮之北的桂宮，皇帝與貴倖遊戲之所。漢高祖時建，後武帝增修之。故址在今陝西西安西北。《漢書·東方朔傳》：「董君貴寵，天下莫不聞。郡國狗馬、蹴鞠、劍客，輻湊董氏。常從遊戲北宮，馳逐平樂，觀雞鞠之會，角狗馬之足，上大歡樂之。」

〔13〕「自笑」二句：謂可笑自己並無樓護的智辯，不能結交權貴，而頗似揚雄，徒有

才學而難以建功立業。樓護智：樓護善辯的智慧。樓護，字君卿，東漢人。年少時隨父在長安為醫，出入貴戚家，能夠背誦醫經、本草、方術等數十萬言，受到長者愛重，於是學經傳。後來漢元帝皇后王氏一族大盛，五侯爭名，賓客各有所厚，只有樓護同時博得了五個王侯的歡心。樓護為人短小精辯，論議常依名節，當時的士大夫都佩服他，與谷永齊名，長安號曰「谷子雲筆札，樓君卿唇舌」。西漢末為京兆吏，後升為太守。依王莽，封息鄉侯，列於九卿。見《漢書‧樓護傳》《游俠傳》。可憐：可惜。鉛槧（qiàn）：古人書寫記錄的用具。鉛，鉛粉筆；槧，木板。揚雄不善結交，而潛心研究學問。《西京雜記》卷三：「揚子雲好事，常懷鉛提槧，從諸計吏訪殊方絕域四方之語，以為裨補。」後撰成《方言》一書。漢揚雄《答劉歆書》：「雄常把三寸弱翰，齎油素四尺，以問其異語，歸即以鉛摘次之於槧，二十七歲於今矣。」

〔14〕九陌：泛指京都中的大路。漢代長安城中有八街九陌，故後世詩詞中用為泛稱。參見《三輔黃圖》卷一《漢長安故城》。唐駱賓王《帝京篇》：「三條九陌麗城隈，萬戶千門平旦開。」鋪江練：喻長安街道平坦，猶如鋪在江上的白練一般。練，白絹。南朝齊謝朓《晚登三山還望京邑》：「餘霞散成綺，澄江靜如練。」

〔15〕「嵐嫩」句：輕薄霧氣籠罩下的千山，如層層海濤翻騰。嵐（lán）嫩：山林間薄薄的霧氣。

〔16〕「南苑」句：謂芙蓉苑的草叢散發著清香，錦雉藏在草裏休息。南苑：即芙蓉苑，帝王遊賞地，在長安城東南角曲江之南。詳見《杜秋娘詩》注〔26〕。錦雉（zhì）：即錦雞。胸如小雉，胸前五色如孔雀羽，其尾羽可為冠服之飾。

〔17〕夾城：指長安宮中的通道。參《杜秋娘詩》注〔26〕。霓旄（máo）：帝王儀仗，以羽毛染五彩所製成之旌旗，有如虹霓，故稱。

〔18〕「少年」二句：寫長安城之繁華熱鬧。謂街頭少年所騎之馬，籠頭上每以青紋玉為飾；遊春少女則大多頭插紫蒂桃花。羈：馬籠頭。青紋玉：青色帶紋路之玉。紫蒂桃：帶著花萼的紫紅色桃花。蒂，花果與枝莖相連部分。

〔19〕江碧柳深：謂曲江池水澄碧，池畔柳樹成蔭。江，即曲江，故址在今陝西西安東南。秦為宜春苑，漢為樂遊原，因水流曲折，故稱曲江。《劇談錄》：「曲江池入夏則菰蒲蔥翠，柳蔭四合，碧波紅蕖，湛然可愛。」

〔20〕「一瓢」句：謂日高春暖，紫陌紅塵，唯有詩人獨居陋室，有如安貧樂道的孔門弟子顏回。一瓢：形容過著簡樸的生活。顏巷：顏回居住的小巷。《論語‧

雍也》：「一簞食，一瓢飲，在陋巷，人不堪其憂，回也不改其樂。」

〔21〕「束帶」二句：謂自己衣冠整齊趨朝上殿，也嘗有表章上奏皇帝。束帶：整飾衣冠，束緊衣帶，以示恭敬。《論語·公冶長》：「子曰：『赤也，束帶立於朝，可使與賓客言也。』」謬趨：臣下朝見皇帝的謙稱。趨，小步跑，表示恭敬的行走禮儀。《戰國策·觸龍說趙太后》：「左師觸龍言願見太后，太后盛氣而揖之。入而徐趨，至而自謝曰：『老臣病足，曾不能疾走。』」文石陛：以文石砌成之殿階，代指朝廷。文石，有紋理的佳石。陛，殿、壇的臺階。《漢書·梅福傳》：「故願一登文石之陛，涉赤墀之途，當戶牖之法坐，盡平生之愚慮。」章：奏章。皂囊封：漢制，臣下上奏章表，通常不封口，如有機密，則封於黑色囊袋中。《後漢書·蔡邕傳》注引《漢宮儀》：「凡章表皆啟封，其言密事，得皂囊也。」皂，黑色。

〔22〕「期嚴」二句：謂上朝之期限本甚嚴格，然無奈好睡成癖，每每誤期；而處境窘迫，又只為天生嗜酒，疏懶成性。這裡寫詩人秉性疏慵，不能迎合上意。期嚴：時間緊急。嚴，急促，緊急。無奈：沒辦法。睡留癖：貪睡。勢窘：形勢窘迫。酒泥慵：爛醉如泥，慵懶散漫。泥（nì），此謂耽飲，嗜酒。慵，疏懶。《樊川文集》卷十二《上李中丞書》云：「嗜酒好睡，其癖已痼，往往閉戶便經旬日，弔慶參請，多亦廢闕。至於俯仰進趨，隨意所在，希時徇勢，不能逐人。是以官途之間，比之輩流，亦多困躓。」

〔23〕「偷釣」二句：寫詩人垂釣醉吟的疏狂閒適生活。參見《獨酌》詩評。隋寺：即隋代所建的寺廟。馮集梧《樊川詩集注》卷一以為隋大興善寺，可備一說。《長安志》卷七：「萬年縣所領朱雀門街之東靖善坊大興善寺，盡一方之地，初曰遵善寺，……寺殿廣崇，為京城之最。」

〔24〕「九原」二句：意謂死者如可復生，我將從誰呢？看來，唯有以漢代琅邪人邴曼容為師為友。九原可作：死而復生。假設語。九原，山名，在山西新絳縣北；春秋時晉國卿大夫的墓地多在此，後世因稱墓地為九原。作：起。《禮記·檀弓下》：「趙文子與叔譽觀乎九原。文子曰：『死者如可作也，吾誰與歸？』」漢劉向《新序·雜事四》：「晉平公過九原而歎曰：『嗟乎！此地之蘊吾良臣多矣，若使死者起也，吾將誰與歸乎？』」與：贊同，跟從。琅邪（yá）：郡名，秦置，在今山東省膠南諸城一帶。邴曼容：西漢末年人，養志自修，極其清高，不願為高官。為官不肯超過六百石，朝廷授予他超過六百石的官職，他就辭官而去，因此在當時的名聲甚至超過了他的叔父邴漢。事見《漢書·兩龔傳》。

〔25〕洪河：指水勢浩大的黃河。清渭：清澈的渭水；即渭河，黃河主幹流之一，源出甘肅渭源縣西北，東南流至清水，至陝西省境，橫貫渭河平原，東流至潼關，入黃河。天池濬：貫通天池的河道。因黃河發源於高原，似從天上而來，故稱天池。濬（jùn），疏通，挖深。晉左思《魏都賦》：「洞庭雖濬，負之者北，非所以愛人治國也。」

〔26〕太白：山峰名。太白山，或稱太乙，是秦嶺山脈終南山的主峰，高盡入雲，在今陝西省眉縣東南。據《圖書編》：山巔常有積雪不消，盛夏視之猶燦然，故以太白名。終南：終南山，又名南山、太一山，在西安市南，是秦嶺支脈。地軸：傳說中大地的軸。晉張華《博物志》卷一：「地有三千六百軸，犬牙相舉。」

〔27〕祥雲：五彩雲，是吉祥的徵兆。《舊唐書·宣宗本紀》：「（大中三年）六月癸未，五色雲見於京師。」漢宮：漢朝的宮殿，借指長安宮殿。唐人習慣以漢代唐，避免直指。秦川：自大散關以北達於周至岐雍，夾渭川南北岸，沃野千里，以秦之故國，故稱秦川；約包括今陝西、甘肅兩省之地。

〔28〕佳人：美女。鈿朵：即花鈿，古代婦女頭上的妝飾。詳見《早春贈軍事薛判官》詩注〔5〕。

〔29〕玉銜：玉製的馬嚼子，放在馬的口中，用以制馭馬之行止。這裡代指馬。

〔30〕六飛：皇帝車駕的六匹馬，因馬跑如飛，故稱。又，一本作「六龍」，馬八尺稱龍，因稱六龍。幸：帝王駕臨。芙蓉苑：即南苑，見《杜秋娘詩》注〔26〕。

〔31〕豐貂：豐厚輕暖的貂裘。長組：長長的絲帶。金張輩：金家和張家的子弟。漢金日磾家，自武帝至平帝，七世為內侍。張湯後世，自宣帝、元帝以來為侍中、中常侍者十餘人。金日磾、張安世二人並稱，子孫數世榮顯，後世因以金張作為功臣顯宦的代稱。晉左思《詠史》：「金張藉舊業，七葉珥漢貂。」參見《杜秋娘詩》注〔62〕。

〔32〕駟馬：駕著四匹馬的高車，貴官所乘之車馬。文衣：繡著文采圖案的華貴衣服。許史：漢宣帝時外戚許伯和史高的並稱。漢宣帝皇后姓許，母親姓史。兩家在當時權傾一朝。後因以代稱權門貴戚。《漢書·蓋寬饒傳》：「上無許史之屬，下無金張之託。」唐李賀《許公子鄭姬歌》：「許史世家外親貴，宮錦千端買沉醉。」

〔33〕白鹿原：即灞上。在陝西藍田縣西，灞水行經原上。相傳周平王時有白鹿出於此，故名。

〔34〕紫雲樓：在長安曲江頭，唐文宗時左右神策軍所建。江花：浪花。唐李山甫《曲江二首》：「南山低對紫雲樓，翠影紅陰瑞氣浮。」

〔35〕九重：指宮禁，極言其深遠。《楚辭》宋玉《九辨》：「豈不鬱陶而思君兮，君之
　　　門以九重。」注：「君門深邃，不可至也。」清漢：即天河；銀河。晉陸機《擬
　　　迢迢牽牛星》：「昭昭清漢暉，粲粲光天步。」

〔36〕萬壽山：在唐長安宮城內。《新唐書·武三思傳》：「建營興泰宮於萬壽山，請太
　　　后歲臨幸。」翠華：本指皇帝儀仗中一種用翠鳥羽毛作裝飾的旗子。詩文中多
　　　以之指皇帝或皇帝的儀仗。唐杜甫《北征》：「都人望翠華，佳氣向金闕。」

〔37〕「誰識」句：原注：「聖上不受徽號。」唐宣宗大中三年十二月，因河湟地區收
　　　復，百官上表請加皇帝尊號，連上三次，宣宗都謙讓不允許。見《唐會要》卷
　　　一。大君：謂君子，此指宣宗。

〔38〕「一毫」句：謂一些小人因為一些小名小利而爭鬥。一毫：比喻極小。黿（wā）
　　　黽：青蛙和蝦蟆。比喻小人。《漢書·五行志》：「元鼎五年秋，蛙與蝦蟆群鬥，
　　　是歲四將軍眾十萬，征南越，開九郡。」杜牧化用其意，以稱讚唐宣宗平河湟
　　　之功德。黿，即青蛙。

【簡評】

　　這組詩凡六首，寫杜牧在長安的見聞和感受。組詩讚頌了收復失地的武
功，描繪了百官朝賀歌功頌德的景象，再現了京師官員沉浸於歌舞升平、宴
飲作樂的場景，生動展示了車馬之聲、宅邸富貴，在一片熱鬧景象中，詩人
卻如同顏回一樣甘於寂寞。或許，這種反差中隱含著詩人對人們在勝利後歌
舞升平而乏遠謀的憂慮。

　　組詩詞語富贍，用事準確，首尾聯均以議論語氣表深沉之慨，或寓譏含
刺，或自甘寂寞，或自示高潔，無不透露其與時世格格不入之苦悶情懷。整
組詩都以長安的豪奢繁富與自己的寂寞自守相映襯，表現苦悶抑鬱的情懷。
寫來又富麗堂皇，詞采繁縟，堪稱渾成精妙之作。

　　第一首總寫，謂四海承平，國家統一；朝廷君臣粉飾太平景象。表面上像
是歌詠長安與朝政的繁華強盛的和平景象，但頌中有諷。

　　第二首寫權貴之豪華與自己的淡泊自守，具有憂世傷時之意。此詩寫朝廷
粉飾太平，朝中權貴爭富鬥侈，獨有自己不願隨時俯仰，淡泊自守，足見其憂
世傷時之深。此詩多用典故，寫得頗為含蓄。

　　第三首寫長安冶遊的習俗，重點描畫天子的遊樂。雲散雨霽，長安城內
的條條大道彷彿澄江白練，終南山層巒疊翠，宛似海濤奔湧。曲江池邊的芙
蓉御苑芳草如茵，珍禽酣臥，雍容華貴的皇帝儀仗通過了前往芙蓉苑的皇城

通道。裝束豪華的公子、小姐在此遊玩，紅男綠女饜甘飫肥，暢飲酣醉，一派升平景象。尾聯點明主旨。通過長安城滿城盡醉，我卻獨醒的對比，表達了對京城驕奢淫逸風氣的諷刺，暗諷風氣源自皇帝。

第四首寫自己供職長安的寂寞處境；即詩人身為朝官而不願與世俯仰之志趣。可稱是自嘲、自歎曲。詩人自己也算是一介朝臣，穿著官服，走在皇宮內文石砌就的臺階上，也曾經上呈章表，被裝入事涉秘密的袋子裏。自己期望甚高，卻無奈於嗜睡之癖，雖然墮入窘勢卻仍嗜酒、懶散。……不管怎樣，還是養志自修，以漢代琅邪人邴曼容為師為友。

第五首寫長安的形勢與風光，是畫面更廣闊的京畿行樂圖。其中「祥雲輝映漢宮紫」四句，可見當年上巳節長安傾城遊樂的熱鬧情形。在唐代，三月三日長安城裏上至君王將相，下至平民百姓，紛紛在曲江一帶遊玩，遊人眾多，熱鬧非凡。湖中備有彩綢的船隻，供皇親貴戚，大官及翰林學生們登舟遊賞。皇帝出行自然是氣勢非凡。相對於王侯將相們驕奢侈靡的遊春活動，尋常百姓的上巳遊春雖不顯熱鬧，但情趣盎然，別有人情味道。全詩風格遒勁爽麗，亦足可稱道。

第六首寫長安的繁華，歸結於皇帝的德行；同時對佞臣邀寵嘴臉進行無情揭露。詩句盛麗豪宕，風格遒健暢達。此外善用姓氏、地名對仗，工整穩帖，也是此詩的一大特點。

河　湟〔1〕

元載相公曾借箸〔2〕，憲宗皇帝亦留神〔3〕。旋見衣冠就東市〔4〕，忽遺弓劍不西巡〔5〕。牧羊驅馬雖戎服，白髮丹心盡漢臣〔6〕。唯有涼州歌舞曲，流傳天下樂閒人〔7〕。

【注釋】

〔1〕河湟：指黃河上游及湟水流域一帶，唐肅宗後，長期被吐蕃侵佔近百年，是唐與吐蕃的邊境地帶。宣宗時收復。湟水是黃河上游支流，源出青海東部，流經西寧，至甘肅蘭州市西匯入黃河。《新唐書·吐蕃傳上》：「世舉謂西戎地曰河湟。」

〔2〕「元載」句：謂代宗朝宰相元載，曾為收復河湟失地獻計獻策。元載：字公輔，代宗時為相。曾任西州刺史。大曆八年（773），他曾瞭解河西、隴右情況，並上書代宗，附上地圖，以謀劃收復河湟，並提出西北邊防的措施。但代宗猶豫

不決。事見《新唐書・元載傳》。相公：古代拜相必封公，故稱。借箸（zhù）：借箸代籌；喻代人謀劃戰略。秦末楚漢相爭時，張良曾借劉邦吃飯用的筷子，以指畫當時形勢，後用來指代人謀劃。參見《史記・留侯世家》《漢書・張良傳》。此處謂元載為代宗謀畫收復河湟。

〔3〕「憲宗」句：謂憲宗皇帝也曾有意收復河湟。憲宗李純，805～820 年在位。《新唐書・吐蕃傳下》：「憲宗常覽天下圖，見河湟舊封，赫然思經略之，未暇也。」留神：指關注河湟地區局勢。

〔4〕「旋見」句：謂不久就見到元載等衣冠仕人被賜死。大曆十二年（777）元載因罪下獄，代宗下詔賜其自盡。旋：不久。衣冠就東市：用西漢晁錯事。晁錯（前200～前 154），漢穎川（今河南禹州）人。漢景帝時晁錯任御史大夫，他對於削藩鞏固中央集權有很好的意見，卻被皇帝聽信讒言，倉促錯殺。「上令晁錯衣朝衣，斬東市。」東市，漢長安街口名，為處決犯人之處。

〔5〕「忽遺」句：謂唐憲宗突然去世，不及巡視西北，收復河湟。元和十五年（820），憲宗被宦官陳宏志所殺，年四十三。宮中隱諱其事，稱服食丹藥，藥發暴死。《新唐書・吐蕃傳》：「憲宗嘗念河湟，業未就而隕落。」遺弓劍：婉言帝王之死。傳說黃帝鑄鼎於荊山下，鼎成，有龍下迎，黃帝騎龍仙去，小臣攀附欲上，致墮帝弓；又黃帝葬橋山，山崩，棺空，僅存劍、鞋。見《史記・封禪書》及《五帝本紀》「黃帝崩」《正義》。後因以弓劍為對皇帝寄託哀思之詞。北魏酈道元《水經注・河水篇》：「水出西南長城北陽周縣故城南橋山，昔二世賜蒙恬死於此，王莽更名上陵時，山上有黃帝冢故也。帝崩，唯弓劍存焉。故世稱黃帝仙矣。」此處指憲宗之死。不西巡：是指唐憲宗沒有來得及實現收復西北疆土的願望。

〔6〕「牧羊」二句：意謂河湟一帶百姓為吐蕃所奴役，被迫牧放牛羊，改穿胡服，但垂老仍時刻不忘故國。這裡是借蘇武來比喻河湟百姓身陷異族而忠心不移。戎：是古代對西方少數民族的通稱。《新唐書・吐蕃傳下》：「州人皆胡服臣虜，每歲時祀父祖，衣中國之服，號慟而藏之。」漢臣：用《漢書・蘇武傳》事，喻河湟人民不忘故國。蘇武出使匈奴被扣留，持漢節牧羊十九年，等到歸漢時，鬚髮盡白。唐沈亞之《賢良方正能直言極諫策》云：「臣嘗仕於邊，又嘗與戎降人言，自瀚海已東，神島、敦煌、張掖、酒泉東至於金城、會寧，東南至於上邦、清水，凡五十六郡、六鎮、十五軍，皆唐人子孫，生為戎服奴婢，田牧耕作。或叢居城落之間，或散處野澤之中，及霜露既降，以為歲時，必東

望啼噓，其感故國之思如此。」

〔7〕「唯有」二句：謂涼州歌舞曲雖廣為流傳，但徒然供閒散人娛樂，深受吐蕃奴役的河湟百姓實無心過問。涼州：唐代時屬河湟地境，州治在今甘肅武威。安史之亂中，吐蕃乘亂奪取。李唐王室出自隴西，所以偏好西北音樂。唐玄宗時涼州曾有《涼州新曲》獻於朝廷。唐代歌舞大麯及軟舞類中都有《涼州》名目，這都是富於涼州地方色彩的樂舞。唐代有不少是以地名為樂舞名的，如《涼州》《甘州》《伊州》等都是。全唐詩《涼州歌》序載：「涼州宮調曲，開元中，西涼都督郭知運進。」傳入後相當受人歡迎。在這個曲調的基礎上，移調或改編了一些新的《涼州曲》。經過吸收消化，形成了有自己獨特風格的涼州樂舞。《涼州》是當時很流行的樂曲。另外還有一些《涼州曲》，內容大都是抒發懷念邊地的抑鬱感情的。閒人：閒散之人。

【簡評】

　　這首詩是有感於河湟人民受異族奴役而深表同情之作，透露出對祖國大好河山淪落敵手的關切，也希望朝廷能盡快收復河湟。全詩歌頌長期受匈奴奴役、始終渴望版圖歸唐的河湟地區人民，聲討元和以後無心恢復河山的統治者；筆鋒斡旋之中可見冷光四射，直刺麻痺已久的人心。

　　百年中河湟失地一直是士人不能釋懷的心結，每有詩作對朝廷不思恢復深表憤恨。唐司空圖《河湟有感》：「一自蕭關起戰塵，河湟隔斷異鄉春。漢兒盡作胡兒語，卻向城頭罵漢人。」唐張喬《河湟舊卒》：「少年隨將討河湟，頭白時清返故鄉。十萬漢軍零落盡，獨吹邊曲向殘陽。」而杜牧詩尾聯抓住那些富貴閒人陶醉於輕歌曼舞這樣的細節，卻又不直抒胸臆，而是將滿腔抑鬱不平之氣故意以曠達幽默的語氣表達出來，不僅加強了諷刺的力量，而且使全詩顯得抑揚頓挫，餘味無窮。全詩寄寓了很深的諷刺含義。頷聯對偶工致，感慨尤深沉。唯首聯敘事，微覺板滯，含蓄不足。

　　此詩寫得勁健而不枯直，闊大而顯深沉，正如明代楊慎《升菴詩話》所說：「律詩至晚唐，李義山而下，惟杜牧之為最。宋人評其詩豪而豔，宕而麗，於律詩中特寓拗峭，以矯時弊。」這首《河湟》鮮明地體現出這種藝術特色。

　　此詩寫法有兩個特點。一是用典故影射時事。元載、憲宗、張良、晁錯、蘇武等皆已作古，而其故事各具內涵。二是轉折和對比。前四句在意思上即為兩組轉折，突出壯志難酬的歷史遺憾；後四句是將白髮丹心的漢臣與沉迷

歌舞的「閒人」對比，這裡的「閒人」又與前四句中有安邊之志的元載、憲宗形成對比。

許七侍御棄官東歸，瀟灑江南，頗聞自適，高秋企望，題詩寄贈十韻〔1〕

　　天子繡衣吏〔2〕，東吳〔3〕美退居。有園同庾信〔4〕，避事學相如〔5〕。蘭畹晴香嫩，筠溪翠影疏〔6〕。江山九秋〔7〕後，風月六朝〔8〕餘。錦肆〔9〕開詩軸，青囊結道書〔10〕。霜岩紅薜荔，露沼白芙蕖〔11〕。睡雨高梧密，棋燈小閣虛。凍醪元亮秫〔12〕，寒鱠季鷹魚〔13〕。塵意迷今古，雲情識卷舒〔14〕。他年雪中棹〔15〕，陽羨訪吾廬〔16〕。

【注釋】

〔1〕此詩大中六年（852）秋作。杜牧當時在長安。許渾字用晦，丹陽（今江蘇丹陽）人，排行第七。據《唐才子傳》卷七，許渾於唐宣宗大中三年（849）為監察御史，杜牧因稱「許七侍御」。許渾為官，剛方苛嚴，不肯阿附權貴，託病辭職，東歸江南，嘯傲於田園山水之間，安閒自適。企望：想望。

〔2〕繡衣吏：指御史。許渾為監察御史，故稱。漢武帝時，民間起事者眾，御史中丞督捕猶不能止，因使光祿大夫范昆等衣繡衣，持斧仗節，興兵鎮壓，稱繡衣直指。見《漢書·百官公卿表》及《武帝紀》。後遂以繡衣、繡衣吏代稱侍御史等執法官員。唐劉商《送林衮侍御東陽秩滿赴上都》：「官吏迷驄馬，銅章累繡衣。」

〔3〕東吳：指許渾隱居之地潤州丹陽。丹陽三國時屬東吳統轄之地，故稱。

〔4〕「有園」句：南北朝庾信滯留北方時，思歸故鄉而不可得，發為哀怨之辭，曾作《小園賦》云：「余有數畝敝廬，寂寞人外」。此以庾信的小園類比許渾的田園。

〔5〕「避事」句：謂許渾學習司馬相如以避世自處。避事：謂逃避職事。《史記·司馬相如列傳》：「（相如）其進仕宦，未嘗肯與公卿國家之事，稱病閒居，不慕官爵。」《漢書·嚴助傳》：「相如常稱疾避事。」許渾曾作《宣城贈蕭兵曹》云：「客道恥搖尾，皇恩寬犯鱗。」「紫陌罷雙轍，碧潭窮一綸。」知其退居實因觸忤當道。唐李端《長安書事寄盧綸》：「趨途非要路，避事樂空林。」

〔6〕「蘭畹」二句：謂許渾退居後的田園山水生活閒適瀟灑。蘭畹：即蘭圃。田三十畝為畹。筠溪：兩邊長有筠竹的溪流。許渾《夜歸丁卯橋村舍》：「紫蒲低水檻，紅葉半江船。自有還家計，南湖二頃田。」

〔7〕九秋：秋季九十天。此指深秋。唐陸暢《催妝五首》：「聞道禁中時節異，九秋
　　　香滿鏡臺前。」

〔8〕風月：清風明月，泛指美好的景色。六朝：三國吳、東晉、宋、齊、梁、陳均
　　　建都於金陵，史稱南朝，亦稱六朝。

〔9〕錦肆：貿易錦繡的集市。

〔10〕「青囊」句：謂許渾退居後潛心於道書，崇尚道家清靜無為。青囊：指卜筮人盛
　　　書之囊，也借指卜筮之術。參見《贈朱道靈》詩注〔3〕。許渾《遊茅山》：「石
　　　面迸出水，松頭穿破雲。道人星月下，相次禮茅君。」

〔11〕「霜岩」二句：謂許渾生活脫俗，精神高潔。薜荔：一種香草，緣木而生。白芙
　　　蕖：芙蕖，荷花的別名；花有紅白粉紅三色。

〔12〕「凍醪」句：謂許渾退居後，如同陶潛那樣避世飲酒。凍醪（láo）：冬天釀造，
　　　春天飲用之酒；醪，濁酒。元亮秫：指釀酒的高粱。《晉書·陶潛傳》：「陶潛字
　　　元亮，為彭澤令，在縣公田悉令種秫穀，曰：令吾常醉於酒足矣。」秫，稷之
　　　黏者。後以之為嗜酒之典。

〔13〕「寒鱠」句：以張翰思故鄉比擬許渾退歸故里。季鷹魚：張翰，字季鷹，齊王
　　　召為大司馬東曹掾。時政事混亂，翰為避禍，急欲南歸。乃託辭秋風起，思故
　　　鄉菰菜、蓴羹、鱸魚膾，曰：「人生貴得適志，何能羈宦數千里以要名爵乎！」
　　　遂命駕而歸。事見《晉書·張翰傳》。詩用季鷹魚美稱鱸魚，用寫適意的歸隱
　　　生活。

〔14〕「塵意」二句：謂許渾退居後，對於世事的變化，洞徹於心。《關尹子·極》：「雲
　　　之卷舒，禽之飛翔，皆在虛空中，所以變化不窮，聖人之道則然。」今古：現
　　　代與古代，從古至今。卷舒：聚與散；捲起與舒展。

〔15〕他年：以後，將來。唐劉禹錫《八月十五夜桃源玩月》：「絕辰良景難再並，他
　　　年此日應惆悵。」雪中棹：謂訪友或思念友人。用晉王子猷訪戴典故。《世說新
　　　語·任誕篇》：「王子猷居山陰，夜大雪，眠覺，開室命酌酒，四望皎然，因起
　　　彷徨，詠左思《招隱詩》。忽憶戴安道，時戴在剡，即便夜乘小船就之。經宿方
　　　至，造門不前而返。人問其故，王曰：『吾本乘興而行，興盡而返，何必見戴！』」
　　　後遂用「訪戴」寫思友訪友之情事。棹：划船用具，此代指船。

〔16〕「陽羨」句：原注：「於義興縣，近有水樹。」杜牧在陽羨有別墅，當為睦州刺
　　　史時為準備日後退隱所置。按，陽羨為漢縣名，唐稱義興，在今江蘇省宜興市。
　　　杜牧《李侍郎於陽羨里富有泉石，牧亦於陽羨粗有薄產，敘舊述懷，因獻長句

四韻》云:「終南山下拋泉洞,陽羨溪中買釣船。」又《正初奉酬歙州刺史邢群》
云:「一壑風煙陽羨里,解龜休去路非賒。」

【簡評】

　　此詩寫許渾退居故里後清閒高雅的生活狀況,讓詩人頗為羨慕,也想退隱
陽羨,優游自適。全詩充滿了對友人退居東吳、瀟灑江南的讚美,而這種讚美
是建立在對其人格、節操的企羨基礎上的。

　　詩前四句敘事甚為簡約,但「避事學相如」一語已透露出許渾獨立不移、
不與權貴同流合污的消息。「蘭畹」「霜岩」兩聯,是景語,也是情語,表現
出許渾心志的脫俗、高潔。「江山」二句,天朗氣清,秋高氣爽,空間概念用
方位詞「後」隱喻時間晚,表達了詩人對自在生活的無限嚮往。「塵意」二句,
反省古今執迷於塵境俗途造成的精神失落,引導出與世變化、自由舒卷的人
生境界,其中哲思,頗耐尋味。

李給事二首〔1〕

　　一章緘拜皂囊中,慄慄朝廷有古風〔2〕。元禮去歸緱氏學〔3〕,江充來見犬
臺宮〔4〕。紛紜白晝驚千古,鈇鑕朱殷幾一空〔5〕。曲突徙薪人不會,海邊今作
釣魚翁〔6〕。

　　晚髮悶還梳,憶君秋醉餘。可憐劉校尉,曾訟石中書〔7〕。消長雖殊事,
仁賢每自如〔8〕。因看魯褒論,何處是吾廬〔9〕?

【注釋】

〔1〕本詩約作於會昌五年(845)。李給事:即李中敏,字藏之,元和中擢進士第,
　　曾與杜牧同入沈傳師江西幕府,入拜侍御史。性嚴剛,與杜牧、李甘友善。大
　　和六年大旱,曾上言請斬鄭注,文宗不納,遂以病告歸潁陽。後遷給事中,又
　　痛恨宦官仇士良專權,復棄官。新、舊《唐書》有傳。給事:給事中,門下省
　　要職,位在侍中及門下侍郎下,掌駁正政令之違失。

〔2〕「一章」二句:謂李中敏敢於上書直言,凜然有古人之風。一章:指李中敏上的
　　奏章。皂囊,詳見《長安雜題長句六首》其四注〔1〕。慄慄:嚴正的樣子。有
　　古風:《晉書・劉曜載紀》:「曜大悅,下書曰:『二侍中懇懇有古人之風烈矣,
　　可謂社稷之臣也。非二君,朕安聞此言乎!』」古風,古代之人情風貌。

〔3〕「元禮」句:詩謂李中敏如東漢李膺免官歸鄉,教授生徒。杜牧原注:「李膺退

罷，歸緱氏教授生徒，給事論鄭注，告滿歸潁陽。」李中敏以請斬鄭注事得罪免官，頗與李膺相類，故以之相比。元禮：李膺字元禮。《後漢書·黨錮列傳》載，李膺潁川襄城人，性簡亢，為青州刺史時，守令畏威明，不法者多望風棄官。後被免官，還居潁川緱氏，教授生徒常達千人，受人敬慕。復出後，任司隸校尉，堅持氣節，不畏權貴，執法如山，宦官姦佞俱畏之，以所謂朋黨，禁錮其終生。緱（gōu）氏：《文苑英華》作緱氏，是。緱氏屬潁川郡，即潁陽。古為緱國，故城在今河南許昌西南。而緱氏本為春秋滑國，為秦所滅，漢置縣，以地有緱山為名。治所在今河南偃師東南。鄭注，詳見《李甘詩》注〔3〕。

〔4〕「江充」句：此句以江充喻鄭注。杜牧原注：「鄭注對於浴室」。浴室即浴堂，在大明宮內。《舊唐書·鄭注傳》載：文宗曾「召注對浴堂門，賜錦綵」。江充：西漢人，字次倩，是漢武帝時佞臣。「初，充召見犬臺宮，自請願以所常被服冠見上。」後得武帝寵幸，曾以巫蠱罪陷害太子劉據，為太子所殺，而太子亦死。事見《漢書·江充傳》。犬臺宮：漢宮名，在長安城西二十八里上林苑。參見《題池州弄水亭》詩注〔29〕。

〔5〕「紛紜」二句：謂「甘露之變」突然發生，成為千古以來驚天慘劇；一時血染刀斧，朝堂為之一空。「甘露之變」，詳見《李甘詩》注〔33〕。紛紜，紛雜貌。鈇鑕（fū zhì），古代刑具。鈇是鍘刀，鑕是鍘刀座。朱殷（yān）：朱紅，赤黑色；指血色。幾一空：謂朝官忠良幾被殺盡。《新唐書·文宗紀》：「甘露之事，禍及忠良，不勝冤憤，飲恨而已。」

〔6〕「曲突」二句：謂敏銳地提出防患未然之策者，無人理解，至今仍被冷落在海邊作個釣魚人。曲突徙薪：喻事先採取有效措施，防患於未然。語本《漢書·霍光傳》：「人為徐生上書曰：臣聞客有過主人者，見其灶直突，傍有積薪，客謂主人，更為曲突，遠徙其薪，不者且有火患。主人默然不應。俄而家果失火，鄰里共救之，幸而得息。人謂主人曰：『鄉使聽客之言，不費牛酒，終亡火患。今論功而請賓，曲突徙薪亡恩澤，焦頭爛額為上客邪？』主人乃寤而請之。」曲突：將煙囪改為彎曲的。突，煙囪。薪，柴火。此處暗指李中敏請斬鄭注雖屬見微知著、防患未然之舉，卻不受重視。「海邊」句：謂李中敏被謫海隅，賦閒無事。《資治通鑑》卷二四六《唐紀》：「李德裕亦以中敏為楊嗣復之黨，惡之，出為婺州刺史。」婺州，今浙江金華。屬沿海地帶。故詩言「作釣魚翁」。

〔7〕「可憐」二句：杜牧原注：「給事因忤仇軍容，棄官東歸。」此二句謂李中敏忤觸仇士良，就好像漢代劉向，因反對宦官石顯而被捕下獄，橫遭不幸。《舊唐

書·李中敏傳》:「仇士良以開府階蔭其子,中敏曰:『內謁者監安得有子?』士良慚恚。繇是(中敏)復棄官去。」仇士良,字匡美,唐朝宦官。憲宗、文宗時任內外五坊使,後升左神策軍中尉兼左街功德使。仇士良擅權攬政二十餘年,玩弄權術,排斥異己,橫行不法,貪酷殘暴。可憐:可歎。劉校尉:劉向,初名更生,字子政,高祖弟楚元王劉交四世孫。宣帝時任散騎諫大夫,元帝時因反對中書宦官弘恭、石顯,被捕下獄。成帝時更名向,任光祿大夫,為中壘校尉。見《漢書·劉向傳》。訟:上疏彈劾。石中書:即石顯,曾任中書令。中書令,官名,以宦者擔任,掌傳宣詔命。《漢書》有傳。

〔8〕「消長」二句:謂歷代盛衰雖各不同,但志士賢人的遭遇卻每每相似。消長:即增減,盛衰或變化。

〔9〕「因看」二句:謂閱讀魯褒譏刺貪鄙之論,令人欲傚仿陶淵明超脫塵世,歸隱山林。魯褒:字元道,西晉南陽人,好學多聞,以貧素自甘,不仕。嘗感慨於綱紀不彰,貪鄙風行,遂隱姓名著《錢神論》以刺世。吾廬:陶淵明《讀山海經》:「眾鳥欣有託,吾亦愛吾廬。」

【簡評】

在甘露之變之際,朝廷內部政治狀況非常複雜,除了南司與北司的衝突外,還有各自內部的牴牾,也有少數朝官與宦官的勾結,更有唐文宗自身國家利益與一己之利的矛盾。鄭注正是企圖以其奸險在這種複雜的政治環境中漁利,相形之下李中敏既敢於觸忤宦官,又能對朝官內部的危害保持清醒的認識,剛直不阿,古風凜然,顯得尤其可貴。

詩中借李膺指代李中敏,借江充指代鄭注。李中敏上書請斬鄭注,但不被朝廷採納,故辭官。但鄭注還是被殺害了,李中敏又被召回朝廷,但宦官專權依然愈演愈烈,李中敏不得不再次辭官。最後用「曲突徙薪」的典故來形容李中敏有防患於未然的眼光但不被採納,最終只能海邊垂釣。詩人既是同情,更是不平之鳴。詩人以李膺和劉向相比而譽之,表達出嚮慕之情。全詩連用幾個典故,李中敏的風骨與遭遇很形象的被表現出來,簡單而清晰,沒有枯燥難懂,反而覺得詩意盎然。

清錢謙益、何焯《唐詩鼓吹評注》卷六云:「此因中敏勸早除鄭注不聽而作也。首言給事皂囊之奏,長有古忠臣之風,惜乎不聽乃告歸潁陽,則猶李膺之遭黨錮而歸緱氏已。且鄭注見帝於浴室而進讒諛,亦如江充見君於犬臺而毀太子,後至甘露之變而紛紜白晝,鈇鑕朱殷,其不致危亡也幾希矣。以給事先

見而帝不悟，如曲突徙薪而人不備，故中敏見幾而作，歸釣潁陽耳。使早從其語，豈非國家之福哉！」

題永崇西平王宅太尉愬院六韻〔1〕

天下無雙將，關西〔2〕第一雄。授符黃石老，學劍白猿翁〔3〕。矯矯雲長勇，恂恂郤縠風〔4〕。家呼小太尉〔5〕，國號大梁公〔6〕。半夜龍驤去，中原虎穴空〔7〕。隴山兵十萬，嗣子握珊弓〔8〕。

【注釋】

〔1〕本詩作於大中四年（850）。永崇：唐長安里坊名，在朱雀街東第三街。此處有李晟住宅。西平王：謂李晟。德宗時，李晟平定朱泚叛亂有功，封西平郡王。《舊唐書·李晟傳》：「德宗至自興元，……賜（晟）永崇里第。……入第之日，京兆府供帳酒饌，賜教坊樂具，鼓吹迎導，宰臣節將送之，京師以為榮觀。」李晟有十五子，以願、愬、聽最為知名。太尉：官名，秦漢時為軍政首腦，唐時為兼職官銜，武官之尊稱。愬：李愬，李晟子，字元直，憲宗時，以平蔡州吳元濟叛亂功，進授山南東道節度使，封涼國公，死後贈太尉。見《舊唐書·李愬傳》。馮集梧注：「按《長安志》：朱雀街東第五街興寧坊，有淄青節度使同中書門下平章事李愬賜第，蓋愬未賜第以前，只處先人舊宅也。」

〔2〕關西：李愬為洮州（今屬甘肅省）人，洮州位於函谷關以西，故稱。漢代有「關西出將，關東出相」之說。

〔3〕「授符」二句：意謂李愬精通兵法，武藝不凡。符：兵符，古代調兵遣將之憑信，此謂兵書。黃石老：即黃石公，秦時隱士；亦稱「圯上老人」。相傳張良刺秦始皇不中，逃匿下邳，於圯上遇老人，授以《太公兵法》，張良因此得以精通將略。後以黃石指精於兵法者。參見《洛中送冀處士東遊》詩注〔8〕。白猿翁：指擅長劍術的人。傳說春秋時越人處女曾路遇白猿所化之袁公，用竹枝比試劍術。漢趙曄《吳越春秋·句踐陰謀外傳》：「處女將北見於王，道逢一翁，自稱曰袁公，問於處女：『吾聞子善劍，願一見之。』女曰：『妾不敢有所隱，惟公試之。』於是袁公即杖箖箊竹，竹枝上頡橋未墮地，女即捷末，袁公則飛上樹，變為白猿。」唐李白《結客少年場行》：「少年學劍術，凌轢白猿公。」

〔4〕「矯矯」二句：謂李愬既有關羽之勇武，亦具郤縠之帥才。矯矯：勇武強健貌。雲長：三國蜀將關羽，字雲長。《華陽國志》：「關、張勇冠三軍，俱萬人之敵。」恂（xún）恂：溫順貌。《漢書·李廣傳贊》：「李將軍恂恂如鄙人，口不能出辭。」

郤縠（xí hú）：春秋時晉國上卿，趙衰曾向晉文公推薦其為元帥。《國語・晉語四》：「公問元帥於趙衰。對曰：『郤縠可，行年五十矣，守學彌惇。』」唐人常用以比擬高級將領或節度使。

〔5〕小太尉：李愬父李晟拜為太尉中書令，故稱愬為小太尉。

〔6〕大梁公：杜牧原注：「太尉季弟司徒德亦封梁國公。」梁公：當為「涼公」之誤。李愬因平蔡州吳元濟封涼國公。李晟子李聽亦封涼國公。原注中「司徒德」，當作「司徒聽」；「梁」當作「涼」。李晟十五子，無名德者。參見《新唐書・宰相世系表》。

〔7〕「半夜」二句：意謂李愬去世，從此中原無人矣。半夜：《莊子・大宗師》：「藏舟於壑，藏山於澤，謂之固矣。然而夜半有力者負之而走，昧者不知也。」此暗用其意，喻人生難免一死，死亡難以抗拒。龍驤（xiāng）：本指駿馬。晉大將王濬曾拜龍驤將軍，因平吳有功，勳高位重。此代指李愬。去：去世。虎穴空：謂李愬一死，國無良將。馮集梧注：「按，此言西平宅愬院也。愬真虎將，宅即虎穴。愬薨則似宅空，此醒出題中『宅』『院』字，結美其子控邊宣力，世濟厥勳也。」

〔8〕「隴山」二句：謂愬子李玭繼承父業，保衛邊陲。隴山：在今陝西省隴縣西北，綿亙陝西、甘肅兩省，為關中西面之要隘。嗣子：指李愬之子，即鳳翔李尚書李玭。杜牧原注：「今鳳翔李尚書，太尉長子。」珮弓：刻鏤文采之弓。亦為弓的美稱。宋黃庭堅《水調歌頭》：「極目平沙千里，唯見珮弓白羽，鐵面駿驊騮。」

【簡評】

此詩以五言排律形式歌頌李愬平叛有功，為國建立殊勳。起首兩句用工整對偶極贊其勇武知兵，對其去世深表痛惜。尾聯一轉：所幸嗣子李玭亦為虎將，可謂後繼有人。其「無雙將」「第一雄」「雲長勇」「郤縠風」等詞語，彌散著對李愬父子功勳的深深敬佩和羨慕之情。詩人深切希望自己能像李愬父子一樣，為安定社稷而建樹功勳；自己未能為國立功，然對前輩功臣則心嚮往之。雖有其志、其才，卻不能有所施展，詩人心中的憂傷和淒苦、悵惘和無奈，不能不溢於他的詩作的字裏行間。

東兵長句十韻〔1〕

上黨爭為天下脊〔2〕，邯鄲四十萬秦坑〔3〕。狂童何者欲專地〔4〕，聖主無

私豈玩兵〔5〕。玄象森羅搖北落〔6〕，詩人章句詠東征〔7〕。雄如馬武皆彈劍〔8〕，少似終軍亦請纓〔9〕。屈指廟堂無失策〔10〕，垂衣堯舜待升平〔11〕。羽林東下雷霆怒〔12〕，楚甲南來組練明〔13〕。即墨龍文光照曜〔14〕，常山蛇陣〔15〕勢縱橫。落雕都尉〔16〕萬人敵，黑矟將軍〔17〕一鳥輕。漸見長圍雲欲合〔18〕，可憐窮壘帶猶縈〔19〕。凱歌應是新年唱〔20〕，便逐春風浩浩聲。

【注釋】

〔1〕本詩為會昌三年（843）作，杜牧時在黃州刺史任上。東兵：東征澤潞的叛亂。會昌三年四月昭義節度使劉從諫卒，其姪劉稹為兵馬留後，抗拒朝命。八月，朝廷詔徵河中、河陽、太原等五道兵討伐，次年八月劉稹被斬。參見《新唐書·武宗紀》。長句：詳見《長安雜題長句六首》詩注〔1〕。

〔2〕「上黨」句：謂上黨位於太行山地帶，其地最高，為天下之脊。上黨：郡名，即潞州，唐澤潞觀察使治所，今山西長治一帶。上黨地高勢險，東部是太行山，西面是太岳山，北面為五雲山、八賦嶺，南面是丹朱嶺和金泉山，自古為戰略要地。《國策地名考》云：「地極高，與天為黨，故曰上黨。」天下脊：天下的脊樑，因為地勢高，所以這樣形容。

〔3〕「邯鄲」句：邯鄲，戰國時趙國國都。趙孝成王四年，任用廉頗為將，發兵攻取了上黨。三年後，廉頗被免職，趙括代替了廉頗的職位。秦兵知趙括無能，只會紙上談兵，與趙括戰於長平。趙括投降，四十萬趙軍都被秦兵活埋。此謂「長平之禍」。見《史記·趙世家》。

〔4〕「狂童」句：謂圖謀亂國的惡人劉稹欲趁掌兵權之機把澤潞變成割據之地。狂童：鄙稱，狂悖作亂的人；此指劉稹。唐韓愈《送張道士》：「臣有平賊策，狂童不難治。」專地：謂擅自處置領地或為割據。《公羊傳·桓公元年》：「有天子存，則諸侯不得專地也。」

〔5〕「聖主」句：謂武宗對上黨用兵，是為了正朝綱懲逆賊，並不是窮兵黷武。意指武宗是出於公心並非是好大喜功。玩兵：謂窮兵黷武。

〔6〕「玄象」句：謂根據星辰排列便知有非常之象，必當用兵。玄象：天象，日月星辰在天空所成之象。森羅：森然羅列。北落：北落師門星，位置在北方，主兵事，古代常以此星的明暗推測戰爭的勝負。

〔7〕「詩人」句：以詩人歌頌周公東征來比擬武宗平澤潞。《詩序》：「《東山》，周公東征也。周公東征三年而歸，士大夫美之，故作是詩也。」這裡指詩人作詩讚頌唐軍征伐澤潞叛將劉稹。章句：古代詩文的章節和句子；此處指《詩·豳風·

東山《詩·豳風·破斧》等有關周公東征的詩篇。《破斧》云：「既破我斧，又
缺我所。周公東征，四國是皇。」皇，通惶，恐慌也。

〔8〕「雄如」句：謂雄壯者都像漢代馬武那樣驍勇，以手叩劍，欲為國立功。《後漢
書·吳蓋陳臧列傳論》：「山西既定，威臨天下，戎竭喪其精膽，群帥賈其餘壯，
斯誠雄心尚武之幾，先志玩兵之日。臧宮、馬武之徒，撫鳴劍而抵掌，志馳於
伊吾之北矣。」馬武，字子張，河南人，隨劉秀南征北戰，建立東漢；任捕虜
將軍、封楊虛侯。漢明帝永平年間，將跟隨劉秀重興漢室的二十八位功臣繪於
洛陽南宮的雲臺閣，史稱「雲臺二十八將」，馬武排名第十五。

〔9〕「少似」句：年輕男子都像終軍那樣主動請纓縛敵。終軍：西漢才士，年少有
為，曾請纓繫囚南越王。死時年二十餘，世稱終童。《漢書·終軍傳》：「南越
與漢和親，乃遣軍使南越，說其王，欲令入朝，比內諸侯。軍自請：願受長
纓，必羈南越王而致之闕下。」越王聽從他的游說，舉國內屬。請纓：自請從
軍擊敵曰請纓；喻指殺敵報國。唐元稹《哭呂衡州六首》：「請纓期繫虜，枕草
誓捐軀。」參見《杜秋娘詩》注〔42〕。

〔10〕「屈指」句：謂朝廷籌劃平定澤潞，決策英明，沒有失誤。屈指：籌劃；彎曲手
指在心中盤算計劃。廟堂：指宗廟明堂。古代帝王遇大事，告於宗廟，議於明
堂，故也以廟堂指朝廷。無失策：穩妥正確；沒有失誤。

〔11〕「垂衣」句：謂討平澤潞叛亂以後，將像堯舜一樣無為而治，天下太平。垂衣堯
舜：指能垂衣而治的聖明帝王。垂衣，確定衣服的禮制以示天下，常用來讚美
帝王無為而治。《易·繫辭下》：「黃帝堯舜，垂衣裳而天下治，蓋取諸乾坤。」
南朝陳徐陵《勸進元帝表》：「無為稱於華胥，至治表於垂衣。」

〔12〕「羽林」句：謂皇帝派遣的軍隊向東進發，氣勢浩大如同雷霆震怒。羽林：羽林
軍，唐代皇帝禁衛軍的名稱。參見《杜秋娘詩》注〔27〕。

〔13〕「楚甲」句：謂朝廷徵召的諸道兵力，披著明晃晃的鎧甲。形容軍隊精銳。楚甲：
楚國的軍士，泛指諸道士兵。組練：組甲和被練，為軍士衣甲裝備。後借指精
銳部隊。組甲，甲衣，用絲繩帶聯綴皮革或金屬的甲片。被練，我國古代徒兵
的一種披在甲外的練袍；一說，被練即是由熟絲穿綴甲片而成的甲衣。《左傳·
襄公三年》：「楚子重伐吳，為簡之師克鳩茲，至於衡山，使鄧廖帥組甲三百、
被練三千以侵吳。」

〔14〕「即墨」句：謂戰國時齊國將領田單使用火牛陣在即墨打敗燕軍的故事。即墨：
戰國時齊邑，漢置縣。以城在墨水邊，故稱即墨。《史記·田單列傳》載：燕使

樂毅伐破齊，田單被燕國軍隊包圍在即墨，田單激發士卒和城中人士氣，全力保衛。並在城中收得千餘頭牛，被絳繒衣，畫以五彩龍文，束兵刃於其角，而灌脂束葦於尾，燒其端。然後鑿城數十穴，夜縱牛奔。牛尾灼熱，怒而奔燕軍，燕軍夜大驚。牛尾炬火光明炫耀，燕軍視之皆龍文，所觸盡死傷。與此同時，城中鼓譟配合，老弱皆擊銅器為聲，聲動天地。於是燕軍大敗，即墨解圍。

〔15〕常山蛇陣：古代的一種用兵陣法，能使陣首、尾、中互相呼應，如常山之蛇，故名。《孫子‧九地》：「故善用兵者，譬如率然。率然者，常山蛇也。擊其首則尾至，擊其尾則首至，擊其中則首尾俱至。敢問兵可使如率然乎？」《晉書‧桓溫傳》記載諸葛亮在魚復浦的平沙上擺八陣圖，把石頭擺為八行，每行之間相距兩丈。別人都不明白，只有桓溫說：這就是常山蛇陣的擺法。

〔16〕落雕都尉：指北齊射雕英雄斛律光。一次斛律光跟從世宗打獵，一箭射中大雕的脖子，大雕像車輪一樣旋轉而下，世宗見了，對他的壯氣和武力大加稱讚。一時傳開，號「落雕都督」。斛律光後來任大將軍，身先士卒，百戰百勝。又任丞相，封咸陽王。雕，一名鷲；猛禽，似鷹而大，黑褐色；飛翔力強且十分迅猛，非善射者不能中。《北齊書‧斛律金傳》附《斛律光傳》載：斛律光嘗從周世宗校獵，「見一大鳥，雲表飛揚，光引弓射之，正中其頸。此鳥形如車輪，旋轉而下，至地乃大雕也。世宗取而觀之，深壯異焉。丞相屬邢子高見而歎曰：『此射雕手也。』當時傳號落雕都督。」唐王維《觀獵》：「回看射雕處，千里暮雲平。」萬人敵：比喻力敵萬人的用兵才略和勇力。語出《史記‧項羽本紀》：「項籍少時，學書不成，去學劍，又不成。項梁怒之。籍曰：『書足以記名姓而已。劍一人敵，不足學，學萬人敵。』於是項梁乃教籍兵法。」

〔17〕黑矟將軍：北魏于栗磾，武藝過人，能左右馳射，魏太祖拜為鎮遠將軍，河內鎮將，好持黑矟（黑色長矛）以自標。劉裕（即後來的宋武帝）伐姚泓欲假道河內，致書栗磾，題稱「黑矟公麾下」。于栗磾把書信呈給了魏太宗，魏太宗遂授予他「黑矟將軍」名號。見《魏書‧于栗磾傳》。後因以「黑矟」作大將的代稱。詩歌中稱美勇將。唐韓翃《送劉將軍》：「青巾校尉遙相許，黑矟將軍莫大誇。」一鳥輕：言勇猛的武將馳馬戰鬥，就像一隻鳥那樣輕靈活潑。唐杜甫《送蔡希曾都尉還隴右因寄高三十五書記》：「身輕一鳥過，槍急萬人呼。」

〔18〕「漸見」句：謂逐漸看出軍隊把城全面圍攻，就像雲朵從四面合圍一樣。《北齊書‧安德王延宗傳》：「周軍圍晉陽，望之如黑雲四合。」長圍：長堤；環繞城池的工事，用於圍攻或防守。此指軍隊形成合圍以攻敵的形勢。

〔19〕「可憐」句：言軍壘已窮，而城尚可保。此句與上句合在一起表現戰爭的場面，上句說進攻，本句說守衛。可憐：可喜。窮壘：本指處境艱危的據點，此言軍壘都被佔領，與上句「長圍」對應而言。壘，軍營牆壁或防守工事。帶猶縈：言城還守得住。縈帶，本指旋曲的帶子，引申為保護。《後漢書・張衡傳》載《應間》：「弦高以牛餼退敵，墨翟以縈帶全城。」《墨子・公輸》載公輸盤即魯班為楚國製造了雲梯，幫助楚王攻打宋國。魯人墨子前來阻止，兩人用帶子和小木片假做城堡和器械對壘。公輸盤用器械攻城的方法用盡了，墨子的守衛能力還綽綽有餘。墨子用自己的智慧說服楚國工匠公輸盤和楚國國王放棄意欲侵略宋國的企圖。

〔20〕「凱歌」句：謂作者預見至會昌四年初，征討將士就可以高奏凱歌了。浩浩：形容放聲高歌。

【簡評】

這是一首歌詠正義戰爭的詩篇。詩人站在國家大義的立場上，痛斥叛軍，歌頌君王英明、將士賢良、人民踴躍參軍，充滿信心地預言來春的勝利。「凱歌應是新年唱，便逐春風浩浩聲」，果然，次年四月，叛軍被平定。

前五韻寫在澤潞這一古戰場，劉稹妄圖割據稱雄，於是朝廷發兵東征，此為致天下太平之舉。後五韻寫征伐形勢，遙想戰鬥場面，軍威、軍領、軍陣、軍壁、軍甲，一一數來，儼然親歷其中。最後激情洋溢地預祝東征全勝，將士凱旋。

全詩格局開敞，波瀾壯闊，一波未平，一波又起，既大氣磅礡，又時見開合轉折，令人目接神往，心旌搖盪。層出難窮的征討和軍事典故，顯示出作者的深厚學識和兵法修養，也形成了獨具特色的敘述話語和抒情結構。

在流傳下來的杜牧詩歌作品中，七言排律極少，因此這首詩特別引人注目。

過勤政樓〔1〕

千秋佳節〔2〕名空在，承露絲囊〔3〕世已無。唯有紫苔偏稱意〔4〕，年年因雨上金鋪〔5〕。

【注釋】

〔1〕此詩約作於大和三年（829年），杜牧二十七歲，正進士及第制策登科，由洛陽回到長安。勤政樓：唐興慶宮樓名。唐玄宗開元二年（714），以舊邸為興慶

宮，後於宮之西南建樓，其西題為「花萼相輝之樓」，南曰「勤政務本之樓」，是玄宗與群臣商議政事之處。參見《華清宮三十韻》詩注〔30〕。

〔2〕千秋佳節：八月五日玄宗生日，開元十七年將此日定為千秋節。此後即稱皇帝、后妃之生日為千秋節。詳參《華清宮三十韻》詩注〔15〕。

〔3〕承露絲囊：唐玄宗生日為千秋節，是日百官獻承露囊，囊以五彩絲線結成，為祝壽貢品。民間也仿製為節日禮品，互相遺贈，象徵吉祥。見唐封演《封氏聞見記》卷四《降誕》。承露，意謂接受皇帝的恩惠。世已無：今天已經不存在了。又，《續齊諧記》：「弘農鄧紹，嘗以八月旦入華山採藥，見一童子執五彩囊，承柏葉上露，皆如珠滿囊。紹問：『用此何為？』答曰：『赤松先生取以明目。』言終便失所在。荊楚歲時八月十四日以錦綵為眼明囊，遞相餉遺。」

〔4〕紫苔：苔蘚，青苔的一種。偏：特別，最。稱意：如意，得意；此指隨意滋生。

〔5〕因：憑藉，趁著。金鋪：古代房門上銅製的鋪首。鋪首樣式很多，鑄成獸面的最多，門環就銜在獸面上。用以裝飾、啟閉門戶。《文選·司馬相如·長門賦》：「擠玉戶以撼金鋪兮，聲噌吰而似鍾音。」詩歌中亦或運用修辭上的借代法，做為門的同義語。

【簡評】

這是一首諷刺意味極濃的懷古詩。勤政樓為開元玄宗勤於政事之所，而今冷落荒蕪，詩人過此百感交集。凡勤政者，當能建功業於永久。然玄宗在天寶中後期恰恰忠良不進，政務鬆弛，而引發安史之亂，唐王朝從此衰退。詩人過樓而倍生淒涼，無限感慨都化於今節不再隆盛、苔蘚爬滿廢門的對比和感慨之中。

詩的第一句說佳節空在，是總論；不道眼前景，卻先追寫玄宗生日盛況，於今則徒留空名。第二句說絲囊已無，則是抓住了「承露囊」這個千秋節最有代表性的物品來進一步補襯，使得「名空在」三字具體著實了。難尋臣下貢物，彌見感慨之深。後兩句詩人移情於景，感昔傷今。詩人偏偏只從紫苔著筆，這是因為紫苔那無拘無束，隨處生長，自得其樂的樣子深深地觸動了他此時慘淡失意的心情。失意之心對得意之物，自然格外敏感，體味也就更加深刻了。寫眼前所見，不從正面著墨，卻偏以擬人手法，極寫紫苔之「稱意」；以盛襯衰，小中見大，別具匠心，耐人咀嚼，誠為詠史絕句之傑作。「偏稱意」三字寫得傳神，「偏」，說明萬物凋零，獨有紫苔任情滋蔓，好像是大自然的偏寵，使得紫苔竟那樣稱心愜意。這筆法可謂婉曲迴環，寫景入神了。

　　從詩的整體看，詩人主要採用明賦暗比的方法。前兩句寫的是此刻之衰，實際上使人緬懷的是當年之盛；後兩句寫的是此時紫苔之盛，實際上使人愈加感到「勤政樓」此時之衰。一衰一盛，一盛一衰，對比鮮明，構思奇特，文氣跌宕有致，讀來回味無窮。

題魏文貞〔1〕

　　蟪蛄寧與雪霜期〔2〕，賢哲難教俗士知〔3〕。可憐貞觀〔4〕太平後，天且不留封德彝〔5〕。

【注釋】

〔1〕魏文貞：即魏徵（580～643），字玄成，曲城（今屬河北）人，徙家內黃（今屬河南）。秦王李世民殺建成，引徵為詹事主簿，官至諫議大夫、秘書監。著名政治家，以敢言直諫聞名，史以「諍臣」稱之，前後陳諫二百餘事，是唐太宗稱為「以人為鏡，可以明得失」者。卒諡文貞。新、舊《唐書》有傳。詩題一作《過魏文貞宅》。《長安志》：「朱雀街東永興坊，太子太師鄭國公魏徵宅。」

〔2〕「蟪蛄」句：謂蟪蛄怎麼能夠和雪霜相遇呢？蟪蛄（huì gū）：蟬的一種，即寒蟬，黃綠色，翅有黑白條紋。夏末終日鳴聲不絕，至秋即死，生存短暫。《莊子·逍遙遊》：「朝菌不知晦朔，蟪蛄不知春秋。」詩中用蟪蛄比喻孤陋寡聞的俗士，即見識淺陋之人。寧：豈；難道。

〔3〕「賢哲」句：謂賢智之人很難被俗人理解。意謂魏徵與封德彝不能相提並論。唐太宗即位四年，嘗歎隋末大亂以後，天下一時難以治理好。魏徵不同意，認為：「大亂之易治，譬如饑人之易食也。」又言：「賢哲之治，其應如響，期月而可，蓋不其難。」當時封德彝大加反對，說魏徵「書生好虛論，徒亂國家，不可聽」。事見新、舊《唐書·魏徵傳》。賢哲：賢明而智慧者，此指魏徵。俗士：平凡庸常者，此指封德彝。

〔4〕可憐：可惜。貞觀：唐太宗年號（627～649）。貞觀年間，太宗李世民納諫進賢，用魏徵之議，施行仁義，與民休息，封建統治比較穩定，達到大治之境，史稱「貞觀之治」，成為在歷史上可與漢代「文景之治」相媲美的盛世。

〔5〕且：尚且，還。封德彝：唐太宗大臣，名倫，以字行。初仕隋，後降唐，官至尚書右僕射。太宗即位之初，與群臣議政，魏徵主張大亂之後當行「聖哲之治」，封德彝激烈反對。太宗深思之後，還是採納了魏徵的意見。後終於使國力增強，社會安定，天下大治。這時封德彝已卒，唐太宗謂群臣曰：「此徵

勸我行仁義，既效矣．惜不令封德彝見之！」事見《新唐書・魏徵傳》。

【簡評】

此詩是詩人經過魏徵故居有感而發，讚頌了唐太宗、魏徵時期的政治局面。對於晚唐人來說，初唐開創一代盛世的賢哲已經過於遙遠，當時的封德彝都不能見到「聖哲之治」的實現，更何況後人呢？「天且不留封德彝」一句措語、口吻都極有意味。全詩之旨其實並不在於批評封德彝這個「俗士」，而是感歎賢哲不能再世，盛世永不再現。詩由追懷貞觀之治，反襯出當時局勢之不如人意。詩歌用比興手法，諧趣生動。前二句是激憤感歎之語，而後二句則充滿譏誚，於短短篇幅之中縱橫排宕，凌厲峭拔，可見杜牧詠史詩獨出機杼、務去陳言的特徵。

杜牧喜歡用絕句作詠史詩，這首是其中較著名的一首。此詩雖是詠史，卻包含著詩人的個人遭際和感時憤世之意在其中。寫得既深刻有力，又簡練含蓄，所謂辭淺意深，沉鬱峭拔。此詩不只稱讚魏徵的賢哲，更是羨慕唐太宗和魏徵之間的君臣際會。歌詠太宗重用魏徵這樣的賢臣而天下大治，想到現在國勢衰敗，朝廷不辨賢愚，自己生不逢時，懷才不遇，心中怎能不充滿憂憤？種種鬱結，使這首詠史詩雖然旨在褒揚魏徵之賢哲，骨子裏卻蘊含著無限的沉鬱悲憤之情，千載之下猶令人深思。杜牧本有志才子，然晚唐佞臣當道，扼天子之喉，摒賢臣於道，聖明不達，姦邪肆虐，牧之深惡痛之，所以借前賢發抒他懷才不遇的苦悶。

早春閣下寓直蕭九舍人亦直內署因寄書懷四韻〔1〕

御水初銷凍〔2〕，宮花尚怯寒〔3〕。千峰橫紫翠，雙闕〔4〕憑闌干。玉漏〔5〕輕風順，金莖〔6〕淡日殘。王喬〔7〕在何處，清漢正驂鸞〔8〕。

【注釋】

〔1〕此詩作於大中六年（852）初春。寓直：值班。蕭九舍人：蕭寘，時任翰林學士兼知制誥，故稱舍人。舍人：官名，本宮內人之意，後世以為親近左右之官。秦漢有太子舍人，為太子屬官；魏晉以後有中書通事舍人，掌傳宣詔命；隋唐又置起居舍人，掌修記言之史，置通事舍人，掌朝見引納。內署：翰林院。

〔2〕御水：御溝中的流水，御溝是流經宮苑的河道，唐代御溝邊上有許多高大的楊樹，又稱楊溝。初消凍：剛剛解凍。

〔3〕宮花：宮中的花木。唐李白《宮中行樂詞》：「宮花爭笑日，池草暗生春。」怯寒：畏懼寒冷。

〔4〕雙闕：古代宮殿門外高臺上左右相對的樓觀。詩歌中多用以比喻朝廷。唐鄭轅《清明日賜百僚新火》：「瑞彩來雙闕，神光煥四鄰。」

〔5〕玉漏：玉製的漏刻計時器，有時是對漏刻的美稱。玉漏每引申為深夜的用詞，義同更漏。漏，古代計時用的一種工具。《說文》水部：「（漏）以銅壺受水，刻節，晝夜百刻。」我國歷代漏具體制不同，但自兩漢以下皆有壺有箭；壺以蓄水，箭以刻度（節）計時。唐蘇味道《正月十五日》：「金吾不禁夜，玉漏莫相催。」

〔6〕金莖：承露盤的銅柱，這裡代指承露盤。承露盤最早是漢武帝所建，武帝迷信神仙，在建章宮築神明臺，上面鑄有青銅仙人像，仙人手中捧著銅盤，據說高二十丈。漢武帝將銅盤承接的甘露和玉屑攪在一起飲用，認為這樣可以延年益壽。《三輔黃圖·建章宮》：「神明臺，武帝造，祭仙人處。上有承露盤，有銅仙人舒掌捧銅盤玉杯，以承雲表之露，以露和玉屑服之，以求仙道。」

〔7〕王喬：傳說中的仙人，周靈王的太子晉。喜歡吹笙，像鳳凰的鳴叫，道士浮丘公把他接上了嵩高山。三十多年後，他轉告家裏，七月七日在緱山頂上等候。到了那天，家人果然看見他騎著白鶴在山頂，只能看而不能接近，他向眾人舉手問好，幾天後不見了。見《列仙傳》卷上。

〔8〕「清漢」句：謂正在天上駕著鸞鳥雲遊。清漢：天空。南朝梁沈約《高松賦》：「既梢雲於清漢，亦倒景於華池。」驂鸞：騎著鸞鳥遨遊。南朝梁江淹《別賦》：「駕鶴上漢，驂鸞騰天。」

【簡評】

大中六年春，杜牧任考功郎中、知制誥，與友人同在宮中官署內值夜班。詩歌描繪了宮禁初春景象，水初解凍、花朵怯寒，然而生機盎然，翠雲紫氣當空，象徵祥瑞。日初升點明友人與自己一夜值班勤於職守，而在點點滴滴的刻漏聲中，詩人感受到春風的柔和而暢快。「風順」不僅是景致的描繪，更是心境的寫照。詩人以景色傳達出在宮中值班的喜悅。

秋晚與沈十七舍人期遊樊川不至〔1〕

邀侶以官解，泛然成獨遊〔2〕。川光〔3〕初媚日，山色正矜秋〔4〕。野竹疏還密〔5〕，岩泉咽復流〔6〕。杜村連滴水〔7〕，晚步見垂鉤〔8〕。

【注釋】

〔1〕本詩作於大中六年（852）秋，時杜牧為中書舍人，年五十歲。沈十七舍人：即沈詢，字誠之，吏部侍郎沈傳師之子，能文辭。會昌初第進士，補渭南尉，累遷中書舍人，出為浙東觀察使，除戶部侍郎、判度支。十七，沈詢的排行，唐代詩人相互交往，喜稱行第。舍人：中書舍人，中書省的屬官。掌管詔令、侍從、宣旨、接納上奏文表等事。見《新唐書・沈既濟傳》附。期：約定。樊川：在長安城南下杜樊鄉。此處指杜牧祖父杜佑的別墅。參見《池州送孟遲先輩》詩注〔33〕。

〔2〕「邀侶」二句：謂原邀友人同遊，然其以官務在身而不能前來；於是詩人獨自遊賞。官解：以忙於官務作為解釋的理由。解，消除、取消，失約之意。泛然：寬鬆如常，逍遙自在的樣子。唐白居易《池上作》：「泛然獨遊邈然坐，坐念行心思古今。」

〔3〕「川光」句：指落日的餘暉在河水中閃動，波光瀲瀲。川：指樊川。唐岑參《林臥》：「遠峰帶雨色，落日搖川光。」

〔4〕矜秋：矜誇於秋色。矜（jīn）：誇耀。

〔5〕疏還密：時疏時密，相間適宜。

〔6〕咽復流：謂泉岩間水流聲時斷時續，且鳴且流。

〔7〕杜村：即指樊川，杜樊鄉是唐代杜氏聚居的地方。潏（yù）水：又名泬（xuè）水，發源於秦嶺，西北流入渭水。見《水經注・渭水》。潏水流經杜曲與韋曲，約三十里，為一帶形河谷盆地，即是樊川。

〔8〕「晚步」句：謂傍晚漫步水邊，見有人在垂釣。

【簡評】

　　這是一幅清幽、恬靜、悠閒的山鄉秋色圖。杜牧詩中專寫山水的作品並不多，本詩較為典型。因友人未至，泛然獨遊，倒能夠更悠閒地欣賞含媚川光，矜秋山色了，疏密相間的野竹和穿岩繞石的泉水足以發其清興。全詩收結在「晚步見垂鉤」上，正表現出作者散淡的情懷，高逸的思致。「川光」一聯對仗極工，鍊字亦細，顯示出牧之晚年詩律的特點。

　　這次獨遊，也許是上蒼的刻意安排。這位樊川別墅的主人，最後一次獨自享受別墅的幽美與寧靜，回憶這座別墅的興衰際遇，訴說他的思念和眷戀，並為它再次寫下最後的詩篇，作為告別的紀念。

念昔遊三首〔1〕

　　十載飄然繩檢外〔2〕，樽前自獻自為酬〔3〕。秋山春雨閒吟處，倚遍江南寺寺樓〔4〕。

　　雲門寺外逢猛雨，林黑山高雨腳長〔5〕。曾奉郊宮為近侍，分明攪攪羽林槍〔6〕。

　　李白題詩水西寺〔7〕，古木回岩〔8〕樓閣風。半醒半醉遊三日，紅白花開山雨中。

【注釋】

〔1〕此詩約開成三年（838）作。杜牧開成二年秋為宣州幕吏，三年冬除左補闕，四年初春離宣州赴京。詩人仕途失意、長期漂泊，詩是追憶往日遊蹤之作。

〔2〕「十載」句：杜牧自大和二年（828）及進士第後，受沈傳師辟為幕吏，至開成三年（838）在宣州崔鄲幕府，首尾十一年，其間過著優游自在、無拘無束的生活。杜牧《自宣城赴官上京》：「瀟灑江湖十過秋，酒杯無日不淹留」二句與此詩意相似。飄然：悠然自得貌。繩檢：指世俗禮法的約束。繩，繩墨；檢，法式。

〔3〕「樽前」句：謂自斟自飲，自得其樂。獻、酬是古代飲酒時主客相互敬酒的禮節。主人向賓客敬酒為獻，賓客回敬後，主人又自己飲酒並邀客同飲曰酬。《詩·小雅·楚茨》：「為賓為客，獻酬交錯。」鄭箋：「始主人酌賓為獻，賓即酌主人，主人又自飲酌賓曰酬。」

〔4〕「倚遍」句：謂在江南寺廟樓臺登臨吟詠。古時寺廟兼作旅店之用。《北史·李公緒傳》：「江南多以僧寺停客。」江南，這裡指長江下游地區。唐張籍《送閒師歸江南》：「遍住江南寺，隨緣到上京。」

〔5〕雲門寺：原注：「越州。」在今浙江紹興。《輿地紀勝》卷十紹興府：「雲門山，在會稽南三十一里。有雍熙寺，為州之偉觀。昔王子敬居此，有五色祥雲，詔建寺，號雲門。」唐劉長卿有《雲門寺訪靈一上人》詩。雨腳：落在地上的密集的雨點。唐杜甫《茅屋為秋風所破歌》：「床頭屋漏無干處，雨腳如麻未斷絕。」

〔6〕「曾奉」二句：謂曾經侍奉在皇帝的身邊到城外去祭祀，大雨就像羽林軍所持的槍一樣。這裡以皇帝郊祀的儀仗喻雨。奉：侍奉。郊宮：郊廟。古代皇帝於郊外祭祀天地，且伴有整齊的、聲勢浩大的儀仗隨行。近侍：指侍奉於皇帝身邊的官吏。分明：明明，顯然。攪（sǒng）攪：挺起，直立的樣子。羽林槍：

羽林是皇帝禁衛軍的名稱。參見《杜秋娘詩》注〔27〕。此處比喻大雨，宋吳
聿《觀林詩話》：「牧又多以竹、雨比羽林。」

〔7〕水西寺：杜牧原注：「宣州涇縣」。水西寺在安徽涇縣水西山上，林壑邃密，下
臨涇溪，今已毀。寺建於南齊永明年間，原名凌巖寺，上元時改名為天宮水西
寺。水西寺是宣州涇縣水西山中一座很有名的寺院，寺中「凡十四院，其最勝
者曰華巖院，橫跨兩山，廊廡皆閣道，泉流其下」（《江南通志》）。李白遊於此，
曾有兩首詩述及，即《游水西簡鄭明府》：「天宮水西寺，雲錦照東郭。」《別山
僧》：「何處名僧到水西，乘舟弄月宿涇溪。」

〔8〕古木：老樹。回巖：環繞著巖石。回，環繞。

【簡評】

這是杜牧早年詩酒生活的真實寫照。組詩三首，獨立成篇，然而內容上呈
總分結構，渾然一體。第一首總寫江南印跡，後兩首是寫兩處名刹的遊賞，概
括越州、宣州生活。全詩可謂筆致瀟灑，「自獻自為酬」「江南寺寺樓」「半醒
半醉遊」「花開山雨中」等詩句，似毫不著力，卻引出全詩流動回轉的旋律，
透露出作者的意態逸放、氣度深弘，從中可以感受到盛唐遺韻。

第一首憶江南之遊，突出作者瀟灑飄逸的性格，宦遊江南十載，不受繁瑣
禮節的束縛，徜徉於山光水色之中，情之所至，輒吟詩遣興；遊蹤所及，遍於
江南。詩的前兩句，神態貌似瀟灑自得，實際上隱約地透露出不合時宜的憤世
之感。後兩句正面寫到「念昔遊」的「遊」字上，但是並沒有具體描寫江南的
景色。此詩重點不在追述遊歷之地的景致，而是藉此抒發內心的情緒。愈是把
自己寫得無憂無慮，無拘無束，而且是年復一年，無處不去，就愈顯示出他的
百無聊賴和無可奈何。詩中沒有一處正面發洩牢騷，而又處處讓讀者感到有一
股怨氣，妙就妙在這「言外之意」「弦外之音」。

第二首詩記敘作者遊雲門寺的經歷。越州之遊，偏重於寫景，並以宮中御
林軍的羽林槍喻大雨，突出暴雨之猛烈，新穎別致。外寫放浪，內訴真情，為
國立功之熱情，如暴雨之翻騰，十年為客，未嘗忘懷。

第三首憶宣州之遊，偏重於懷古。宣州水西寺，李白曾遊覽過，並題詩寺
內。李白一生坎坷，浪跡江湖，寄情山水，杜牧其時並不得志，半醒半醉，有
類李白。李白《游水西簡鄭明府》云：「清湍鳴回溪，綠竹繞飛閣；涼風日瀟
灑，幽客時憩泊」，描寫了這一山寺佳境。杜牧將此佳境凝煉為「古木回巖樓
閣風」，正抓住了水西寺的特點：橫跨兩山的建築，用閣道相連，四周皆是蒼

翠的古樹、綠竹，凌空的樓閣之中，山風習習。多麼美妙的風光！謁太白之遺跡，賞樓閣之清風，煙雨茫茫，紅花白蕊，更增醉意。「紅白花開」是象徵，不是寫實。山光風物好，對花酒益濃。本詩寓情於景的手法表現得非常透徹與鮮明。此詩二、四兩句寫景既雄峻清爽，又纖麗典雅。詩人是完全沉醉在這如畫的山景裏了嗎？還是借大自然的景致來蕩滌自己胸中之塊壘呢？也許兩者都有，不必強解。

今皇帝陛下一詔徵兵，不日功集，河湟諸郡，次第歸降，臣獲睹聖功，輒獻歌詠〔1〕

捷書皆應睿謀期〔2〕，十萬曾無一鏃遺〔3〕。漢武慚誇朔方地〔4〕，宣王休道太原師〔5〕。威加塞外〔6〕寒來早，恩入河源〔7〕凍合遲。聽取滿城歌舞曲，涼州聲韻喜參差〔8〕。

【注釋】

〔1〕此詩大中三年（849）作。當時吐蕃內亂，久陷於河湟地區的漢人發動起義，唐朝廷也出兵響應，數月之間，收復了三州七關，河湟地區人民歸唐。八月，河湟地區千餘人到長安，唐宣宗在延喜門迎接，他們當眾脫去胡服，換上漢裝，觀者皆歡呼雀躍。杜牧睹此聖功，而作此詩。今皇帝：指唐宣宗李忱（847～859 在位）。不日：不幾天，不久。次第：依次。聖功：帝王的功業。《晉書・樂志下》：「肅肅清廟，巍巍聖功。」輒：就。

〔2〕捷書：平定叛亂的捷報。睿謀：皇帝的英明決策。睿，明智通達。《書・洪範》：「思曰睿，……睿作聖。」後常用為稱頌皇帝的套語。期：預料。

〔3〕「十萬」句：謂十萬大軍沒有任何損失。鏃（zú）：箭頭。遺：丟失。漢賈誼《過秦論》：「秦無亡矢遺鏃之費，而天下諸侯已困矣。」

〔4〕「漢武」句：謂面對唐宣宗收復河湟地區的功業，漢武帝顯得慚愧，而無法誇口收復朔方的功勞。漢武帝曾於元朔二年（前 127）遣將軍衛青、李雲出雲中，至高闕，斬殺前來掠奪的匈奴，收復河南地，置朔方、五原郡。事見《漢書・武帝紀》。

〔5〕「宣王」句：謂周宣王不用誇讚自己征伐太原的功業。宣王：即周宣王，西周時中興之主，在位長達四十六年。《詩・小雅・六月》：「薄伐玁狁，至於太原。」《毛詩序》認為是歌頌宣王北伐之詩。玁狁，即獫狁，匈奴族，宣王曾派兵把匈奴驅逐到太原即今寧夏、甘肅平涼一帶。

〔6〕威加塞外：對塞外的少數民族施加威力。

〔7〕河源：黃河發源地，這裡指河湟一帶。又，指河源軍，唐代邊戍名，在今青海
　　西寧市東南。

〔8〕「聽取」二句：謂收復河湟之後，河湟人民多來到長安，於是涼州音樂也在長安
　　盛行起來了。涼州聲韻：指涼州地區的樂曲。詳參《河湟》詩注〔7〕。涼州：
　　本為西漢置，轄境相當於今甘肅、寧夏和青海湟水流域、內蒙古納林河、穆林
　　河流域，為漢武帝十三刺史部之一。事見《晉書‧地理志》。參差：不整齊；這
　　裡是形容樂曲抑揚頓挫。

【簡評】

　　這是一首歌功頌德的詩篇。全詩讚揚了宣宗收復河湟的功業，表現了詩人
的愛國熱忱。用誇張的修辭手法，運用典故，讚頌唐宣宗英明如漢武帝、周宣
王，表達了人民回歸大唐的欣喜。

　　捷報傳來，應合了皇上謀略的英明，久已失陷的河湟之地，終於回歸了大
唐。杜牧覺得，面對這一輝煌的勝利，即使為自己曾經開拓疆土、設立朔方郡
而不勝自豪的漢武帝死而有靈，也會感到羞慚；曾經北伐獫狁大獲全勝的周宣
王，也無法再炫耀自己獲取太原（秦、原、安樂諸州之地）的功績。皇帝陛下
的龍威所至，使塞外強敵立即感受到凜若冰霜的寒氣的來到，而其隆恩雨露的
播撒，卻又使塞外秋冬的寒冷推遲而至。聽著長安滿城的歌舞之聲，開元盛世
的升平氣象似乎與現實的情景交錯呈現。

　　杜牧對河湟老幼千餘人來京脫胡服換漢裝之事渲染揚厲，不無有失分寸
之嫌，且作為封建士大夫，不能不把勝利的輝煌塗抹給了皇帝的英明，給其詩
作留下了令後人遺憾的瑕疵，而「喜參差」一語卻隱隱透露了籠罩著他的憂魂
的揮之不去的陰影、陰鬱和抑鬱。如今的景況與開元之治並不相同，同是涼州
之曲，聲韻卻分明有異！詩雖係頌聖之作，但是詩人的愛國之情更值得我們注
意。

奉和白相公聖德和平，致茲休運，歲終功就，合詠盛明，呈上三相公長句四韻〔1〕

　　行看臘破〔2〕好年光，萬壽南山對未央〔3〕。黠戛可汗修職貢〔4〕，文思
天子〔5〕復河湟。應須日御西巡狩〔6〕，不假星弧北射狼〔7〕。吉甫裁詩歌盛
業，一篇江漢美宣王〔8〕。

【注釋】

〔1〕此詩作於大中三年（849）冬。白相公：白敏中，字用晦，白居易從父弟，唐宣宗和懿宗時期兩次為相。休：吉慶，美好。三相公：謂馬植、魏扶、崔鉉，三人當時都在相位。

〔2〕行看臘破：指臘月即將結束。行看：即將，將要。臘破：臘月已盡，年終。喻春天到來。唐杜甫《白帝樓》：「臘破思端綺，春歸待一金。」

〔3〕萬壽南山：祝人吉祥之語，猶今之祝福語「壽比南山」。南山：唐長安城南的終南山；又名太一山、中南山、周南山，主峰在長安城南。未央：漢宮名，此代指唐朝大明宮。詳見《華清宮三十韻》詩注〔13〕。

〔4〕黠戛：古代的民族名，即今柯爾克孜族。黠戛可汗：即黠戛斯的頭領。黠戛斯是古代的堅昆國，其君主阿熱。會昌中，阿熱遣注吾合素至京師，武宗以其地窮遠而能修職貢，命太僕卿趙蕃慰問其國。見《唐書·回鶻傳》。修職貢：藩屬或外國按時向朝廷貢納。《左傳·襄公二十九年》：「魯之於晉也，職貢不乏，玩好時至。」

〔5〕文思天子：指唐宣宗。大中二年（848），群臣上尊號為「聖敬文思和武光孝皇帝」。

〔6〕日御：古代神話中為太陽駕車的神，名羲和。詩歌中多用作詠日月流逝。又因太陽象徵皇帝，也用以喻指皇帝車駕。巡狩：本義為打獵，此指天子出巡視察。

〔7〕不假：猶言不必、不用、不靠。星弧：即弧矢星，又稱天弓星，在天狼星的東南。由九顆星組成，其中八星排列如弓形，另一星像矢，故名。古人認為弧矢星移動不穩，就是盜賊群起，發生叛亂的徵兆。狼：天狼星，主侵掠。戰國屈原《九歌·東君》：「青雲衣兮白霓裳，舉長矢兮射天狼。」

〔8〕吉甫：即尹吉甫，周宣王時期的重臣。宣王中興時，他曾率領軍隊北伐獫狁至太原，大獲全勝；不但武藝高強，而且文采出眾，曾多次作詩頌美宣王，《江漢》是其中的一篇。江漢：《詩經》篇名，傳為尹吉甫作，歌頌周宣王的功業。杜牧用這一典故，同時歌頌唐宣宗及輔弼大臣，可謂別具匠心。

【簡評】

大中三年二月，吐蕃內亂，朝廷派兵，為吐蕃所侵佔的秦、原、安樂三州等地陸續回歸朝廷。八月，河隴收復，一時人心大振。這是中唐少見的中央政府揚眉吐氣的時刻。十二月，宰相白敏中作《賀收秦原諸州詩》，馬植、魏扶、崔鉉都有和作，杜牧此時正在京為司勳員外郎，故作此詩。詩寫唐宣

宗收復河湟的功業，末二句用尹吉甫作《江漢》詩歌頌周宣王的典故，歌頌白敏中等宰相輔佐唐宣宗的功績。

過華清宮〔1〕絕句三首

長安回望繡成堆〔2〕，山頂千門次第開〔3〕。一騎紅塵妃子笑，無人知是荔枝來〔4〕。

新豐綠樹起黃埃〔5〕，數騎漁陽探使〔6〕回。霓裳一曲千峰上〔7〕，舞破中原始下來〔8〕。

萬國笙歌醉太平，倚天樓殿月分明〔9〕。雲中亂拍祿山舞〔10〕，風過重巒下笑聲〔11〕。

【注釋】

〔1〕華清宮：唐代行宮，在今陝西西安臨潼驪山北，唐太宗時在這裡建湯泉宮，玄宗時大興土木，改名華清宮。玄宗經常遊幸此處，有時從初冬十月住到第二年三月。參見《華清宮三十韻》詩注〔1〕。

〔2〕回望：掉頭觀望。繡成堆：謂驪山上東西繡嶺林木蔥蘢、花卉盛開，猶如錦繡堆垛而成。繡：繡嶺。參見《華清宮三十韻》詩注〔2〕。這裡兼有雙關之意，同時也形容華清宮的富麗堂皇。

〔3〕「山頂」句：謂華清宮高聳入雲，宮門鱗次櫛比。山頂：指華清宮坐落之高。千門：指重重宮門；謂山上宮殿之多。次第：一個接著一個；依照順序。唐白居易《花下對酒》：「梅櫻與桃杏，次第城上發。」

〔4〕「一騎」二句：奔馳的驛馬蹄下揚起一路煙塵，貴妃嫣然一笑；沒有人知道原來這是給貴妃送荔枝鮮果的。李肇《唐國史補》卷上：「楊妃生於蜀，好食荔枝，南海所生，尤勝蜀者，故每歲飛馳以造。」又，《天寶遺事》：「明皇歲幸華清宮，五宅車騎皆從，家別為隊，隊各一色，開合若萬花照耀，谷成錦繡。唐史：天寶間涪州貢荔枝，到長安香色不變，貴妃乃喜。州縣以郵傳疾走，七日七夜至京，以稱人意，人馬僵斃，死望於道，百姓苦之。荔枝惟閩粵巴蜀有之，漢南越王尉佗以之備方物，始通中國。楊貴妃生於蜀，好嗜之，以南海荔枝勝蜀，故每歲飛馳以造。」騎（jì）：一人一馬。紅塵：飛騎揚起的塵土。

〔5〕新豐：唐縣名，在今陝西臨潼東北新豐鎮，離華清宮不遠。黃埃：黃色的塵土。這裡專指刺探軍情的兵士所騎的馬揚起的塵土，預示著戰亂。

〔6〕漁陽探使：指太監輔璆（qiú）琳一行。杜牧原注：「帝使中使輔璆琳探祿山反

否，璆琳受祿山金，言祿山不反。」安祿山在漁陽謀反前，唐玄宗有所察覺，曾派太監輔璆琳以送珍果的名義前去探視情況。誰知輔璆琳暗地裏受了安祿山的賄賂，回來稟報玄宗說安祿山沒有謀反的意圖，於是玄宗放鬆了警惕。見《資治通鑑》卷二一七。漁陽：郡名，天寶元年（742）改薊州為漁陽郡，治所在今天津薊州一帶，是當時安祿山的駐地。

〔7〕「霓裳」句：謂在千峰聳立的驪山上，唐玄宗和楊貴妃還在宮中演奏《霓裳羽衣曲》。霓裳：指《霓裳羽衣曲》，楊貴妃善舞此曲。詳參《華清宮三十韻》詩注〔20〕。

〔8〕「舞破」句：謂直到中原被叛軍攻佔了，玄宗才停止宮中的舞蹈，倉皇出逃，避幸西蜀。

〔9〕「萬國」二句：謂在全國各地到處燈紅酒綠、歌舞升平的景象中，巍峨的驪山宮殿，直聳雲霄，被月光照得徹夜通明。萬國：萬方，指全國各地。唐代中國是萬邦朝會的大國，故稱萬國。唐杜甫《歲晏行》：「萬國城頭吹畫角，此曲哀怨何時終。」笙歌：奏樂歌唱。笙，管樂器名。倚天樓殿：殿閣高聳入雲，雄偉壯觀。分明：明亮。

〔10〕「雲中」句：謂安祿山拖著肥胖的身體翩翩作胡旋舞。雲中：形容宮殿之高；因驪山高聳入雲，故稱。亂拍：拍節急驟；指安祿山舞時，旁邊的宮人按節擊掌，因其舞節奏太快，節拍都失調了。祿山舞：安祿山曾跳《胡旋舞》邀寵。據新、舊《唐書·安祿山傳》記載，楊貴妃有寵，安祿山請求為貴妃養兒，玄宗答應了他。祿山晚年更加肥壯，腹垂過膝，重達三百三十斤。行走時須人攙扶。但卻能在玄宗面前跳胡旋舞，疾如旋風。胡旋舞是從西域康國流傳過來的舞蹈；男子獨舞，以跳躍騰踏動作為主。

〔11〕「風過」句：謂清風吹過層層疊疊的山巒，傳來宮中的笑聲。重巒：山峰連綿。

【簡評】

這是晚唐以華清宮為題材的詠史詩中最著名的一組。這組詩，是詩人過驪山華清宮時，借歷史陳跡而對安史之亂這一影響唐朝命運的重大歷史事件引發的思考。他追原禍始，對荒淫誤國的唐玄宗大加鞭撻，對奢侈貪婪的楊貴妃深刻諷刺，對謀反叛亂的安祿山無情抨擊，目的也是給當朝皇帝如唐敬宗之流，敲響警鐘。

第一首述玄宗不惜歷險道蠶叢，快馬急送荔枝，以供美人一粲，顯示華清宮的荒唐一幕。讀罷此詩，人們自然要拿唐玄宗與周幽王烽火戲諸侯相比，二

人在荒淫誤國方面，實在難分伯仲。「無人知」三字也發人深思。通過送荔枝這一典型事件，鞭撻了玄宗與楊貴妃驕奢淫逸的生活，有著以微見著的藝術效果，精妙絕倫，膾炙人口。此詩或為寫意之作，意在諷刺玄宗寵妃之事，不可一一求諸史實。全詩不事雕琢，樸素自然，寓意精深，含蓄有力。此詩語句精警，影響深遠。宋蘇軾《荔枝歎》：「宮中美人一破顏，驚塵濺血流千載。」即取其意而成。

二、三兩首，轉寫玄宗之昏庸。兵變已經發生，卻渾然不知，派出漁陽探使，竟又被其蒙蔽，仍沉醉太平，享受聲色。「舞破」「風過」兩句，用極為冷峻之筆諷刺，感慨殊深，令人振聾發聵。

第二首，詩人從「安史之亂」的紛繁複雜的史事中，只攝取了「漁陽探使回」的一個場景，是頗具匠心的。它既揭露了安祿山的狡黠，又暴露了玄宗的糊塗，有「一石二鳥」的妙用。從全篇來看，從「漁陽探使回」到「霓裳千峰上」，是以華清宮來聯結，銜接得很自然。這樣寫，不僅以極儉省的筆墨概括了一場重大的歷史事變，更重要的是揭示出事變發生的原因，詩人的構思是很精巧的。將強烈的諷刺意義以含蓄出之，更顯得餘味無窮。

「霓裳」二句不僅詩意上緊相關聯，而且字面上互相照應，「上」「下」二字，把這種關係凝煉而精確地表達出來了。「上」字很耐玩味，一則表明驪山的千山萬壑，都響徹了唐明皇作樂的舞曲；二則表示那樂曲好像永遠繚繞在眾峰之上，既寫響亮，又寫長久，從而表現出唐玄宗長年生活在淫樂中。下句的「舞破」和「始」含義深刻。「舞」承接上句，「破」道出下文。「破」字，一字雙關，既指舞得狂蕩，又指安祿山佔領中原的史實。「始」字，表示了「下」是無可奈何的。揭露得深刻，諷刺得辛辣！

第三首也是一首諷喻詩。此詩含蓄委婉，筆調看似輕快，實則對亡國之君的荒淫誤國給予了辛辣無情的嘲諷。

一般來說，七言絕句多以描寫靜態景觀見長，而這組詩卻如同戲劇一樣，以大膽的想像，運用誇張、雙關的手法，展示動態場景，通過送荔枝、貴妃舞霓裳、祿山宮中舞等典型事件，諷喻唐玄宗的荒淫好色，楊貴妃的恃寵而驕，安祿山的狡詐，慨歎安史之亂，總結唐朝由盛轉衰的原因，可謂以小見大，見微知著。雖無一字評說，但強烈的諷刺意味呼之欲出。

登樂遊原〔1〕

長空澹澹孤鳥沒，萬古銷沉向此中〔2〕。看取漢家何事業，五陵無樹起秋風〔3〕。

【注釋】

〔1〕本詩作於大中四年（850）初秋。樂（yuè）遊原：地名，在今陝西省西安市城南。地勢高曠，四望軒敞，可以俯視全長安城。西漢宣帝建樂遊苑於此，故名。唐時每正月晦日、三月三日上巳、九月九日重陽為京都士女節日遊賞勝地。參見元駱天驤《類編長安志》卷七。

〔2〕「長空」二句：謂孤鳥遠飛消失在遼闊的長空中，古時的遺跡亦消失在這荒廢的樂遊原裏。宋謝枋得《唐詩絕句注解》卷三：「『長空澹澹孤鳥沒』有兩說：一說是當時所見景物之淒慘；一說是計前代帝王陵墓，在宇宙間如長空一孤鳥耳。」澹（dàn）澹：廣大無邊。唐張九齡《登郡城南樓》：「澹澹澄江漫，飛飛度鳥疾。」沒（mò）：消失。銷沉：湮沒；磨滅。此中：指樂遊原四周。

〔3〕「看取」二句：意謂漢王朝曾何等顯赫一時，而今五陵衰敗，竟然連可以興起秋風的樹木亦蕩然無存了。看取：猶言試看、請看、且看。漢家：漢朝。唐人對本朝因不便明言，故託漢喻唐，這是唐人的一種習尚。五陵：漢代五個皇帝的陵墓，即高祖長陵、惠帝安陵、景帝陽陵、武帝茂陵、昭帝平陵。漢代每立陵墓，均將四方富家豪族與外戚遷往居住，其中以五陵最為著名。這五陵是漢朝全盛的象徵。後代詩文中常以五陵為豪門貴族聚居之地。漢末歷經喪亂，五陵皆被發掘，幾成廢墟。事業：功業。無樹起秋風：這裡沒有樹，只有空蕩的秋風迴旋。清沈德潛《唐詩別裁》卷二評結句曰：「樹樹起秋風，已不堪回首，況於無樹耶！」

【簡評】

這是一首寫景詩，也是懷古詠史名篇。此詩託物起興，藉孤鳥之飛逝，慨古來盛世之湮沒；以五陵之興廢，抒其今昔之感，寓其對朝政之憂慮。感慨至深而出語豪宕。抒寫歷史興衰之感，並不是直抒胸臆，而是大筆勾勒寥廓的宇宙，描繪「五陵」荒涼的景象，啟發讀者的思索。唐人常用漢朝事比喻當代，此詩的「漢家事業」，也隱喻著唐朝。時代的衰敗與個人的失志互相絞纏，使他的詩中常常充溢著沉重的苦澀與悲淒。

上聯描寫了樂遊原的景色，渲染了淒涼的氣氛。感物興情，託寓深廣；

既有高渺之景，又有雄渾之氣。「孤鳥」和「長空」的強烈對比，正是短暫和永恆、渺小和無限的強烈對比，也是人事與自然的強烈對比。這種高度的象徵性，又非常具象化，使詩既富含哲理，也極具詩意。「萬古銷沉」四字，將滄海桑田、陵廢谷興、悠長的歲月中發生的無窮之事，都包攬一盡，筆力千鈞，氣勢雄闊。而「向此中」三字，聲韻沉厚，如巨石滾坡。詩人在此展示了永恆的宇宙對有限的人事的銷蝕，深感人世盛衰、興亡迭代、終在無限的宇宙中歸於蒼涼寂滅，可見詩人感慨之深，悲哀之至。

　　下聯直接抒寫盛衰興亡之感，筆法極其凝煉。詩從縱橫兩方面，即地理和歷史的角度，分別進行觀覽與思考，從而表達出登高臨眺時觸動的個人感受。這裡對漢帝歸於陵丘，陵丘也不能永固的慨歎，影蓋當代，深沉鑱刻，頗得風人之旨。「看取」二字承上轉下，說得頗有氣派，言辭之間大有不容置辯之色，慷慨之狀如在眼前。「無樹起秋風」呼應首聯，使全詩一氣貫通。其用筆曲折。先前詩人寫五陵，如李白「五陵松柏使人哀」（《永王東巡歌》）、岑參「五陵北原上，萬古青濛濛」（《與高適薛據登慈恩寺浮圖》）、顧況「雲韶九奏杳然遠，唯有五陵松柏聲」（《八月五日歌》）、劉復「河水東流宮闕盡，五陵松柏自蕭蕭」（《長歌行》）等，都以五陵風樹蕭蕭來感慨盛衰，而杜牧更進一步，五陵已然無樹，只餘秋風空吟，將銷沉之意翻倍寫出，盛衰之感更深，寂滅之意更足。霸業成空，死後只餘陵墓，已屬蕭條，更何況連陵墓之樹都已消失不見呢？

　　這首詩無論是寫景，還是敘事抒情，都沒有精雕細琢之痕。通篇大筆淋漓，手法洗練，出語凌厲，具有一種居高臨下的豪宕之氣。

聞慶州趙縱使君與黨項戰中箭身死長句〔1〕

　　將軍獨乘鐵驄馬〔2〕，榆溪戰中金僕姑〔3〕。死綏卻是古來有，驍將自驚今日無〔4〕。青史文章爭點筆〔5〕，朱門〔6〕歌舞笑捐軀。誰知我亦輕生者〔7〕，不得君王丈二殳〔8〕。

【注釋】

〔1〕此詩約大中四年（850）作。慶州：唐代州名，治所在今甘肅省慶陽縣。趙縱：生平未詳，曾任慶州刺史。黨項：唐代西北少數民族，羌族的一支。初居今青海、甘肅、四川邊區一帶。南北朝後期漸趨強大。唐貞觀三年，以其地置軌州。九世紀後期，黨項向東北遷移至今甘肅、寧夏、陝北一帶。遼神策元年為遼太

祖阿保機所併。党項是中晚唐最嚴重的邊患之一，文宗、武宗時常騷擾為寇。大中五年，宰相白敏中為招討使，曾破党項九千餘帳，遂奏平復。杜牧曾奉勅作《賀平党項表》。其實直到大中六年党項仍復擾邊。參見《資治通鑒》卷二四九。長句，詳見《長安雜題長句六首》詩注〔1〕。

〔2〕鐵驄馬：身披鐵甲的強悍戰馬。驄（cōng）：毛色青白相間的馬。唐張柬之《出塞》：「俠客重恩光，驄馬飾金裝。瞥聞傳羽檄，馳突救邊荒。」

〔3〕榆溪：榆溪塞，亦稱榆林塞，又名榆林山，唐代屬於勝州。漢唐時為西北的邊防要塞，故地約在今內蒙古鄂爾多斯黃河北岸。金僕姑：箭名，泛指利箭。詳見《重送》詩注〔2〕。

〔4〕「死綏」二句：謂因敗軍而當死者古來多有，而驍勇之將如趙縱者今日則無。死綏（suī）：因退兵而當死罪；古稱戰場退軍曰綏。《三國志·魏志·武帝紀》：「司馬法：將軍死綏。」即軍隊敗退，將軍當死。此處指為國犧牲。驍（xiāo）將：勇猛善戰的將領。

〔5〕青史：古以竹簡記事曰殺青，後因稱史冊、史書為青史。文章：代指歷代典籍。點筆：下筆為文；指記下趙縱的忠烈事蹟。

〔6〕朱門：紅漆門。詳見《冬至日寄小姪阿宜》詩注〔17〕。

〔7〕輕生：不畏死；不貪生怕死。唐孟郊《遊俠行》：「壯士性剛決，火中見石裂。殺人不回頭，輕生如暫別。」

〔8〕「不得」句：謂君王沒有賜給我軍權。殳（shū）：上古兵器，用竹木為之，一端有棱，但沒有刃，長一丈二尺。《詩·衛風·伯兮》：「伯也執殳，為王前驅。」

【簡評】

詩人描繪趙縱英勇戰鬥之威武形象，歌頌為國犧牲之無畏精神，運用對比手法譴責朝廷苟且偷生之臣，亦藉以抒發自己懷才不遇難以報國之憤。詩歌用層進、反襯的手法，突出趙縱將軍為國捐軀的英勇，令史家稱頌，而令人痛心的是如此值得稱頌的壯舉竟然有人冷嘲熱諷。

此詩開篇，敘趙縱使君陣亡的情景。首聯一位躍馬前驅、不畏生死的將軍形象躍然紙上；頷聯，頌其勇悍，陳義極高。青史點筆當永垂不朽，而權門歌舞間反笑捐軀。詩人用對比之筆，揭示出朝廷內一批尸位素餐、久安逸樂者的昏庸無恥。他們驕縱偷生，不能效命疆場，反而譏論英勇將士。以上夾敘夾議，其間流蕩著強烈的愛憎之情。然而，詩人意猶未盡，結句大聲疾呼：「誰知我亦輕生者，不得君王丈二殳。」詩係追悼戰死者，實歎自身功業

無就。徒有報國之志，不得報國之途的牢騷，淋漓盡致地傾瀉出來。因「聞」趙縱使君戰死而在詩人心中激起的欽慕、痛惜、憤忿……匯成一股激流，以極大的藝術感染力撞擊著讀者的心靈。

由於趙縱唐史未見記載，故本詩所描寫的其為國捐軀的英勇事蹟便彌足珍貴了。此詩將敘事、議論與抒懷熔為一爐，或歌、或泣、或斥，洋洋灑灑，長氣貫注，感人至深。全詩只有前兩句具體寫趙縱使君，其餘則全是對這一事情的議論，感情慷慨澎湃，語言簡練有力。雖然此詩通篇議論，但不失詩歌的蘊藉流美之致。

送容州中丞赴鎮〔1〕

交阯同星座〔2〕，龍泉似斗文〔3〕。燒香翠羽帳〔4〕，看舞鬱金裙〔5〕。鸂首衝瀧浪〔6〕，犀渠拂嶺〔7〕雲。莫教銅柱〔8〕北，空說馬將軍〔9〕。

【注釋】

〔1〕此詩大中三年（849）作。詩題《全唐詩》作《送容州唐中丞赴鎮》。容州：唐州名，州治在北流縣（今屬廣西）。以轄境有容山得名。唐中丞：即唐持，字德守，元和十五年登進士第。大中三年，由工部郎中出為容州刺史、御史中丞、容管經略招討使。見《舊唐書·唐次傳》附、《新唐書·唐儉傳》附。此詩《全唐詩》卷七四二又作張泌詩。

〔2〕交阯：亦作交趾，郡名，即交州，時為安南都護府治所。在今越南河內。同星座：據《新唐書·地理志》，容州、安南均為嶺南五府之一，於天文均為鶉尾分野，故云。

〔3〕龍泉：古代寶劍名。詩歌中多用作劍的泛稱。《晉書·張華傳》云：張華命豐城令雷煥於獄屋地基下掘地四丈餘，得一石函，終有雙劍，一曰龍泉，一曰太阿。《文選·曹植·與楊德祖書》：「蓋有南威之容，乃可論其淑媛；有龍泉之利，乃可議其斷割。」據晉《太康地記》記載，西平縣有龍泉水，可以砥礪刀劍，特堅利，故有堅白之論，是以龍泉之劍為楚寶。唐張氏《寄夫》：「從來誇有龍泉劍，試割相思得斷無。」似，一作「佩」。斗文：古代寶劍有七星圖文。《太平御覽·兵部七十四》：「《吳越春秋》曰：伍子胥過江，解劍與漁父曰：此劍中有七星北斗文，其直千金。」

〔4〕翠羽帳：即翠帳，用翠綠色的羽毛裝飾的帷帳。明何景明《元明宮行》：「遊客潛窺翠羽帳，市子屢竊金香爐。」

〔5〕鬱金：芳草名，即鬱金香，可染婦人衣裙。

〔6〕鷁：水鳥名。古代畫鷁首於船頭，故稱船為鷁首。《方言》卷九：「（舟首）或謂之艗艏。」晉郭璞注：「鷁，鳥名也。今江東貴人船前作青雀是其像也。」唐李白《春日陪楊江寧及諸官宴北湖感古作》：「鷁首弄倒景，峨眉綴明珠。」瀧：水名。即今武水，又名武溪，源出湖南省臨武縣境，流入廣東省，經樂昌縣至韶關市，與湞水合為北江，又至三水，與西江相通。《水經注·溱水篇》：「武溪水又南入重山……懸湍回注，崩浪震山，名之瀧水。」

〔7〕犀渠：以犀皮製成之盾牌。《國語·吳》：「建肥胡，奉文犀之渠。」《注》：「肥胡，幡也；文犀之渠，謂楯也。文犀，犀之有文理者。」晉左思《吳都賦》：「戶有犀渠。」嶺：指五嶺。《晉書·地理志》：「自北徂南，入越之道，必由嶺嶠；時有五處，故曰五嶺。」

〔8〕銅柱：銅製之柱。《後漢書·馬援傳》：「嶠南悉平。」唐李賢注引《廣州記》：「援到交趾，立銅柱，為漢之極界也。」詩歌中多借銅柱典故詠嶺南邊荒之地或詠將帥征戰邊地建功樹勳。唐李紳《逾嶺嶠止荒陂抵高要》：「南標銅柱限憑徼，五嶺從茲窮險艱。」

〔9〕馬將軍：東漢名將馬援，字文淵，扶風茂陵人。建武十一年任隴西太守，建武十七年任伏波將軍，南征交趾，立銅柱作為漢朝南陲的界標。嘗謂賓客曰：「丈夫為志，窮當益堅，老當益壯。」又言：「男兒要當死於邊野，以馬革裹屍還。」卒於軍。詳見《後漢書·馬援傳》。唐詩中以馬援喻指率軍出征的大將，或表達建功立業之志。

【簡評】

　　唐中丞遠赴嶺南，路途遙遙，身佩有七星圖文的寶劍；途中住在翠羽帳裏，偶而還可欣賞美女的歌舞；道路險阻，時而乘船前行，時而翻山越嶺。最後詩人鼓勵唐中丞不要懈怠，要向馬將軍一樣建功樹勳。

　　這是一首送行詩，交代了赴任地點、出行時威武形象、路途上的快樂與艱辛，最後表達希望和祝願。全詩脈絡清晰、情感真摯。

夏州崔常侍自少常亞列出領麾幢十韻〔1〕

　　帝命詩書將〔2〕，壇登禮樂卿〔3〕。三邊〔4〕要高枕，萬里得長城〔5〕。對客猶褒博〔6〕，填門已旆旌。腰間五綬〔7〕貴，天下一家榮。野水差新燕〔8〕，芳郊嘶〔9〕夏鶯。別風嘶玉勒〔10〕，殘日望金莖〔11〕。榆塞孤煙媚〔12〕，銀川〔13〕

綠草明。戈矛虓虎〔14〕士，弓箭落雕〔15〕兵。魏絳〔16〕言堪採，陳湯〔17〕事偶成。若須垂竹帛〔18〕，靜勝〔19〕是功名。

【注釋】

〔1〕此詩作於大中三年（849）。夏州：唐代州名，州治在今陝西橫山縣西。唐時為夏州節度使治所。常侍：散騎常侍，分左右，正三品下，掌規諷過失，侍從顧問。此「常侍」當是崔出鎮時所授檢校官。少常亞列：即太常少卿，太常寺副長官，正四品上，掌禮樂郊廟社稷之事。詳見《新唐書・百官志》。出領麾幢（huī zhuàng）：出任節度使。麾幢，官員出行時的儀仗隊所用的旗幟。

〔2〕詩書將：春秋時期，晉文公想建三軍鞏固王位，尋求元帥人選的時候，趙衰極力薦舉大夫郤縠，並稱讚郤縠「說禮樂而敦詩書」，必知用兵，晉文公於是任命郤縠為中軍元帥。事見《左傳・僖公二十七年》。

〔3〕壇登：即登壇，升登壇場。古時帝王即位、祭祀、會盟、拜將，多設壇場，舉行隆重的授官儀式。楚漢相爭時，漢王劉邦接受蕭何建議，重用韓信為大將軍，特為設壇，舉行隆重的拜將儀式。詳見《史記・淮陰侯列傳》。唐詩中多詠統兵拜將，委以軍事重任。禮樂卿：指太常少卿。因其掌朝廷禮樂郊廟社稷之事，故稱。

〔4〕三邊：漢代幽、并、涼三州地在邊疆，稱三邊。後泛指北方邊疆。

〔5〕長城：喻可倚為屏障之大將。《宋書・檀道濟傳》：「檀道濟被收，脫幘投地曰：乃復壞汝之萬里長城。」

〔6〕褒博：褒衣博帶，衣襟寬大的袍服和長長的衣帶，是儒者的服飾。

〔7〕綬：絲帶；此處指繫印環之帶。古代常用不同顏色之絲帶，標識官吏身份與等級。《禮・玉藻》：「天子佩白玉而玄組綬。」《注》：「綬者，所以貫佩玉相承受者也。」

〔8〕野水：原野上的河流。《管子・侈靡》：「今使衣皮而冠角，食野草，飲野水，孰能用之？」差：差池，參差不齊的樣子。《詩・邶風・燕燕》：「燕燕于飛，差池其羽。」

〔9〕芳郊：長滿花草的郊野。唐王勃《登城春望》：「芳郊花柳遍，何處不宜春。」哢（lòng）：鳥鳴。

〔10〕別風：同「列風」，即烈風，猛烈的風。晉陸雲《紆思》：「恥蒙垢於同塵，思振揮於別風。」玉勒：玉製的馬銜，這裡指馬。

〔11〕金莖：銅柱，用以擎承露盤。漢武帝作銅人捧盤承露，和玉服食，意欲長生不老。承露仙人掌以銅為之，又稱為金掌。見《史記・封禪書》《漢書・郊祀志》。

詩中多以此典詠帝王求仙好道，也用來作為宮殿的標誌，以切長安地望。此處代指長安宮闕。《文選‧班固‧西都賦》：「抗仙掌以承露，擢雙立之金莖。」唐杜甫《秋興八首》：「蓬萊宮闕對南山，承露金莖霄漢間。」

〔12〕榆塞：榆溪塞，又名榆林塞，在今陝西榆林。戰國時北方邊塞多種植榆樹作為圍柵，秦統一中國，收復內蒙古河套地區後，也在這裡栽植了很多榆樹，據說這就是榆林塞得名的緣由。媚：美好。

〔13〕銀川：地名，指銀川郡，唐時亦曾改為銀州。治所在儒林縣，即今陝西橫山一帶。

〔14〕虓（xiāo）虎：勇猛咆哮之虎。此處形容兵士勇猛。

〔15〕落雕：北齊斛律光打獵時，射下一大雕，人稱「落雕都尉」。詳見《東兵長句十韻》詩注〔15〕。

〔16〕魏絳：春秋時晉國大夫，佐晉悼公，獻和戎之策。晉無戎患，國勢日振，八年之中，九合諸侯，稱霸華夏。見《左傳》襄公四年、襄公十一年。亦見《史記‧魏世家》。詩中用此稱頌朝廷重臣。唐杜甫《投贈哥舒開府二十韻》：「廉頗仍走敵，魏絳已和戎。」

〔17〕陳湯：西漢人。漢元帝時期，匈奴郅支單于背信棄義，殺害了護送他兒子返回匈奴的漢朝使者，又在西域大力擴充自己的地盤。陳湯趁其不備，假託皇帝的命令，擅自興師征之，僥倖獲勝。漢元帝念陳湯大功，沒有追究他擅自發兵的罪責，還封他為關內侯。詳見《漢書‧陳湯傳》。偶成：偶然成功。

〔18〕垂竹帛：名垂青史。竹帛，竹書和帛書，古人在紙張發明以前，在竹簡和白絹上寫字。《墨子‧天志中》：「又書其事於竹帛，鏤之金石，琢之盤盂，傳遺後世子孫。」

〔19〕靜勝：不戰而勝，以靜取勝。《尉繚子》：「兵以靜勝，國以專勝。」

【簡評】

崔常侍由太常寺少卿出任節度使戍守邊關，詩人寫此詩，緊扣其文官身份，稱讚他文武兼修，預言從此邊疆可得安寧，而「靜勝是功名」，不戰而勝，應該是節度使出行前收到的最美好的祝福。邊塞風景在文人筆下一般都是苦寒景象，而在這首詩中卻生意盎然，詩人於景色描繪中蘊含美好的祝福。

街西長句 〔1〕

碧池新漲浴嬌鴉〔2〕，分鎖長安富貴家。遊騎偶同人鬬酒〔3〕，名園相倚杏

交花。銀秋䩸裏嘶宛馬〔4〕，繡鞅瑽瓏走鈿車〔5〕。一曲將軍何處笛〔6〕，連雲
芳樹〔7〕日初斜。

【注釋】

〔1〕街西：唐代的長安城分為東西兩部分，以朱雀門大街為界限，街西屬於長安
　　縣，街東屬於萬年縣，各五十四坊。見《舊唐書・地理志》。街西即指長安西
　　街。

〔2〕「碧池」句：清錢謙益、何焯《唐詩鼓吹評注》卷六：「杜牧《阿旁宮賦》云：
　　『渭流漲膩，棄脂水也。』與此意同。」

〔3〕遊騎：在街上巡邏的騎兵。鬪酒：比酒量。斗為古代酒器。唐人習慣以斗酒稱
　　飲酒，並以之為樂。唐王績於武德初待詔門下省，按故事，由官日給酒三升。
　　或問：「待詔何樂耶？」答曰：「良醖可戀耳！」侍中陳叔達因命日給一斗，時
　　人因稱為「斗酒學士」。參閱唐李才《東皋子集序》及《新唐書》本傳。唐岑參
　　《涼州館中與諸判官夜集》：「一年大笑能幾回，斗酒相逢須醉倒。」

〔4〕秋：同「鞦」，拴在駕轅的馬匹身後的皮帶子。䩸裏（yǎo niǎo）：古駿馬名；日
　　行萬里，或說日行五千里。參見漢司馬相如《上林賦》、東漢張衡《思玄賦》及
　　注。北齊劉晝《新論・惜時》：「天回日轉，其謝如矢，䩸嫋迅足，神馬弗能追
　　也。」唐杜甫《天育驃騎歌》：「如今豈無䩸裏與驊騮，時無王良伯樂死即休。」
　　宛馬：古代西域大宛國所產的馬，泛指駿馬。唐高適《送渾將軍出塞》：「控弦
　　盡用陰山兒，登陣常騎大宛馬。」

〔5〕繡鞅：套在馬頸用以負軛的繡有圖案的皮帶。瑽（cōng）瓏：明潔的樣子。鈿
　　車：裝飾著金銀飾件的車。詩詞中多指婦女所乘的華麗車子。唐白居易《潯陽
　　春三首》：「金谷踏花香騎入，曲江碾草鈿車行。」

〔6〕「一曲」句：此為「何處一曲將軍笛」的倒文。將軍笛：形容笛聲悠揚動人。
　　將軍：指東晉大將桓伊，《晉書・桓伊傳》記載他以吹笛聞名，有一次在南京
　　渡口，恰逢王羲之的第五子王徽之應召入京。兩人素不相識，但放浪不羈的
　　王徽之毫不客氣，直接派人去請桓伊為他吹笛，桓伊也聽說過王徽之狂放清
　　高的名聲，於是下車吹了《梅花三弄》，吹完就上車走了，兩人沒有說一句話，
　　在名士間傳為美談。

〔7〕芳樹：花木。三國魏阮籍《詠懷》：「芳樹垂綠葉，清雲自逶迤。」

【簡評】

　　詩歌描寫長安西街春景，春水融融，杏花嬌豔，香車寶馬，華麗豪奢，富

貴門第相連，然而門禁森嚴，連烏鴉洗澡也劃分區域，確實是封建社會帝都的景象。

長安多有豪貴府第名園，他們極盡榮華富貴，享盡人間之樂。詩人對此時有微譏暗諷，此詩即寓此意。詩中「新漲浴嬌鴉」五字，襯起「碧池」，起點染作用，頗為鮮妍可喜。

清錢謙益、何焯《唐詩鼓吹評注》卷六：「此言長安街西碧池綠水初漲，可浴嬌鴉，而此水分流，則襟帶於長安富貴之家已，於是遊客來過而斗酒，名園相倚而交花，而侯王之輩，亦且乘宛馬走鈿車也。此可見街西人物之繁華矣。乃當芳樹連雲，斜陽欲墜，忽不知笛聲何自而來，悠悠情事，此時當復何如哉！」此外，也有人例如金聖歎，以為通過寫將軍夕陽下吹笛，暗含社會江河日下，恐怕有些求解過當。

春申君〔1〕

烈士思酬國士恩〔2〕，春申誰與快冤魂〔3〕？三千賓客總珠履〔4〕，欲使何人殺李園〔5〕？

【注釋】

〔1〕春申君：名黃歇，戰國楚人。遊學博聞，頃襄王時，出使於秦，止秦之攻。考烈王立，以黃歇為相，賜淮北封地十二縣，因其封地介於蘄春、申息之間，故曰春申君。與其時齊國孟嘗君、趙國平原君、魏國信陵君為著名四公子。

〔2〕烈士：有志功業、重義輕生之人。國士恩：以國士之禮相待之恩。唐魏徵《出關》：「豈不憚艱險，深懷國士恩。」

〔3〕快冤魂：為春申君復仇。快，使動用法，使他人感到痛快。冤魂，蒙受冤屈之魂。春申君被門客李園派的刺客殺死，故稱冤魂。

〔4〕「三千」句：謂春申君家有三千賓客，上等賓客都穿著珠玉裝飾的鞋子。形容待遇之厚。《史記·春申君列傳》：「趙平原君使人於春申君，春申君舍之於上舍。趙使欲誇楚，為玳瑁簪，刀劍室以珠玉飾之，請命春申君客。春申君客三千餘人，其上客皆躡珠履以見趙使，趙使大慚。」珠履：飾有珠子的鞋子。三千珠履客，指豪門為數眾多的門客。

〔5〕李園：春申君門客之一。李園先將其妹獻與春申君，知其有孕，又陰謀將其妹獻與楚王。春申君惑於其說，使得逞。楚王寵愛李園妹，遂生子男，立為太子，其妹遂為王后，而李園隨之顯貴。朱英向春申君獻計殺李園，不為採納。楚考

烈王死後，李園恐事洩露，派俠客刺殺春申君，斬其頭，投之棘門外，並盡滅春申君之家。令人更加不平的是，春申君眾多門客中卻沒有一人來為他報仇。事見《史記·春申君列傳》。

【簡評】

春申君為戰國四大公子之一，門客眾多，孰料竟然死於門客之手，而更令人難以置信的是三千門客中卻沒有人來為他復仇。此詩慨歎無人為春申君復仇，痛斥其門客忘恩負義、恩將仇報的行為。

詩二十八字，字字悲愴。春申君乃欲一酬「國士恩」之烈士，然一念之差終鑄成大錯，以致喪身絕祀。養三千賓客，當有一日之用，而縱使其皆為躡珠履之上客，又有誰能為之擊殺李園，報仇雪恨？四句中兩用設問，見作者對千古冤魂之同情，對陰謀小人之鬱憤。

詩以議論開篇，義正詞嚴，為全詩奠定慷慨激昂悲憤難平的基調。「三千賓客總珠履」形象地寫出其門客待遇不菲，然而卻無人敢於擔當。有人認為此詩諷刺時事，感於甘露之變。

奉陵宮人〔1〕

相如死後無詞客〔2〕，延壽亡來絕畫工〔3〕。玉顏不是黃金少〔4〕，淚滴秋山入壽宮〔5〕。

【注釋】

〔1〕此詩會昌二年（842）晚春作。奉陵宮人：在皇帝陵墓侍奉的宮人。唐代皇帝死後，宮人沒有生育兒女的，都被遣送到陵墓那裏去，朝夕供奉皇帝神靈，事死如事生。奉陵制度始於西漢武帝茂陵，見《漢書·貢禹傳》，唐時猶遵此制。唐白居易《新樂府·陵園妾》云：「陵園妾，顏色如花命如葉。命如葉薄將奈何，一奉寢宮年月多。……山宮一閉無開日，未死此身不令出。」

〔2〕「相如」句：謂司馬相如死後再沒有人為失寵的人寫詩賦，使她們再獲帝王青睞。相如：司馬相如，西漢著名辭賦家。據說司馬相如曾經為失寵的陳皇后寫《長門賦》，使陳皇后又得到漢武帝的寵幸。參見《重送》詩注〔5〕。

〔3〕「延壽」句：謂毛延壽死了以後，宮中專門畫美人給皇帝看的畫工就絕了。延壽：漢元帝時宮廷畫師毛延壽。漢元帝後宮宮女甚多，不得常見。使毛延壽等畫工圖形，按圖召幸。諸宮人皆賄賂畫工，獨王昭君（名嬙）不肯，遂不得見。後來匈奴和親，漢元帝翻看畫像，決定把王嬙嫁出去。臨行召見，元帝驚訝其

美豔，為後宮第一。元帝窮案其事，毛延壽等畫工皆棄市。事見《西京雜記》卷二。本詩僅就延壽乃為宮女與帝王之媒介一端取意，實為活用原典。

〔4〕「玉顏」句：謂皇帝已經死去了，黃金再多也不能夠用來買詩賦或賄賂畫工，讓自己再見到皇帝。玉顏：如花似玉之美貌。代指宮女。唐王昌齡《長信秋詞》：「玉顏不及寒鴉色，猶帶昭陽日影來。」不是黃金少：不是能夠用黃金買來的。

〔5〕壽宮：帝王生前預築之墳墓，此謂皇帝陵園。唐白居易《昭德皇后輓歌詞》：「仙去逍遙境，詩留窈窕章。春歸金屋少，夜入壽宮長。」

【簡評】

杜牧會昌二年出守黃州，以為是李德裕排擠，離京前見奉陵宮人有感而作。此詩不僅對殘酷的封建制度進行批判，也對命運悲慘的婦女給予同情；同時隱含對自己被排擠出守黃州的憤懣和無奈之情。

詩以寫「玉顏」宮人之怨為表，而以抒發內心不平為實。這位玉顏美貌者，與陳皇后相比，同樣也有黃金，但為什麼還是沒有逃脫打入壽宮、淚滴秋山的命運呢？詩中不著一字譴責之語，卻飽含對封建帝王殘酷剝奪宮人青春自由的憤激及對宮人命運的關心同情。開頭兩句用典貼切自然：武帝時尚有相如為貶入冷宮之陳皇后作賦，以打動武帝；元帝時亦有毛延壽為宮人圖形，以期元帝召幸；如今則既無相如，亦無延壽，故宮人只能在壽宮以淚洗面，葬送青春。顯然詩中之「奉陵宮人」實為遭受冷遇者的代名，故其怨憤之語，也就具有了相當普遍的代言意義。

此絕句，前兩句用典，突出宮女無法改變命運；而末句「淚滴秋山」則採用渲染烘托的手法，寫出了宮女內心的淒苦。聖上在世雖不得親近，而歸天後反事之如生。雖怨無相如之辭、延壽之技，縱有之，亦何為？「玉顏不是黃金少」，只緣「蛾眉」充後宮。怨之者不怨，怨者自現。

讀韓杜集〔1〕

杜詩韓集愁來讀〔2〕，似倩麻姑癢處抓〔3〕。天外鳳凰誰得髓，無人解合續弦膠〔4〕。

【注釋】

〔1〕韓杜集：指唐代韓愈、杜甫的詩文集。

〔2〕「杜詩」句：謂在心情愁苦鬱悶的時候讀杜甫和韓愈的詩文。愁來讀：杜詩沉鬱

憂憤，韓文亦憂思感奮，故宜憂愁來時讀之。

〔3〕「似倩」句：謂好像是請麻姑給自己搔癢，極感舒暢。喻指杜韓二人的詩文能
　　夠產生共鳴，情感相通。倩（qiàn）：請。麻姑：傳說中女仙，又稱壽仙娘娘、
　　虛寂沖應真人，漢族民間信仰的女神，屬於道教人物。過去漢族民間為女性
　　祝壽多贈麻姑像，取名麻姑獻壽。《太平廣記》卷六十引晉葛洪《神仙傳》：
　　「東漢桓帝時，仙人王遠降於蔡經家，召麻姑至，年十八九，甚美，自云：
　　『接待以來，已見東海三為桑田，向到蓬萊，水又淺於往者會時略半也，豈
　　將復還為陵陸乎？』蔡經見麻姑手指纖細似鳥爪，自念：『背大癢時，得此爪
　　以爬背，當佳。』」詩文中以「麻姑搔背」用為得仙女侍奉的典故。唐李白《西
　　岳雲臺歌送丹丘子》：「明星玉女備灑掃，麻姑搔背指爪輕。」元楊維楨《小遊
　　仙》：「麻姑今夜過青丘，玉體催斟白玉舟。莫向外人矜指爪，酒酣為我擘箜
　　篌。」

〔4〕「天外」二句：謂杜韓詩文成就之高，沒有人能夠真正繼承其作品的精髓，如同
　　鳳髓難求，沒有辦法把折斷的弓弦續上。天外鳳凰：古代認為鳳凰是稀世之鳥，
　　隱身於天外。得髓：得其精華。解合：懂得配製。解，懂得。合，合成。續弦
　　膠：古代神話，鳳麟洲在西海中，上多鳳凰麒麟。人取鳳啄麟角合煮作膠，名
　　續弦膠，又名集弦膠、連金泥，弓弦或刀劍斷折，著膠即可連接。黏好的斷處
　　非常牢固，即使大力士來折，他處能斷，而黏合的地方卻折不斷。見舊題漢東
　　方朔《海內十洲記》、郭憲《洞冥記》、晉張華《博物志》卷二。詩人不言「鳳
　　啄」，而言「鳳髓」，是死典活用，別具韻味。按，古代以琴瑟喻夫妻，因稱喪
　　妻為斷弦，再娶為續弦。今民俗亦然。詩中也作鸞膠，唐劉兼《征婦怨》：「鸞
　　膠豈續愁腸斷，龍劍難揮別緒開。」

【簡評】

　　杜牧於唐代作家中最推崇李白、杜甫、韓愈和柳宗元四人，其《冬至日寄
小姪阿宜詩》曾說：「李杜泛浩浩，韓柳摩蒼蒼。」此詩就是杜牧寫讀韓杜集
的感受，表現了對韓、杜文學成就的推崇。同時，對晚唐詩文骨力萎靡，鮮有
如杜詩、韓文深表不滿。

　　詩的前兩句是正面抒寫自己的感受，描敘愁中讀杜、韓詩文的極度快感。
其中麻姑爬背這匪夷所思的妙喻，是詩人興到之筆，妙在信手拈來，興味盎然。
後兩句喟歎杜甫、韓愈的傑作無人嗣響。是側面描寫，用奇特的比喻，說明無
人能夠繼續杜甫與韓愈在詩文上的高度成就。

詩以愁起，以愁結，一前一尾，一顯一隱，錯落有致，前後呼應。詩中舊典活用，有言外之意、弦外之音，又使人回味不已。詩後兩句，上句設問，下句作答，一問一答，自成呼應，饒有韻味。無論是題旨、意象，還是結構、語言，都呈現特異之處。全詩比喻妥貼，形象新奇。兩處用典，但不見生澀，可見詩人作絕句的功力。

自杜甫打破「以文論詩」的傳統，開創了「以詩論詩」的體制後，仿傚者風起雲湧，在詩歌理論中形成一種影響深遠的體制。論詩絕句詞簡義精，蘊藉有致，具體形象，別具一格，民族特色鮮明。此詩即其一例。杜牧對杜甫、韓愈傑出文學成就的推崇，也是對他們人品與抱負的讚賞。杜牧文學主張的核心是主情重意，故對韓愈、杜甫最為崇拜。尊杜、韓為一統系，是宋詩派得以確立的基礎，而對這一統系的構建乃首出此詩，可見其在文學批評史上的價值。此外，杜牧詩多為宋人贊許，原因亦正在於此。

春日言懷寄虢州李常侍十韻〔1〕

岸蘚生紅藥〔2〕，岩泉漲碧塘。地分蓮嶽〔3〕秀，草接鼎原〔4〕芳。雨派潎潎〔5〕急，風畦芷若香〔6〕。織蓬眠舴艋〔7〕，驚夢起鴛鴦〔8〕。論吐開冰室〔9〕，詩陳曝錦張〔10〕。貂簪〔11〕荊玉潤，丹穴鳳毛光〔12〕。今日還珠守〔13〕，何年執戟郎〔14〕？且嫌遊畫短〔15〕，莫問積薪〔16〕場。無計披清裁〔17〕，唯持祝壽觴。願公如衛武，百歲尚康強〔18〕。

【注釋】

〔1〕此詩約作於會昌二年（842）或稍後。虢州：州名，唐州治在河南靈寶（今屬河南）。李常侍：李景讓，字後己，太原文水人。元和中登進士第，累遷商州刺史。開成二年，入為中書舍人，出為華、虢二州刺史。會昌中，遷右散騎常侍、浙西觀察使。傳見《舊唐書·忠義傳下》《新唐書·李景讓傳》。

〔2〕紅藥：花名，紅芍藥。古人常簡稱紅藥或藥。南朝齊謝朓《直中書省詩》：「紅藥當階翻，蒼苔依砌上。」藥：唐詩中「藥」多與「花」同義。

〔3〕蓮嶽：即西嶽華山，有蓮花峰，故稱。華山，雅稱「太華山」，為中國著名的五嶽之一，中華文明的發祥地。位於陝西省渭南市華陰市，在西安以東 120 公里處。南接秦嶺，北瞰黃渭，自古以來就有「奇險天下第一山」的說法。

〔4〕鼎原：即鑄鼎原，相傳為黃帝鑄鼎處，在虢州湖城（今河南靈寶市西北）。《元豐九域志》卷三《湖城》：「有荊山、鑄鼎原、鳳林泉、鼎湖。」

〔5〕潨潈（cōng chóng）：雨水急降貌；水流聲。

〔6〕芷若：白芷和杜若，為兩種香草名。《史記·司馬相如列傳·子虛賦》：「其東則有蕙圃衡蘭，芷若射干。」

〔7〕織蓬：指船上用竹子和蓬草編織成遮蔽風雨和陽光的棚子。舴艋（zé měng）：形似蚱蜢的小船。詩詞中常用「舴艋舟」形容小船。

〔8〕鴛鴦：水鳥名。體小於鴨，嘴扁平而短，趾有蹼。雄者羽毛美麗，頭有紫黑色羽冠，翼的上部黃褐色。雌者全身蒼褐色，胸腹灰白。棲息於池沼之上。雄為鴛，雌為鴦。據《古今注》，雌雄未嘗相離，人得其一，一思而死，故謂之匹鳥。人們每以此比喻真摯的愛情和夫妻的和睦。唐盧照鄰《長安古意》：「得成比目何辭死，願作鴛鴦不羨仙。」

〔9〕冰室：藏冰之室；猶冰窖。此喻指清明純潔之心胸。

〔10〕曝錦張：此處比喻詩歌美如陽光下之錦繡。

〔11〕貂簪：簪金蟬珥貂，為散騎常侍冠飾。《新唐書·百官志二》：「散騎常侍……分左右，隸門下、中書省，皆金蟬、珥貂。左散騎與侍中為左貂，右散騎與中書令為右貂，謂之八貂。」

〔12〕丹穴：神話傳說中出鳳凰的山名。《山海經·南山經》載，丹穴之山，「有鳥焉，其狀如雞，五采而文，名曰鳳皇。」鳳毛：珍稀人物，喻人才。王劭字敬倫，又稱大奴，為晉代名臣王導之子，曾任尚書僕射，風姿不凡。桓溫稱讚他是鳳雛，「固有鳳毛」。後因用「鳳毛」為稱頌別人繼承了先人所遺風采的典故。《世說新語·容止》：「王敬倫風姿似父，作侍中，加授桓公公服，從大門入。桓公望之曰：『大奴固自有鳳毛。』」唐杜甫《和賈舍人早朝》：「欲知世掌絲綸美，池上於今有鳳毛。」

〔13〕還珠守：指清廉有政績的地方官；用東漢孟嘗故事。此借指李常侍。還珠：即合浦珠還。比喻人去復歸或物失復得。詩歌中多用為稱頌地方官理政清明。相傳東漢時合浦郡沿海，不產穀實，而盛出珠寶。先時宰守並多貪穢，極力搜刮，致使珠寶移往別處。後孟嘗為合浦太守，制止搜刮，革易前弊，去珠復還。見《後漢書·孟嘗傳》。詩歌中多用珠還合浦、合浦珠、還珠、珠浦等吟詠其事。

〔14〕執戟郎：古代警衛宮門的官員。《史記·淮陰侯列傳》：「臣事項王，官不過郎中，位不過執戟。」秦漢郎官中有中郎、侍郎、郎中等，負責執戟宿衛殿門，故稱執戟郎。

〔15〕「且嫌」句：漢魏無名氏《生年不滿百》：「晝短苦夜長，何不秉燭遊。」

〔16〕積薪：本指採集或堆疊薪柴。比喻選用人才後來居上；詩歌中常用於傷歎仕途沉滯。漢代汲黯不滿以前小吏公孫弘、張湯位在己上，遂謂漢武帝曰：「陛下用群臣如積薪耳，後來者居上。」事見《史記・汲黯列傳》及《漢書・汲黯傳》。唐權德輿《酬崔舍人閣老冬至日宿直省中奉簡兩掖閣老並見示》：「左掖期連茹，南宮愧積薪。」杜牧此詩「積薪」指積聚木柴。古人晚上的主要照明方法為「燒柴」。積薪照明，即晚上的意思。

〔17〕清裁：猶清鑒，高明識見或裁斷。披清裁，謂見面。

〔18〕「願公」二句：衛武，春秋時衛武公。年九十五，謂人云：「苟在朝者，無謂我老耄而捨我，必恭恪於朝，朝夕以交戒我。」事見《國語・楚語上》。《北史》列傳第七十八：「咸陽公高允，雖年且百歲，而氣力尚康。」《後漢書・和帝紀》：「故太尉鄧彪……聰明康強，可謂老成黃耇者矣。」

【簡評】

這是一首祝壽詩。詩開頭四聯從美麗的春天寫起，春暖花開，池塘水漲；山峰奇險，風光秀麗；水流潺湲，鳥語花香；舴艋舟夢，驚起鴛鴦；春景色彩明豔，具有強烈的視覺衝擊感。中間四聯是對友人的誇讚，稱其有清明純潔之心胸，開口既能吟出錦繡之詩篇；如今高官鳳儀，政績清廉；日後陞官進爵，也是指日可待。同時勸慰道，您別抱怨這「遊晝」時間太短，也不要問為什麼這黑夜時間太長；表達了詩人「順其自然」的心境。最後兩聯送上真誠的祝福，雖然不能見面，唯有祝福萬壽無疆；祝願安樂強健，長命百歲。

全詩將對友人的懷念、讚頌與衷心祝願融為一體，構成一首唯美經典的生日祝辭。

李侍郎於陽羨里富有泉石，牧亦於陽羨粗有薄產，敘舊述懷，因獻長句四韻〔1〕

冥鴻不下非無意〔2〕，塞馬歸來是偶然〔3〕。紫綬公卿今放曠〔4〕，白頭郎吏尚留連〔5〕。終南山下拋泉洞〔6〕，陽羨溪中買釣船〔7〕。欲與明公〔8〕操履杖，願聞休去是何年。

【注釋】

〔1〕此詩大中三年（849）作，其時杜牧在京任司勳員外郎。李侍郎：李褒。大中三年李褒任禮部侍郎知貢舉。陽羨：古縣名。李褒晚年居住在陽羨，即今江蘇宜興。泉石：山水。薄產：杜牧於陽羨建有水榭。

〔2〕「冥鴻」句：謂自己本有退居之意，只是暫時寄跡官場而已。冥鴻：高高飛入蒼
　　　冥的大雁。用以喻高才之士和有遠大理想之人。漢揚雄《法官・問明》：「鴻飛
　　　冥冥，弋人何纂焉。」李軌注：「君子潛神重玄之域，世網不能制禦之。」後用
　　　以比喻避世隱居的人。唐陸龜蒙《奉和襲美題羅浮軒轅先生所居》：「暫應青詞
　　　為穴鳳，卻思丹徼伴冥鴻。」

〔3〕「塞馬」句：謂此次由郡守任上回到京城乃屬偶然。按，上年末杜牧因宰相周墀
　　　援引之力由睦州刺史內擢為司勳員外郎、史館修撰，結束了受排擠出京，連任
　　　黃州、池州、睦州刺史的經歷。故以塞馬歸來自比。塞馬：即塞翁失馬之事。
　　　《淮南子・人間訓》中載塞上有一家人的馬跑到了胡人那邊，人們都為之感到
　　　不幸，但這家做父親的說，誰說這事不能變成好事呢？果然幾個月以後，這匹
　　　馬不但跑回來了，還帶回了胡人的馬，人們又都去祝賀。

〔4〕「紫綬」句：謂李褒身居高官而為人曠達。紫綬：繫在腰間的紫色綬帶，唐代二
　　　品、三品的高官才有資格佩帶。李褒為禮部侍郎，正四品下，當服青綬。蓋杜
　　　牧作詩時誇語。公卿：三公九卿，也泛指朝廷高級官員。《東觀漢記》卷四稱：
　　　「漢制，公侯金印紫綬。」則杜牧以公卿看待李褒。放曠：曠達不拘禮俗。這
　　　裡指自由的隱居生活。

〔5〕「白頭」句：謂自身已到白頭，還在郎吏之任。《漢書・文宗紀》：「馮唐白首，
　　　居於郎署。」杜牧以此自比。按，杜牧大和九年時方三十三歲，所作《張好好
　　　詩》即云好好與其重見，「怪我苦何事，少年垂白鬚」。又，杜牧四十歲為黃州
　　　刺史時作《郡齋獨酌》詩時亦云：「前年鬢生雪，今年鬢帶霜。」作此詩時已年
　　　四十七歲，以「白頭郎吏」自稱亦宜。留連：拖延，指還沒有棄官隱居。《後漢
　　　書・劉陶傳》：「事付主者，留連至今，莫肯求問。」

〔6〕「終南」句：謂拋開終南山的山水風光。指離開長安不做官。終南山：又稱南
　　　山，隱居勝地，秦嶺山峰之一，在陝西西安市南。

〔7〕羨溪：即荊溪。《方輿勝覽》卷四：「荊溪，在宜興南二十步。」唐嚴維《荊溪
　　　館呈丘義興》：「失路荊溪上，依人忽暝投。長橋今夜月，陽羨古時州。」買釣
　　　船：指過上釣魚隱居的生活。

〔8〕明公：對權貴長官的尊稱。此為對對方的美稱。操履杖：拿著几杖跟隨在長者
　　　的身後，表示追隨之意。《禮記・曲禮上》：「謀於長者，必操几杖以從之。」

【簡評】
　　　此詩通過對李褒陽羨別墅山水風景的羨慕，讚頌了友人的曠達自適，表現

了對為官生活的不滿和對隱逸生活的嚮往。詩中用馮唐自比，對境遇自然有許多不滿，但作者表示要追隨李褒侍郎，隱居陽羨，則有更深刻的遠離長安政治中心，在山水風景中放曠身心的企願。詩人一開始便用「冥鴻不下，並非無意；塞馬歸來，純是偶然」進行含蓄委婉的解釋。「白頭郎吏」句既是對優游生活的嚮往，也是對郎官職位的不滿。最後更言將隨時跟從明公，操持履杖，徜徉南山荊溪。「操履杖」表達出對友人由衷的敬仰與尊敬。

從內容上看，本詩意在明志，通體高逸，而首聯工對（用偷春格），尾聯則以流水對收結，格律相當嚴整，顯示出晚唐詩人近體詩的圓熟程度。

贈李處士長句四韻〔1〕

玉函怪牒鎖靈篆〔2〕，紫洞香風吹碧桃〔3〕。老翁四目〔4〕牙爪利，擲火萬里精神高〔5〕。靄靄祥雲隨步武〔6〕，纍纍秋冢歎蓬蒿〔7〕。三山〔8〕朝去應非久，姹女當窗繡羽袍〔9〕。

【注釋】

〔1〕李處士未詳何人。處士：未仕或不仕的人。

〔2〕「玉函」句：謂李處士醉心道家的書籍。玉函：玉製的書套。晉王嘉《拾遺記》卷三：浮提之國獻神通善書二人，佐老子撰《道德經》。「寫以玉牒，編以金繩，貯以玉函。」怪牒：指神秘之道書。《後漢書·方術傳》：「神經怪牒，玉策金繩，關局於明靈之府，封縢於瑤壇之上者，靡得而窺也。」靈篆：指書寫的篆書文字。篆，篆書。《晉書·文苑傳》：「溫洛禎圖，綠字符其丕業；苑山靈篆，金簡成其帝載。」

〔3〕「紫洞」句：謂李處士所居為學道清靜之地。紫洞：仙人所居之處所；相傳為老子所居。碧桃：重瓣之桃花。即千葉桃，又名碧桃花。傳說為老子所食。《尹喜內傳》：「老子西遊，省太真之母，共食碧桃於紫洞。」

〔4〕老翁四目：即四目老翁，《雲笈七籤》卷四五：「蒼舌六齒，四目老翁。」四目，四隻眼睛。四目老翁即倉頡，亦名蒼頡，屬於上古時代中國傳說中的人物。《呂氏春秋》《史記》《漢書》皆言文字為倉頡所造。傳說中倉頡生有雙瞳四目，濃眉深目，躬身謙和，使人感到智慧無窮。

〔5〕「擲火」句：擲火萬里，道教語；謂仙人之行。宋龔頤正《芥隱筆記》：「（杜牧之詩）『擲火萬里』，亦用《度人經》『擲火萬里，流鈴八衝』之語。」胡可先《杜牧詩選》注：朝鮮刊《樊川詩集夾註》卷二引《靈寶度人經》：「擲火萬里，流

鈴八衝。」注：「嚴東曰：左右流金火鈴，一擲萬里，流光煥爛，交錯八衝，充
滿虛空之中，消魔滅鬼也。又薛函棲曰：擲火流鈴者，流金火鈴也。擲之有聲，
聞乎太極，光振千里，故傲萬里以交煥，達八方以衝擊，則真人常持之以制御
魔精。」

〔6〕「靄靄」句：謂李處士如同老子一樣，行動時都有祥雲跟隨。《老子內傳》：「太
上老君姓李氏，名耳，字伯陽。常有五色祥雲繞其形。」靄靄：盛貌。此處喻
祥雲密聚貌。步武：腳步。

〔7〕「纍纍」句：用丁令威學道成仙事。丁令威，傳說是漢遼東人，在靈虛山學道
成仙，後化鶴歸來，落城門華表柱上。有少年欲射之，鶴乃飛鳴作人言：「有
鳥有鳥丁令威，去家千年今始歸。城郭如故人民非，何不學仙冢纍纍。」遂高
上衝天。見舊題晉陶潛《搜神後記》卷一。後常用以比喻世事的變遷。

〔8〕三山：指古代神話傳說中海上三座神山蓬萊、方丈、瀛洲。道家崇尚的仙境。
《史記‧封禪書》：「蓬萊、方丈、瀛洲，上三神山者，其傳在渤海中，去人不
遠。」

〔9〕姹女：少女、美女。此處指仙女。《後漢書‧五行志一》載東漢童謠：「車班班，
入河間，河間姹女工數錢，以錢為室金為堂。」唐羅鄴《自遣》：「春巷摘桑喧
姹女，江船吹笛舞蠻奴。」又，古時道家煉丹所用水銀稱為姹女。詩中用作詠
煉丹求仙之典。唐劉禹錫《送盧處士》：「藥爐燒姹女，酒甕貯賢人。」詩歌中
亦以姹女喻指歌女或倡女。唐張九齡《剪綵》：「姹女矜容色，為花不讓春。」
羽袍：道士所服之衣；或方士、神仙之羽衣。

【簡評】

　　杜牧在詩中以老子李耳及道家掌故，形容李處士是一位清靜無為、修煉得
道的高人。本詩是表現杜牧思想的重要詩篇。

送國棋王逢〔1〕

　　玉子紋楸一路饒，最宜簷雨竹蕭蕭〔2〕。羸形暗去春泉長，拔勢橫來野火
燒〔3〕。守道還如周柱史〔4〕，鏖兵不羨霍嫖姚〔5〕。得年七十更萬日，與子期
於局上銷〔7〕。

【注釋】

〔1〕本詩約作於會昌四年（844）。國棋：指技藝高超的圍棋國手。王逢：唐代著
名圍棋國手，生平不詳。此詩之後，杜牧又作《重送絕句》詩，可見二人有一

定交往。

〔2〕「玉子」二句：謂兩人於竹聲蕭蕭之雨夜對弈，王逢棋藝高超，一路讓子。玉子
紋楸：玉子指玉棋子；紋楸（qiū），即用楸木所製的圍棋棋盤，亦稱楸局，楸
枰。《杜陽雜編》卷下：「大中中，日本國王子來朝，獻寶器音樂，上設百戲珍
饌以禮焉。王子善圍棋，上敕顧師言待詔為對手。王子出楸玉局，冷暖玉棋子。
云本國之東三萬里有集真島，島上有凝霞臺，臺上有手談池，池中產玉棋子，
不由制度，自然黑白分焉。冬溫夏冷，故謂之冷暖玉。又產如楸玉，狀類楸木，
琢之為棋局，光潔可鑒。」一路：棋盤上一個點或格子。饒：讓棋；是饒先之
意。即先讓對方佔先，然後反戈一擊，是以退為進的方法。簷雨：由屋簷滴落
的雨水。唐杜甫《秦州雜詩》：「簷雨亂淋幔，山雲低度牆。」蕭蕭：風吹竹木
聲。第二句是說，在下雨天，聽著雨打竹葉的聲音下棋最適宜了。

〔3〕「贏形」二句：謂王逢棋藝絕妙，棋形貌似薄弱，實則暗中蓄積力量，好比春泉
流淌，生機不斷；進攻起來勢如拔旗斬將，疾如野火燎原。贏（léi）形：原指
形體瘦弱。此指棋形贏弱，指局勢緊張。春泉：春日的泉水，充滿了生機。拔
勢：拔旗之勢。古代作戰，軍旗有指揮作戰穩定軍心的作用。因此能否拔對方
軍旗是戰鬥勝負的一個關鍵。

〔4〕「守道」句：謂防禦穩固陣腳不亂，就像老子修道，以靜制動，以柔克剛。守
道：防守之道。柱史：柱下史，周秦官名。任職者侍立於殿柱下記四方文書。
相當於漢以後的御史。唐詩中因用作侍御史的美稱。相傳老子李耳在周朝曾
任柱下史，後因以柱史、柱下等作為老子或《道德經》的代稱。老子為道家之
祖，故詩中守道以老子為比。

〔5〕「鏖兵」句：謂王逢對弈激烈時，如同霍嫖姚在戰場鏖兵，揮師長驅直入，與敵
短兵相接。鏖（áo）兵：大規模的激烈戰爭。不羨：不以之為羨慕對象，意謂
應當超越。霍嫖（piāo）姚：霍去病，漢武帝時大將，善騎射，年十八為剽姚
（嫖姚）校尉，果敢任氣，曾率軍六擊匈奴，深入沙漠，封狼居胥山而還，功
績顯著，封為冠軍侯、驃騎將軍。參見《史記·衛將軍驃騎列傳》《漢書·霍去
病傳》。

〔6〕「得年」二句：謂詩人如享年七十，則尚有萬日，足可與王逢在棋盤上消磨對
陣。《嫩真子》曰：「七十更萬日者，牧之是時年四十二三，得至七十，猶有萬
日。」萬日，取其成數，非確指。更：還有。期：相約，約定。局上銷：在棋
枰上對陣消磨時光。局，棋盤。銷，消磨，度過。

【簡評】

　　這是一首頗有趣味、充滿深情的送別詩。友人王逢是一位棋藝高超的圍棋國手，於是詩人緊緊抓住這點，巧妙地從紋枰對弈出發，委婉深沉地抒寫出自己的依依惜別之情。

　　此詩起首即言棋，從令人難忘的對弈場景下筆，一下子便引發起人的棋興。頷聯是讚美友人絕妙的棋藝，說他扶弱起危好比春泉流淌，潺潺不息；進攻起來突兀迅速，勢如拔旗斬將，疾如野火燎原。頸聯說王逢的棋動靜相宜，攻防有序，穩健而凌厲。防禦穩固，陣腳堅實，就像老子修道，以靜制動，以無見有；進攻廝殺，首尾相應，戰無不勝，比霍去病鏖兵大漠，更加令人驚歎。這裡以打仗喻棋正得棋中三味。這盤棋勝負如何呢？詩人未說，也無須說，因為紋枰手談，大得棋趣即可。尾聯筆鋒一轉，入送別正題，不是正面接觸，而是側面揭示，以期代送。這兩句含蘊極豐，表面上是幾多豪邁，幾多歡快，實際上卻暗寓著百般無奈和慨歎，抒發的離情別緒極為濃鬱，極為深沉。

　　此詩送別，卻通篇不言別，而且切人切事，不能移作他處，因此得後人好評。全詩句句涉棋，而又不著一棋字，可說是占盡風流。起二句以造境勝，啟人諸多聯想。中間四句極好襯托，棋妙才更見別情之重。結末二句以餘生相期作結，以期代送，其妙無窮，一方面入題，使前面的紋枰局勢有了著落，一方面呼應前文，豐富了詩的意境。往日相得之情，當日惜別之情，來日思念之情，盡於一個「期」字見出，實在不同凡響。

　　圍棋在唐代最為流行。唐代的士人以精通棋道為儒雅。初唐四傑之一的王勃，經常邊下棋邊作詩；杜甫一生都很喜歡圍棋；白居易也酷愛圍棋；元稹愛好圍棋，常約友人中圍棋名手在自己家中舉行棋會；劉禹錫不僅愛好圍棋，而且棋藝水平還比較高。杜牧與當時的圍棋國手王逢是好友，他的詩中，既記述了當時棋子棋盤的質料，又生動地描繪了圍棋對局時的緊張與奧妙，稱讚王逢棋力超群。

重送絕句 [1]

　　絕藝如君天下少，閑人似我世間 [2] 無。別後竹窗風雪夜，一燈明暗覆吳圖 [3]。

【注釋】

　　〔1〕本詩約作於會昌四年（844）。重送：此詩乃重送國棋王逢詩。參見《送國棋王

逢》詩注。

〔2〕世間：人世間。

〔3〕覆吳圖：《南史‧蕭惠基傳》：「當時能棋人琅邪王抗第一品，吳郡褚思莊、會稽夏赤松第二品。赤松思速，善於大行，思莊戲遲，巧於鬥棋。宋文帝時，羊玄保為會稽，帝遣思莊入東，與玄保戲，因置局圖，還於帝前覆之。」此謂別後，只能重演與王逢對弈所覆之棋局。

【簡評】

此詩前兩句一方面讚揚王逢棋藝精湛，攻守兼備，很有些不貪不怯，穩紮穩打的氣勢特點；一方面發抒被外放閒置的不滿。後兩句轉寫送別之情，因事抒懷，巧妙靈動，使全詩頓生閒逸清雅之氣。全詩輕巧自如，如敘閒話。

關於「覆吳圖」，馮集梧《樊川詩集注》卷二：「按《覆吳圖》未詳，或云用晉杜預表請伐吳，帝與張華圍棋，預表適至，張華推枰斂手事。」羅時進編選《杜牧集》則云：「其實這裡當是化用褚思莊覆原棋局圖之事，褚思莊為吳郡人，故云『吳圖』。由此正可見詩人用典不拘一格，善於變化。」

胡可先《杜牧詩選》云：這一疑點，在新出土的敦煌文獻中，可以得到解答。《敦煌寫本棋經》中，曾兩次提到「吳圖二十四盤」，堪稱本詩極好的注腳。「吳圖」當來源於三國時吳國的棋壇高手的棋局。三國時的政治家、軍事家，大多計謀多端，他們中很多人也擅長弈棋，從圍棋的過程中得到作戰的啟發。魏國的王粲憑著記憶，能夠重新擺出原來的棋局，這就是著名的「王粲覆局」。在吳國，圍棋的流行程度更盛。最著名的是吳主孫策與呂範的對弈。見《三國志》卷五六《吳書‧呂範傳》引《江表傳》。孫策與呂範對局事，宋人李逸民所編《忘憂清樂集》還收有其譜四十三著，成為我國現存的最古老的一局棋。孫策如此，吳國的上層人物，如諸葛瑾、陸遜等都是圍棋的好手。吳國圍棋高手雲集，故著名的棋局一定很多，後人根據這些棋局整理成「吳圖二十四盤」以收入《棋經》，則是順理成章之事。《棋經》成書於隋唐以前，埋沒於敦煌，故「吳圖」就少為人知。杜牧詩用此典則更難於索解。本世紀《棋經》出世於敦煌，使這一千古之謎得以解開。

少年行〔1〕

連環羈玉聲光碎〔2〕，綠錦蔽泥虯卷高〔3〕。春風細雨走馬去，珠落璀璀白罽袍〔4〕。

【注釋】

〔1〕少年行：樂府雜曲歌辭。本出《結客少年場行》，唐人多用以寫遊俠題材，表現少年豪蕩遊樂之事，抒發其輕生重義慷慨激昂之情。

〔2〕連環羈玉：玉連環裝飾在馬籠頭上。聲光碎：言馬行走時特有的聽覺和視覺效果，有聲有光，視聽皆悅。

〔3〕蔽泥：垂在馬肚子兩側用來遮擋塵土的裝飾。虯卷高：像虯龍一樣捲曲得很高。

〔4〕珠落：唐溫庭筠《菩薩蠻》：「玉纖彈處真珠落，流多暗濕鉛華薄。」璀璀：璀璨鮮明的樣子。唐獨孤及《和題藤架》：「尊尊葉成幄，璀璀花落架。」白罽（jì）袍：用西域產的白色毛織物做成的袍子。參見《洛中送冀處士東遊》詩注〔26〕。

【簡評】

　　這是一幅英俊少年馳馬圖。詩人敏銳地抓住春風細雨中游俠少年快馬飛馳的景象，運用白描的手法，通過衣飾含蓄地刻畫出一個華貴不羈的少年形象。我們只看到少年駿馬飛馳的身影，看到他的華麗服飾，聽到其所佩帶的珠玉相擊的聲響，至於他何去何從，詩人有何感受，只能在想像中品味琢磨。

　　這是一個耽於遊樂的貴族少年形象，是元和以後城市繁華生活的一個縮影。翠色連環和綠錦障泥盡顯馬裝之豪華，而真珠鑲嵌白色罽袍，也足見少年身價之高貴。這一切作者有意在「細雨走馬」的動態中表現。「聲光碎」是馬行時特有的聽覺和視覺效果，珠落罽袍而主人渾然不知，少年一味躍馬玩樂的情態可見。盛唐遊俠少年多俠骨和血性，有強烈的承擔意識和犧牲精神，中唐以後的遊俠兒則徒存貴族式的奢華和縱遊習性了，遊俠「少年」只是貴族「公子」的代名而已。

奉和門下相公送西川相公兼領相印出鎮全蜀詩十八韻〔1〕

　　盛業冠伊唐〔2〕，臺階翊戴〔3〕光。無私天雨露〔4〕，有截舜衣裳〔5〕。蜀轍新衡鏡〔6〕，池留舊鳳凰〔7〕。同心真石友〔8〕，寫恨蔑河梁〔9〕。虎騎搖風旆〔10〕，貂冠韻水蒼〔11〕。彤弓隨武庫〔12〕，金印逐文房〔13〕。棧壓嘉陵〔14〕咽，峰橫劍閣〔15〕長。前驅二星〔16〕去，開險五丁〔17〕忙。回首崢嶸〔18〕盡，連天草樹芳。丹心懸魏闕〔19〕，往事愴甘棠〔20〕。治化輕諸葛〔21〕，威聲懾夜郎〔22〕。君平〔23〕教說卦，犬子召升堂〔24〕。塞接西山〔25〕雪，橋〔26〕維萬里檣。奪霞紅錦爛，撲地酒壚香〔27〕。忝逐三千客〔28〕，曾依數仞牆〔29〕。滯頑堪白屋〔30〕，攀附亦周行〔31〕。肉管伶倫〔32〕曲，簫韶清廟章〔33〕。唱高

知和寡〔34〕，小子斐然狂〔35〕。

【注釋】

〔1〕本詩作於會昌元年（841）。門下相公：指李德裕，李德裕時任吏部尚書同平章事，兼門下侍郎。西川相公：指崔鄲，文宗、武宗時期的宰相，武宗會昌元年離京，任劍南西川節度使。

〔2〕盛業：宏偉盛大的事業。唐杜甫《上韋左相二十韻》：「盛業今如此，傳經固絕倫。」冠：超出其他人。伊唐：上古時帝堯姓伊耆，號陶唐氏，這裡指唐代。

〔3〕臺階：三臺星，比喻古代朝廷中三種最高的官銜。這裡指李德裕和崔鄲。翊（yì）戴：輔佐和擁戴。《晉書·閻鼎傳》：「乃與撫軍長史王毗、司馬傅遜懷翼戴秦王之計。」

〔4〕天雨露：皇帝的恩澤。唐高適《送李少府貶峽中王少府貶長沙》：「聖代即今多雨露，暫時分手莫躊躇。」

〔5〕有截：整齊，整治。有，助詞。《詩·商頌·長發》：「苞有三蘖，莫遂莫達，九有有截。韋顧既伐，昆吾夏桀。」鄭玄箋：「九州島齊一截然。」後人就用「有截」代稱九州島、天下。舜衣裳：比喻賢明之君實行無為而治。

〔6〕「蜀輟」句：謂蜀地除舊立新，換了新的衡與鏡；喻指新官上任。衡鏡，稱重量和照相貌的工具，比喻鑒別人才。《舊唐書·韋嗣立傳》：「然後審持衡鏡，妙擇良能，以之臨人，寄之調俗，則官無侵暴之政，人有安樂之心。」

〔7〕「池留」句：唐代宰相的政事堂在宮中鳳凰池，這裡指崔鄲任西川節度使時仍然兼任宰相。鳳凰池，詳見《奉和僕射相公春澤稍愆，聖君軫慮，嘉雪忽降，品彙昭蘇，即事書成四韻》詩注〔2〕。

〔8〕同心：情意相投。石友：金石之交；情誼堅如金石的朋友。

〔9〕「寫恨」句：謂所作之詩抒發的離別的傷感，超過了漢代李陵與蘇武在匈奴領地道別時的別離詩。河梁：李陵《與蘇武詩》：「攜手上河梁，游子暮何之。」

〔10〕虎騎：像老虎一樣勇猛的騎兵。《三國志·魏志·武帝紀》：「公乃與剋日會戰，先以輕兵挑之，戰良久，乃縱虎騎夾擊，大破之，斬成宜、李堪等。」風旆：風中的戰旗。

〔11〕貂冠：用貂尾裝飾的帽子。水蒼：水蒼玉。古代天子和官員都佩玉，唐代二品以下、五品以上的官員佩帶水蒼玉。

〔12〕彤弓：朱紅色的弓，古代天子賜彤弓給有功的諸侯或大臣。武庫：儲藏武器的倉庫；比喻多才幹練的人，這裡指崔鄲。晉人杜預任度支尚書，時人稱為杜武

庫，謂其無所不有。《晉書‧杜預傳》：「預在內七年，損益萬機，不可勝數，朝野稱美，號曰『杜武庫』；言其無所不有也。」又，晉裴頠弘雅有遠識，博學稽古，被人稱作武庫。詳見《晉書‧裴頠傳》。後因用以稱讚人博學多才。唐皇甫冉《袁郎中破賊後經剡中山水》：「武庫分帷幄，儒衣事鼓鼙。」

〔13〕金印：古代高級官員的金質印璽。宋蘇轍《觀捕魚》：「人生此事最便身，金印垂腰定何益。」文房：書房，與「武庫」相對，比喻才能出眾的人。

〔14〕嘉陵：水名，即嘉陵江。亦稱西漢水、閬中水、閬水；源出秦州（今甘肅天水一帶）嘉陵谷，故稱。

〔15〕劍閣：棧道名，在四川大、小劍山之間。《水經注‧漾水》：「又東南徑小劍戍北，西去大劍三十里，連山絕險，飛閣通衢，故謂之劍閣也。」

〔16〕二星：指二使星，朝廷派遣的使者。《後漢書‧李郃傳》：「和帝即位，分遣使者，皆微服單行，各至州縣，觀采風謠。使者二人當到益部，投郃候舍。時夏夕露坐，郃因仰觀，問曰：『二君發京師時，寧知朝廷遣二使邪？』二人默然，驚相視曰：『不聞也。』問何以知之。郃指星示云：『有二使星向益州分野，故知之耳。』」後因用為使者的代稱。

〔17〕五丁：相傳秦惠王為了尋找道路，滅掉蜀國，鑿了五個大石牛，把金子放在牛尾下，派人對蜀王謊稱石牛能拉金子。蜀王信以為真，派五個大力士開山，把金牛接進來，結果被秦國乘機滅掉了。見《水經注‧沔水》。唐雍陶《蜀中戰後感事》：「文章四子盛，道路五丁開。」

〔18〕崢嶸：形容歲月逝去。唐權德輿《酬別蔡十二見贈》：「崢嶸歲陰晚，愀愴離念繁。」

〔19〕魏闕：古代宮門外兩側高聳的樓觀，下面常常懸布法令，後人用此借指朝廷。《莊子‧讓王》：「身在江海之上，心居乎魏闕之下。」

〔20〕甘棠：指官吏有善政和遺愛。甘棠本為喬木名。《甘棠》為《詩‧召南》篇名。傳說周武王時，召伯巡行南國，在農桑時怕煩勞農民、耽誤農活，他不住館舍，常在棠樹下辦案。後人思其美德，愛護棠樹，並作《甘棠》之詩予以稱美。見《風俗通‧皇霸‧六國》。後人因以作為稱頌官吏政績之詞。參見《史記‧燕召公世家》。

〔21〕諸葛：諸葛亮，三國時期蜀國名相。

〔22〕夜郎：古代西南地區國名，在今貴州、雲南、四川一帶。漢武帝時，利用夜郎精兵征服了南越，武帝封夜郎侯為王。此泛指邊境少數民族。

〔23〕君平：西漢高士嚴遵，字君平，以占卜聞名於時。隱居不仕，曾在成都集市上占卜，每天得百餘錢夠一天的生活了，就閉館讀書。見《漢書・王貢兩龔鮑傳序》。

〔24〕犬子：漢代辭賦家司馬相如的小名。升堂：登堂入室。用以稱讚學問或技藝有很深的造詣。《漢書・藝文志》載西漢揚雄語：「詩人之賦麗以則，辭人之賦麗以淫。如孔氏之門人用賦也，則賈誼登堂，相如入室矣，如其不用何！」

〔25〕西山：成都西面的岷山。

〔26〕橋：成都萬里橋，費禕出使東吳，諸葛亮在這裡為他餞行，費禕感慨地說：「萬里之路，始於此橋。」因此得名。

〔27〕「奪霞」二句：喻指蜀地特產，即著名的「蜀錦」及美酒「劍南春」。爛：鮮明；絢麗，有光彩。

〔28〕「忝逐」句：謂自己曾做過崔鄲的門客。三千客：指豪門為數眾多的門客。戰國四公子紛紛廣延賓客，信陵君、孟嘗君、春申君均有門客三千，平原君有門客數千。詳見《史記》中《魏公子列傳》《孟嘗君列傳》《春申君列傳》《平原君虞卿列傳》等。唐詩中以三千客、三千士詠門客，稱美禮賢下士。參見《春申君》詩注〔4〕。

〔29〕「曾依」句：此與上句意同，意謂佐崔鄲宣歙幕事。「數仞牆」：典出《論語・子張》：「叔孫武叔語大夫於朝曰：『子貢賢於仲尼。』子服景伯以告子貢。子貢曰：『譬之宮牆，賜之牆也及肩，窺見室家之好。夫子之牆數仞，不得其門而入，不見宗廟之類，百官之富。得其門者或寡矣。夫子之云，不亦宜乎！』」

〔30〕白屋：不著彩色之屋。一說為白茅覆蓋之屋。為古代平民所居。亦指未做官的讀書人的居室。《漢書・蕭望之傳》：「今士見者皆先露索挾持，恐非周公相成王躬吐握之禮，致白屋之意。」唐劉長卿《逢雪宿芙蓉山主人》：「日暮蒼山遠，天寒白屋貧。」

〔31〕周行：周官的行列，泛指在朝做官。語出《詩・周南・卷耳》：「嗟我懷人，置彼周行。」

〔32〕肉管：歌唱與器樂。《晉書・孟嘉傳》：「桓溫問：『聽妓，絲不如竹，竹不如肉，何謂也？』嘉答曰：『漸近使之然。』」肉，歌喉。管，管樂。伶倫：傳說為黃帝時的樂官，是樂律的發明者。自崑崙山採竹為管，吹鳳鳴以定正音律。唐詩中常用作詠竹或詠樂器、樂曲。也作伶管。《漢書・律曆志》：「黃帝使泠綸自大夏之西，崑崙之陰，取竹之解谷生，其竅厚均者，斷兩節間而吹之，以為黃鍾

之宮。製十二筒以聽鳳之鳴，其雄鳴為六，雌鳴亦六，比黃鍾之宮，而皆可以生之，是為律本。」冷綸，《呂氏春秋·古樂》《風俗通義·聲音》均作伶倫。

〔33〕簫韶：相傳舜作樂曲《簫韶》，又稱《韶簡》，體現施行教化之治的完成。後用以泛指宮廷音樂，常用於稱頌帝王。《尚書·虞書·益稷》：「《簫韶》九成，鳳凰來儀。」唐鮑溶《憶郊天》：「至今滿耳簫韶曲，徒羨瑤池舞鳳凰。」清廟章：指《詩·周頌·清廟》，屬高雅之曲。此藉以讚美李德裕原作。

〔34〕「唱高」句：謂曲調越高雅，能夠跟著唱的人就越少。曲高和寡在詩歌中常用於稱美詩作高雅，亦喻指清高自賞、知音難求。參見《寄遠》詩注〔2〕。

〔35〕斐然狂：穿鑿，妄作，自謙之詞。宋陸游《謝王樞使啟》：「斐然妄作，本以自娛，流傳偶至於中都，鑒賞遂塵於乙夜。」斐然：有文采的樣子；顯著。

【簡評】

　　會昌元年七月，杜牧在長安任比部員外郎兼史館修撰，十一月崔鄲出使西蜀，李德裕寫詩送之，杜牧與詩人姚合都有和詩。李德裕為宰相，自己又曾經在崔鄲幕下，由於二人位高權重，所以唱和詩不太容易寫。詩歌莊嚴華麗，既稱頌帝王英明，讚頌二位宰相的友誼，又稱揚崔鄲蜀川之行必然會取得優異的政績。

　　杜牧詩表達了其「守都遠荒」和「守邊近荒」的仕宦心境。這兩者看似矛盾卻並不矛盾。所謂的「守都」就是在長安首府，「守邊」就是防禦邊疆。前一個「遠荒」指其更願意在長安發揮他的才能，厭惡在荒僻的州縣當個閒官，「近荒」指他與其在江南州縣當個閒官，不如去邊疆建功立業的心境。杜牧就是在這兩種心境中徘徊。「守邊近荒」在此詩中表現得很突出：「無私天雨露，有截舜衣裳。」與其詩「平生五色線，願補舜衣裳」均表達了杜牧對政治清明的渴望，下點「雨露」，解救這些乾涸的心靈。這種渴望如果能夠實現就更好，所以才有這句「治化輕諸葛，威聲懾夜郎。君平教說卦，犬子召升堂」。「塞接西山雪，橋維萬里檣。」西蜀國廣闊領地適合做什麼，其他人也許只會「奪霞紅錦爛，撲地酒壚香」，杜牧不能這樣，即便「曲高和寡」，也要「斐然成狂」立志報國對國家人民負責到底。

朱　坡〔1〕

　　下杜〔2〕鄉園古，泉聲繞舍啼。靜思長慘切，薄宦與乖暌〔3〕。北闕千門外〔4〕，南山午谷〔5〕西。倚〔6〕川紅葉嶺，連寺〔7〕綠楊堤。迥野翹霜鶴，

澄潭舞錦雞。濤驚堆萬岫，舸急轉千溪。眉點萱牙嫩，風條柳幄〔8〕迷。岸藤梢虺尾，沙渚印麕蹄。火燎湘桃塢〔9〕，波光碧繡畦。日痕絚翠巘，陂影墮晴霓。蝸壁爛斑蘚，銀筵豆蔻泥〔10〕。洞雲生片段〔11〕，苔徑繚高低。偃蹇〔12〕松公老，森嚴竹陣齊。小蓮娃〔13〕欲語，幽筍稚相攜〔14〕。漢館留餘趾〔15〕，周臺〔16〕接故蹊。蟠蛟岡隱隱〔17〕，斑雉草萋萋〔18〕。樹老蘿紆組〔19〕，岩深石啟閨〔20〕。侵〔21〕窗紫桂茂，拂面翠禽〔22〕棲。有計冠終掛〔23〕，無才筆謾提〔24〕。自塵何太甚，休笑觸藩羝〔25〕。

【注釋】

〔1〕此詩約會昌二年至大中二年（842～848）間作。朱坡：地名，在長安城南樊川，位於少陵原一處的平衍坡地，風景優美，杜牧的祖父杜佑在這裡有別墅，後成為村落，今仍名朱坡村，在少陵原西畔。杜牧亦有別墅在此。參見《池州送孟遲先輩》詩注〔33〕。

〔2〕下杜：在長安附近，是杜牧的故鄉。裴延翰《樊川文集序》：「長安南下杜樊鄉，酈元注《水經》，實樊川也。延翰外曾祖司徒岐公（杜佑）別墅在焉。」

〔3〕薄宦：卑微的官職。《宋書·陶潛傳》：「潛弱年薄宦，不潔去就之跡，自以曾祖晉世宰輔，恥復屈身後代，自高祖（劉裕）王業漸隆，不復肯仕。」唐司空圖《客中重九》：「楚老相逢淚滿衣，片名薄宦已知非。」乖暌：分離。

〔4〕「北闕」句：謂朱坡在長安北闕之外。北闕，古代宮殿北面的門樓。詳見《感懷詩一首》注〔36〕。

〔5〕午谷：即子午谷，在陝西長安縣南秦嶺山中。《史記·樊噲傳》索隱引《三秦記》：「長安正南，山名秦嶺，谷名子午，一名樊川，一名御宿。」《漢書·王莽傳》：「通子午道，從杜陵直絕南山，經漢中。」注：「師古曰：子，北方也，午，南方也。言通南北道相當，故謂之子午耳。今京城直南山，有谷通梁漢道，名子午谷。……南北直相當，此則北山者是子，南山者是午，共為子午道。」

〔6〕倚：靠近，臨近。

〔7〕連寺：指繞寺。連：圍繞。

〔8〕柳幄：指柳條下垂如帷幄狀。

〔9〕「火燎」句：喻指各種名果成熟之景，如霞映天。《西京雜記》：「漢修上林苑，群臣遠方各獻名果有紺核、紫文桃。」

〔10〕銀筵：或為「銀涎」之誤。《埤雅》卷二：「南方積雨，蝸涎書畫屋壁，悉成銀跡。」豆蔻：多年生常綠草本植物，又名草果，可入藥。分肉豆蔻、紅豆蔻、

白豆蔻等種。紅豆蔻生於南海諸谷中，南人取其花未大開者，名含胎花，言如懷妊之身。

〔11〕片段：指成片或成段的東西。

〔12〕偓儓：夭矯貌。松公：即松樹。《三國志・吳書・孫皓傳》注：「《吳書》曰：丁固為尚書，夢松樹生腹上，謂人曰：『松子，十八公也，後十八歲，吾其為公乎？』果如其言。」

〔13〕娃：少女。此將小蓮比喻為少女。

〔14〕「幽筍」句：謂朱坡之地盛產竹筍。稚，稚子，即竹筍。以稚子喻嫩筍。宋釋惠洪《冷齋夜話》卷二：「老杜詩曰：『竹根稚子無人見，沙上鳧雛並母眠。』世或不解稚子無人見何等語。唐人《食筍詩》曰：『稚子脫錦繃，駢頭玉香滑。』則稚子為筍明矣。」

〔15〕「漢館」句：謂朱坡尚存漢代離宮別館的遺址。

〔16〕周臺：周文王建於豐京之靈臺。《詩・大雅・靈臺》：「經始靈臺，經之營之。」箋：「觀臺而曰靈者，文王化行似神之精明，故以名焉。」清顧炎武《歷代宅京記》卷三引魏王泰《括地志》云：「辟雍靈沼，今悉無復處，惟靈臺孤立，高二丈，周回一百步也。」陝西博物館《西安歷史述略》第三章云，今鄠縣秦杜鎮北二華里處平等寺有一大土臺，傳即靈臺。杜牧《望故園賦》：「隴雲秦樹，風高霜早。周臺漢園，斜陽暮草。」

〔17〕隱隱：隱約不分明。

〔18〕斑雉：有花紋的野雞。萋萋：草木茂盛的樣子。

〔19〕蘿紆組：藤蘿像組綬般纏繞。

〔20〕閨：小門。《說文》：「閨，特立之戶也。上圓下方，有似圭。」

〔21〕侵：臨近，接近。

〔22〕翠禽：綠色的小鳥。唐韋莊《宮怨》：「釵上翠禽應不返，鏡中紅豔豈重芳。」這是指婦女首飾上的鳥形。

〔23〕「有計」句：謂他人有謀終掛冠歸去。《後漢書・逢萌傳》：「時王莽殺其子宇，萌謂友人曰：三綱絕矣，不去，禍將及人，即解冠掛東都城門，歸將家屬浮海，客於遼東。」

〔24〕「無才」句：謂自己志向難以實現，徒然作詩詠歸。提筆，用李斯事。蘇軾《詩史補注》引李斯曰：「丈夫當提筆鼓吻，取富貴易若舉杯。」謾，徒然。

〔25〕觸藩：以角抵撞籬垣。《易・大壯》：「羝羊觸藩，羸其角。」「羝羊觸藩，不能

退，不能遂，无攸利。」意為牡羊以角觸籬，進退兩難。《文選·郭璞·遊仙詩》：「進則保龍見，退為觸藩羝。」用以比喻退居塵俗之中所受到的困窘。此處比喻所至碰壁，進退兩難。唐王昌齡《詠史》：「進則恥保躬，退乃為觸藩。」

【簡評】

全詩凡四十句，從古下杜之地的鄉園泉聲起筆，前四句書懷歸之情，中三十二句寫朱坡風光，末四句歎自己胸懷大志而難以伸展，故自嘲自解。

郭文鎬《杜牧若干詩文繫年考辨》云：「杜牧由己之不達、大志難伸而懷歸故里朱坡，鋪陳其風光寫眷眷之情，終了為酬志仍不忍歸去，無可奈何，自嘲自解。」

早春寄岳州李使君，李善棋愛酒，情地閒雅〔1〕

城高倚峭巇〔2〕，地勝足樓臺〔3〕。朔漠〔4〕暖鴻去，瀟湘〔5〕春水來。縈盈〔6〕幾多思，掩抑若為裁〔7〕。返照〔8〕三聲角，寒香一樹梅。烏林〔9〕芳草遠，赤壁健帆〔10〕開。往事空遺恨，東流豈不回。分符〔11〕潁川政，弔屈洛陽才〔12〕。拂匣調珠柱〔13〕，磨鉛勘玉杯〔14〕。棋翻小窟勢，壚撥凍醪醅〔15〕。此興予非薄，何時得奉陪。

【注釋】

〔1〕此詩約作於大中五年（851）春。岳州：本巴陵郡，隋開皇九年始改為岳州，治所在巴陵（今湖南岳陽市）。李使君：李遠，大和五年登進士第，大中時為岳州刺史。使君，漢代對地方郡守的尊稱。善棋愛酒：這是李遠頗有影響的情趣愛好。《唐才子傳》卷七載：「宣宗時，宰相令狐綯進奏擬遠杭州刺史，上曰：朕聞遠詩有『青山不厭千杯酒，長日唯銷一局棋』，是疏放如此，豈可臨郡理人？綯曰：詩人託此以寫高興耳，未必實然。上曰：且令往觀之。至，果有治聲。」又見《幽閒鼓吹》《北夢瑣言》卷六等。

〔2〕峭巇：陡峭的山峰。宋歐陽修《得滕岳陽書大誇湖山之美》：「峭巇孤城倚，平湖遠浪來。」

〔3〕樓臺：岳陽樓，在湖南岳陽城西門，下瞰洞庭湖，為著名風景勝地。唐李白《與夏十二登岳陽樓》：「樓觀岳陽盡，川迴洞庭開。」

〔4〕朔漠：北方沙漠。

〔5〕瀟湘：二水名，瀟水與湘水。瀟水源出湖南藍山縣南九嶷山，湘水源出廣西靈川縣東海陽山西麓，二水至湖南零陵縣以西匯合，合稱瀟湘，北流入洞庭湖。

古代詩文中多稱湘水為瀟湘。後亦借指湖南地區或泛指南方。《詩話總龜》前集卷十六《留題門》引《零陵縣記》：「瀟水在永州西三十步，自道州營道縣九嶷山中，亦名營水。湘水在永州北十里，出自桂林海陽山中，經靈渠北流，至零陵北與瀟水合，二水皆清泚一色，高秋八九月，雖丈餘可以見底，自零陵合流，謂之瀟湘。經衡陽，抵長沙，入洞庭。」

〔６〕縈盈：旋回充滿。唐李群玉《贈回雪》：「回雪舞縈盈，縈盈若回雪。」

〔７〕掩抑：低沉。若為：猶言怎能、哪能；此句言抑鬱心情怎能減少。唐孟郊《古離別》：「愁結填心胸，茫茫若為說。」裁：節制、掌控。《國語·吳》：「救其不足，裁其有餘，使貧富皆利之。」

〔８〕返照：指落日的光芒。

〔９〕烏林：地名。在湖北嘉魚縣西，長江北岸，與赤壁山隔江相對。

〔１０〕赤壁：赤壁山，三國時古戰場。馮集梧《樊川詩集注》卷二注：《通典》謂：「岳州理巴陵郡，有巴邱湖。《檢地志》：巴邱湖中有曹田洲，即曹公為孫權所敗燒船處，在今縣南四十里。」「今鄂洲蒲圻縣有赤壁山，即曹公敗處。」馮集梧按：「以上皆杜氏說。牧之於《寄岳州詩》，舉烏林、赤壁，正用乃祖說，而於《齊安晚秋》又以赤壁爭雄為言，則仍是俗說。」參見《赤壁》詩注〔１〕。健帆：輕捷、迅疾的船隻。

〔１１〕分符：指任州郡長官。符，信符。《漢書·文帝紀》：「九月，初與郡守為銅虎符、竹使符。」注：「師古曰：與郡守為符者，謂各分其半，右留京師，左以與之。」潁川政：借指官吏的突出政績。潁川：郡名。春秋鄭地，戰國時為韓都。秦始皇十七年置郡，轄今河南省中部及南部地區。漢治陽翟，晉移治許昌。唐廢郡，改稱許州。參閱《讀史方輿紀要·開封府·許州》。唐詩中此語多詠與此郡望相關的人物。漢代黃霸任潁川太守有政績，受到漢宣帝的稱賞。後因用作稱美州郡長官。《漢書·黃霸傳》：「霸以外寬內明得吏民心，戶口歲增，治為天下第一。」唐李群玉《送崔使君蕭山禱雨甘澤遽降》：「已向為霖報消息，潁川徵詔是前期。」

〔１２〕洛陽才：指西漢賈誼。晉潘岳《西征賦》：「賈生洛陽之才子。」弔屈：賈誼謫為長沙王太傅，過湘水，作賦哀弔屈原。參見《感懷詩一首》注〔５３〕。

〔１３〕「拂匣」句：謂打開琴匣調好琴音。柱：琴上以珠為飾的枕弦木。南北朝庾信《小園賦》有「琴號珠柱，書名玉杯」句，則「珠柱」古已為琴之代稱。

〔１４〕「磨鉛」句：謂將鉛粉筆磨尖以便校勘《玉杯》。鉛：鉛粉；古人以鉛寫字，謂

之鉛筆。玉杯：漢董仲舒《春秋繁露》中篇名。此處以借其中「君子知在位者不能以惡服人也，是故簡六藝以贍養之」的內容，稱讚李遠德藝雙美。

〔15〕「棋翻」二句：謂下棋從被動中扭轉局面，撥一下壚火將春酒溫熱。這兩句棋酒對言，是對李遠「人事三杯酒，流年一局棋」之類詩句的酬應。小窟：走棋中的小漏洞、失誤，亦指暫時的僵局。凍醪（láo）：冬天釀造，春天飲用之酒；醪，濁酒。杜牧原注：「詩云：『為此春酒，以介眉壽』。注云凍醪。」醅：未濾的酒。

【簡評】

　　此詩首寫岳陽山城倚傍峭峰，這地理形勝為古老樓臺增添風景，而暖鴻傳信，春水送情，使詩人頓生無限思念，不能遏抑。「返照」以下是詩人對李遠的遙想：在夕陽下的角聲中，使君正在一樹寒梅旁遠眺沉思，烏林、赤壁激發起悠悠懷古之情。繼而進一步表現李遠政聲才藝之美，棋酒情趣之雅，為結尾寫奉陪之意鋪墊。全詩感情豐沛，對友人思念中有面對歷史時空的潮卷心動，而潁川、洛陽等典故的使用，也使其對友人的誇讚有內涵意蘊，不平俗膚淺，善棋愛酒的具象描寫，更將彼此結合得天然無間，是表達友情的妙筆。

送王侍御赴夏口座主幕〔1〕

　　君為珠履〔2〕三千客，我是青衿七十徒〔3〕。禮數全優知隗始〔4〕，討論常見念回〔5〕愚。黃鶴樓〔6〕前春水闊，一杯〔7〕還憶故人無？

【注釋】

〔1〕此詩約作於大和六年至九年（832～835）春間。侍御：唐監察御史、殿中侍御史均稱侍御。此當是幕職所帶憲官銜。夏口，古城名。在今湖北武漢市武昌，唐時為鄂州州城，鄂岳觀察使治所。座主，唐代進士對其主司之稱呼。杜牧之座主為崔鄲。據《唐方鎮年表》，崔鄲大和五年八月至九年七月為鄂岳觀察使。

〔2〕珠履：鞋面上綴有珠子之鞋子。據《史記·春申君列傳》，春申君家賓客三千，其上客均著珠履。詳見《春申君》詩注〔4〕。

〔3〕青衿：古代學子穿青衿（青領）之服，後因稱士子為青衿，也借指少年。《詩·鄭風·子衿》：「青青子衿，悠悠我心。」漢毛亨傳：「青衿，青領也，學子之所服。」七十徒：孔子最優秀之弟子七十二人，舉成數謂七十人。借指學子。杜牧為崔鄲門生，故云。《史記·孔子世家》：「孔子以詩、書、禮、樂教，弟子蓋三千焉，身通六藝者七十有二人。」

〔4〕隗：郭隗，戰國燕人。燕昭王欲得賢士，郭隗云：「王必欲致士，先從隗始。況賢於隗者，豈遠千里哉！」事見《史記・燕召公世家》。此處以郭隗比王侍御。

〔5〕回：孔子弟子顏回。《論語・為政》：「子曰：吾與回言終日，不違，如愚。退而省其私，亦足以發，回也不愚。」此處以顏回自比。

〔6〕黃鶴樓：樓名。故址在湖北武漢市蛇山的黃鵠磯，臨長江。古代傳說，有仙人子安嘗乘黃鶴過此，故名。見《南齊書・州郡志》下。一說蜀費文禕登仙，嘗駕黃鶴憩此。見《太平寰宇記・武昌府》。相傳始建於三國吳黃武二年，歷代屢毀屢建，歷盡滄桑。古今詩人題詠黃鶴樓者甚眾，以唐崔顥李白所作最著名。唐崔顥《黃鶴樓》：「昔人已乘白雲去，此地空餘黃鶴樓。」

〔7〕一杯：表數量。多用於酒、水。此處特指酒。

【簡評】

　　這是詩人為送友人去夏口而作。最後兩句提醒友人到了夏口登臨黃鶴樓，面對滿江春水暢飲時，別忘了他這位舊友。

自　貽〔1〕

　　杜陵蕭次君，遷少去官頻〔2〕。寂寞憐吾道，依稀似古人〔3〕。飾心無彩繢，到骨是風塵〔4〕。自嫌如匹素，刀尺不由身〔5〕。

【注釋】

〔1〕自貽（yí）：寫詩自贈。詩人往往以此表達自我心境。

〔2〕「杜陵」二句：自比西漢蕭次君，意謂自己屢被免官，難得升遷。杜陵：今陝西西安市東南。蕭次君：漢代杜陵人蕭育，字次君，是著名經學家蕭望之的兒子，曾經輔佐過元帝、成帝、哀帝三代君主。自稱「杜陵男子」。《漢書・蕭育傳》云：「育為人嚴猛尚威，居官數免，稀遷。」蕭育性情剛直仕途不順，很少升遷。遷：升遷。去官：免除官職；離職。頻：屢次。

〔3〕「寂寞」二句：謂自己堅守正道，故寂寞不偶，遭遇與古人相似。憐：歎。吾道：自己的仕途經歷；精神追求與理想。依稀：稀少。唐李舜弦《釣魚不得》：「依稀縱有尋香餌，知是金鉤不肯吞。」古人：古代之人；謂孔子、揚雄。孔子曾在陳被圍絕糧，揚雄曾自嘲寂寞。《史記・孔子世家》：「子曰：弗乎弗乎，君子病沒世而名不稱焉，吾道不行矣，吾何以自見於後世哉？」「吾道非邪，吾何為於此？」揚雄《解嘲》云：「惟寂惟寞，守德之宅。」

〔4〕「飾心」二句：謂自己做人毫不矯飾，是徹底的自然面貌。飾心：裝飾自己的內

心。彩繢（huì）：五彩的布帛、絲帶。到骨：完全，徹底。唐杜甫《又呈吳郎》：
「已訴徵求貧到骨，正思戎馬淚盈巾。」風塵：用風起塵揚比喻世俗的擾攘與
仕宦的奔波，從不刻意行事。

〔5〕「自嫌」二句：謂自怨身如一匹白絹，只能聽任別人隨意裁剪。自嫌：猶自怨。
素：白色的生絹。刀尺：剪刀和尺，裁剪的工具；比喻衡量升降人材的權力。

【簡評】

這是一首贈給自己的詩。一個人到了何等孤苦、憤懣的境地才會給自己寫
詩？此詩一是對自己仕途坎坷，發抒懷才不遇的憤懣；二是對自己堅守正道，
卻不被重用，寂寥落寞的悲歎；三是表明對自己人生志向的堅持與執著；四是
對自己無法掌控命運的厭煩、痛苦和無奈。

詩以古人蕭育自況，表明自己堅守樸素，內心無雜念。而布匹任人裁剪的
比喻，固然可以聽到哀怨之音，然而筆下仍透露出「杜陵男子」的風概氣骨。
因此「憐吾道」「似古人」「無彩繢」「是風塵」等語，不應只看成是對坎坷困
頓的傾訴，而應看作詩人不願俯仰競趨的自勉。

詩人寧肯自甘寂寞而不願與時俗合流，其《送弟杜顗赴潤州幕》詩以「直
道事人男子業」贈杜顗，亦以之自勉；其《上李中丞書》亦云：「俯仰進趨，
隨意所在，希時徇勢，不能逐人。是以官途之間，比之輩流，亦多困躓。」凡
此，皆可與此詩互參。

自　遣〔1〕

四十已云老，況逢憂窘〔2〕餘。且抽持板手，卻展小年書〔3〕。嗜酒狂嫌阮
〔4〕，知非晚笑蘧〔5〕。聞流寧歎吒，待俗不親疏〔6〕。遇事知裁剪〔7〕，操心識
卷舒〔8〕。還稱二千石，於我意何如〔9〕。

【注釋】

〔1〕本詩會昌二年（842）作，時杜牧四十歲在黃州刺史任。自遣：發洩排遣自己的
憂慮。

〔2〕憂窘：憂愁窘迫，心情不暢。

〔3〕「且抽」二句：謂姑且放下公務，閱讀一些怡悅性情的閒書。持板：謂辦理公務。
板，古時臣子朝見君王時所執之手版，用以記事。小年書：指內容淺近的閒適
之書。小年，少年或幼年。唐杜甫《醉歌行》：「陸機二十作文賦，汝更小年能
綴文。」

〔4〕「嗜酒」句：謂自己嗜好飲酒，性格狂放勝過阮籍。狂嫌阮：即「嫌阮狂」，意
　　為不似阮籍之顛狂。阮：指阮籍，字嗣宗。三國魏尉氏（今河南尉氏）人。曾
　　為步兵校尉，世稱阮步兵。博覽群書，尤好老莊。或閉戶視書，累月不出；或
　　登山臨水，經日忘歸。魏晉乃易代多事之秋，文人多有罹禍者，阮籍獨以借酒
　　佯狂避禍，時人多謂之癡。見《晉書·阮籍傳》。

〔5〕「知非」句：謂自己四十歲即已知過去之非，因笑蘧伯玉五十歲知非未免過晚。
　　晚笑蘧：意即「笑蘧晚」。蘧：蘧瑗，字伯玉，春秋衛（今河南新鄉附近）人，
　　以賢德聞名。孔子在衛，常住其家。《淮南子·原道訓》：「蘧伯玉年五十，而知
　　四十九年非。」蘧伯玉五十歲的時候，認識到自己前四十九年的過失。事蹟見
　　《論語·憲問》《韓詩外傳》卷七等。

〔6〕「聞流」二句：意謂聽多了流言哪裏會感到驚歎，對世俗中的應酬採取不親不
　　疏、不即不離的超脫態度。聞流：聽到流言。《禮記·儒行》：「聞流言而不信。」
　　寧：難道。歎吒（zhà）：驚歎，詫異。

〔7〕裁剪：原指剪裁衣料，引申為對事情的斟酌取捨，妥善處理。

〔8〕「操心」句：謂在仕途上能把握進退的時機。卷舒：退隱或出仕。《論語·憲問》：
　　「邦有道，則仕；邦無道，則可卷而懷之。」卷舒亦指屈伸進退之策。《淮南子·
　　仿真》：「盈縮卷舒，與時變化。」

〔9〕「還稱」二句：謂如此為州郡之刺史，內心又作何感想？二千石：漢代官員俸祿
　　的一個等級。享有二千石年俸的官員內官、外官都有，外官則為郡守。參閱《漢
　　書·百官公卿表》。故後世常用為郡守的代稱。唐代改郡為州，則指州刺史。杜
　　牧時為黃州刺史，故自稱。唐白居易《詠懷》：「昔為鳳郎閣，今為二千石。」
　　何如：如何，怎麼樣。

【簡評】

　　杜牧出守黃州，乃是受宰相李德裕排擠，故一直憤懣不平；有才而未得其
用，故時而消極，時而感慨，本詩就是其複雜心情的表露。詩以自況、自嘲、
自慰。

　　前四句點明作詩自遣的原因，「憂窘」言其不得志，以「持板手」來展「小
年書」，調侃中寓憤慨。中間六句寫自己的處世態度。詩人用了阮籍、蘧瑗的
典故，仰慕阮籍，正是胸中塊磊難平；調笑蘧瑗，也流露抽身隱退之意。遇事
不驚，待人從容，是詩人於挫折衷所磨煉的結果，但處事的原則卻未必與流俗
合拍。這種宣言式的內心揭示，寓悲憤，含奮激，也有一種孤傲不群蘊含其中。

最後兩句以調侃的態度聲稱，現在我還是個刺史，意下又該怎麼樣呢？至此以發問結束，使情緒達到了激昂的頂點。

　　此詩抒寫沉溺詩酒以求置身於世外之消極心理，對現實缺乏信心，情緒低落。在黃州刺史任上，仕與隱，積極進取與消極避世這兩種思想，時時縈回爭鬥於詩人腦際，反映了詩人內心難以排遣的鬱悶。全詩調侃狂放，既有消極的避世語也有憤懣的兀傲語，表露出複雜的心態。此詩用看似通脫超然的態度排遣心中的鬱悶，抒發「還稱二千石」的不平之感和「四十已云老」的生命焦慮。詩中那些人生歷練以後的圓融智慧的展示，正是作者憂窘之際進退出處的心理對話。

題桐葉〔1〕

　　去年桐落故溪〔2〕上，把葉因題歸燕詩〔3〕。江樓今日送歸燕，正是去年題葉時。葉落燕歸真可惜，東流玄髮〔4〕且無期。笑筵歌席反惆悵〔5〕，朗月清風見別離。莊叟彭殤同在夢〔6〕，陶潛身世兩相遺〔7〕。一丸五色成虛語〔8〕，石爛松薪〔9〕更莫疑。哆侈不勞文似錦〔10〕，進趨何必利如錐〔11〕。錢神〔12〕任爾知無敵，酒聖於吾亦庶幾〔13〕。江畔秋光蟾閣鏡〔14〕，檻前山翠茂陵眉〔15〕。樽香輕泛數枝菊〔16〕，簷影斜侵半局棋。休指宦遊論巧拙〔17〕，只將愚直禱神祇〔18〕。三吳煙水〔19〕平生念，寧向閒人道所之〔20〕。

【注釋】

〔1〕此詩大中五年（851）作，時杜牧為湖州刺史。

〔2〕桐：桐葉。故溪：故鄉的小溪。

〔3〕把葉因題：手裏拿著桐樹葉就勢題詩。歸燕詩：三國魏曹丕《燕歌行》：「群燕辭歸鵠南翔，念君客遊思斷腸。」唐張九齡《歸燕詩》：「海燕歲微渺，乘春亦暫來。豈知泥滓賤，只見玉堂開。繡戶時雙入，華堂日幾回。無心與物競，鷹隼莫相猜。」

〔4〕東流：東去的流水，比喻時光逝去。玄髮：黑髮。《藝文類聚》引曹丕《答繁欽書》：「素顏玄髮，皓齒丹唇。」

〔5〕「笑筵」句：謂在充滿歡樂的帶有歌舞的宴席上內心反而更加惆悵。惆悵：傷感，失意。

〔6〕「莊叟」句：謂莊子和彭祖都一同進入夢中。莊叟：莊子，戰國宋蒙人，曾為漆園吏。主張清靜無為，《史記》有傳。彭殤，慨歎人生壽夭都屬虛幻。詳見《郡

齋獨酌》詩注〔9〕。

〔7〕「陶潛」句：謂陶潛自身和官場相互遺棄。陶潛：即陶淵明，名潛，字元亮，晉
　　　潯陽（今江西潯陽）人。大司馬陶侃曾孫。曾為州祭酒，後為彭澤令。因不能
　　　「為五斗米折腰」，棄官歸隱，以詩酒自娛。其《歸去來兮辭》云：「歸去來兮，
　　　請息交以絕遊，世與我而相遺。」相遺：相背離。

〔8〕「一丸」句：謂人吃了五彩的仙丹而得道只是傳說。一丸五色：指仙藥。三國魏
　　　曹丕《折楊柳行》：「西山一何高，高高殊無極。上有兩仙童，不飲亦不食。與
　　　我一丸藥，光耀有五色。服藥四五日，身體生羽翼。」唐白居易《尋王道士藥
　　　堂因有題贈》：「常悲東郭千家冢，欲乞西山五色丸。」

〔9〕石爛松薪：石頭被煮爛，松柏變柴薪，言事物歷久必變；喻人間萬物都將泯滅
　　　於時空。李白《秋浦歌》：「醉上山公馬，寒歌寧戚牛。空吟白石爛，淚滿黑貂
　　　裘。」

〔10〕「哆侈」句：謂世多讒言，並以美麗的言語來迷惑人。《詩·小雅·巷伯》：「萋
　　　兮斐兮，成是貝錦。彼譖人者，亦已大甚！哆兮侈兮，成是南箕。彼譖人者，
　　　誰適與謀？」哆侈：口張大的樣子。

〔11〕進趨：追求名利；奔走鑽營。《舊唐書·朱敬則傳》：「刻薄可施於進趨，變詐可
　　　陳於攻戰。」何必：猶不必。唐韋同則《仲月賞花》：「把酒且須拚卻醉，風流
　　　何必待歌筵。」利如錐：像錐子般的鋒利；比喻鋒芒畢露。《晉書·祖逖傳》附
　　　《祖納傳》：「君汝潁之士利如錐，我幽冀之士鈍如槌。」

〔12〕錢神：喻錢財之力，如同神物。晉代魯褒曾著《錢神論》以諷刺世俗：「失之則
　　　貧弱，得之則富強。無翼而飛，無足而走……錢多者處前，錢少者居後。」

〔13〕酒聖：謂酒之清者。魏晉時期稱清酒為聖人，濁酒為賢人。唐楊巨源《上劉侍
　　　中》：「消憂期酒聖，乘興任詩狂。」庶幾：差不多。

〔14〕秋光：秋天的風光景物。蟾閣鏡：本指照妖鏡，此處用以比喻秋江之澄澈。《漢
　　　武洞冥記》卷一載：望蟾閣上有金鏡，寬四尺，能夠照出妖怪，使之無所逃避。
　　　蟾閣鏡，相傳為有祗國所獻，藏於望蟾閣，故名蟾閣鏡。

〔15〕茂陵眉：茂陵是漢武帝的陵寢，司馬相如因病免官後，和卓文君居住在這裡。
　　　卓文君相貌姣好，眉色如望遠山，故稱茂陵眉。見《西京雜記》卷二。

〔16〕「樽香」句：謂酒杯裏泡著幾枝菊花，指菊花酒。

〔17〕宦遊：外出求官；做官。為仕宦而奔波。參見《赴京初入汴口曉景即事先寄
　　　兵部李郎中》詩注〔12〕。巧拙：白居易《詠拙》：「所稟有巧拙，不可改者性。

所賦有厚薄，不可移者命。我性拙且蠢，我命薄且屯。問我何以知，所知良有因。」

〔18〕愚直：忠厚耿直。神祇：天地神仙。《尚書·湯誥》：「爾萬方百姓，罹其凶害，弗忍荼毒，並告無辜於上下神祇。」

〔19〕三吳：三吳所指，眾說不一。杜牧此處指吳興，即湖州。詳參《郡齋獨酌》詩注〔20〕。煙水：霧靄蒼茫的水面。詩詞中「煙水」與「煙波」義近。唐孟浩然《送袁十嶺南尋弟》：「蒼梧白雲遠，煙水洞庭深。」

〔20〕所之：即之所。之：去。所：哪裏；處所。

【簡評】

此為抒發人生感慨之歌，有幾許飽經滄桑的沉重，又有幾許參透世事的超脫。葉落燕歸的循環，玄髮無期的感傷，是本詩的基調。彭殤齊一，而陶潛可追；仙丹虛無，而頑石亦爛。既然如此，何必爾虞我詐，鑽營進趨。最後詩人提出堅持「拙」「愚」的人生態度，願意在「三吳煙水」中寧靜心志，以擺脫人間的煩惱。全詩疊用典故，但一氣貫注，並無滯重之感，這正是杜牧之詩的一貫特色。

此詩前四句懷舊，五、六句歎老，七、八句抒寫離別之情，九至十二句流露退隱之志，十三至十六句表現對名利的淡漠，十七句至末尾描寫對安閒生活的嚮往。這也是杜牧出任外郡時不得意之感的表露，是其晚年心態的具體表現。此詩形式上也別具一格，錢鍾書《談藝錄》云：「牧之《題桐葉》惟四韻散體，餘八韻皆偶體也。」

沈下賢〔1〕

斯人清唱何人和〔2〕？草徑苔蕪不可尋〔3〕。一夕小敷山下夢，水如環佩月如襟〔4〕。

【注釋】

〔1〕此詩大中五年（851）作，時杜牧為湖州刺史，為憑弔中唐著名文士沈亞之故居而作。沈亞之，字下賢，吳興（今浙江湖州）人，唐憲宗元和十年（815）登進士第，曾為德州判官，貶南康尉，終於郢州掾。工詩能文，善作傳奇小說。他的《湘中怨解》《秦夢記》《異夢錄》等傳奇作品，寫得獨具特色，富於神話色彩和詩的意境，在當時頗有影響。才名為時人所推。著有《沈下賢集》。李賀、杜牧、李商隱對他都極為推重。

〔2〕斯人：指沈下賢。清唱：謂下賢清新高雅之詩作。和（hè）：以聲相應。唐代殷
　　　堯藩、張祜、徐凝等詩人俱曾與沈氏唱和，李賀有《送沈亞之歌》云：「吳興才
　　　人怨春風，桃花滿陌千里紅。紫絲竹斷驄馬小，家住錢塘東復東。」

〔3〕「草徑」句：謂下賢故宅荒蕪，路徑早為野草苔蘚所掩，無從尋覓。草徑：雜草
　　　叢生的小路。苔蕪：青苔遍地。不可尋：找不到。

〔4〕「一夕」二句：謂恍然入夢，見小敷山景色清幽，那淙淙流水，似下賢之環佩鳴
　　　響；那如洗月色，如下賢之高潔襟懷。小敷山：又名福山，在浙江湖州烏程西
　　　南二十里，沈亞之曾在此居住。環佩：指古人所繫的佩玉。本為婦女飾物，響
　　　聲清脆，此處用來比喻水流之聲。唐柳宗元《小石潭記》：「隔篁竹聞水聲，如
　　　鳴佩環。」月如襟：襟，古代指衣的交領；引申為襟懷。月如襟，是從顏色上
　　　設喻，足見月光的清明皎潔。唐祖詠《家園夜坐寄郭微》：「月出夜方淺，水涼
　　　池更深。餘風生竹樹，清露薄衣襟。」

【簡評】

　　詩人壯志難酬，激越不平，因追念前賢，而化作淺唱低吟。詩中充滿著對
前賢才人的景慕。這是一首交織著仰慕和悲慨兩種感情的憑弔之作，融情入
景，不僅道出了沈亞之生前寂寞、身後淒清的境遇，也道出了他的詩風和人格。

　　首二句寫沈氏清唱之音已遠，今再無人可和；居處到處長滿苔蕪，舊徑已
經難以尋覓。後二句寫時當黃昏，走進小敷山，如入夢境。在這裡不見沈氏，
唯有水流睜琮，如環佩鏘鳴；月光皎潔，清涼如入襟。此乃象徵手法，寫沈氏
性情、才思、襟懷，風致綽約，哀婉清雅。

　　第四句「流水」和「明月」這兩個意象不僅營造了靜謐清涼的環境，更
暗含著時光流逝和望月思念的情感。不見先人，只見水月，作者內心的失落
更添愁緒。雖然末句的景色是美麗的，而作者的情感卻是悲傷的，這種悲傷
也將詩人對沉下賢的仰慕之情推到了高潮。詩人的夢境清寥高潔，富有象徵
色彩。「水如環佩」，是從聲音上入手；「月如襟」，則是從顏色上著筆。這清
流與明月，似乎是這位前輩才子的衣飾，使人就像見到他清寥的身影；又像
他那清麗文采和清遠詩境的外化，使人如同聽到他高唱的清音孤韻；更像是
他那高潔襟懷的象徵，使人就像見到了他那孤高寂寞的詩魄一樣。

　　全篇集中筆墨反覆渲染一個「清」字：從「清唱何人和」的寂寞到「草
徑苔蕪」的淒清，到「水如環佩月如襟」的清寥夢境，一意貫串，筆無旁騖。
把避實就虛和集中渲染結合起來，顯得虛而傳神。此詩的高妙之處在於，通

篇未涉及沈亞之的言語行事，也未對他作任何評論，只是借助詠歎、想像、夢幻等手段，讓讀者通過想像，自己去塑造沈亞之高標逸韻的形象。全詩情感飽滿，景色動人，更有深刻的自憐之情，含蓄委婉，動人心弦。

李和鼎〔1〕

鵩鳥飛來庚子直，謫去日蝕辛卯年〔2〕。由來枉死〔3〕賢才事，消長相持勢自然〔4〕。

【注釋】

〔1〕李和鼎：即李甘，字和鼎。參見《李甘詩》注〔1〕。

〔2〕「鵩鳥」二句：謂李甘如同賈誼一樣，遭到貶謫。《史記・賈生列傳》：「賈生為長沙王太傅，三年，有鴞飛入賈生舍，止於坐隅。楚人命鴞曰『鵩』。賈生既以適居長沙，長沙卑濕，自以為壽不得長，傷悼之，乃為賦以自廣。」鵩（fú）鳥：即鴞，俗以為不祥之鳥；古書上說像貓頭鷹一樣的鳥。喻為兇惡奸人的李訓、鄭注。謫去句：太歲在卯曰單閼，賈誼作賦在漢文帝六年丁卯，李甘之貶在大和九年乙卯，同在卯年。日蝕：日食，喻唐文宗孱弱，受權臣與宦官左右。宋葛立方《韻語陽秋》卷九云：「議者謂辛卯年在憲宗之時，而憲宗未嘗謫李甘。李甘仕文宗之時，而文宗時無辛卯也。豈牧之誤乎？余謂牧之所云，非謂實庚子、辛卯也。鵩集於舍，班固書庚子之日；日有蝕之，詩人有辛卯之詠。借是事以明李甘之冤爾。」

〔3〕由來：歷來；向來。枉死：因冤枉而死。

〔4〕「消長」句：謂盛衰的變化，雙方對立互不相讓，是自然的趨勢。說明忠奸雙方消長平衡，有冤枉也是帝王平衡權術所造成的自然現象。

【簡評】

這是杜牧所寫的一首帶有批判性的詩作。李甘是一位正直的政治家，但是因為政見的原因而被貶謫，詩以此政治事件為題，表達了作者的政治態度。詩中以鵩鳥、日食來比喻當時朝堂上面的奸人和偏信奸人的唐文宗，詩的後半段則表達作者的政治觀念，即皇帝是決定朝廷穩定的關鍵。

李甘與牧之交誼很好，氣類相投。杜牧此詩，表達了對李甘的同情；對李甘屈不能伸、賢才枉死，深深傷悼；並對鄭注等得勢之輩痛之如仇。文風樸實、剛勁，內容直白。杜牧另有《李甘詩》追述其事，傷悼其以忠直而得罪貶死。

贈沈學士張歌人〔1〕

　　拖袖〔2〕事當年，郎〔3〕教唱客前。斷時輕裂玉，收處遠繰煙〔4〕。孤直緪
雲定，光明滴水圓〔5〕。泥情遲急管，流恨咽長弦〔6〕。吳苑〔7〕春風起，河橋
酒旆懸〔8〕。憑君更一醉，家在杜陵邊〔9〕。

【注釋】

〔1〕此詩大和六年（832）作，時杜牧三十歲，在沈傳師宣州幕中，為團練巡官，試
　　大理評事。沈學士：即沈述師，字子明，沈傳師之弟，曾任集賢學士，故稱「沈
　　學士」，其時亦在宣州幕。張歌人：即張好好，本為歌伎，大和六年（832）被
　　沈述師納為妾，此後即與友朋疏於往還。

〔2〕拖袖：引袖；形容好好準備歌唱之態。拖，曳引。

〔3〕郎：指沈述師。

〔4〕「斷時」二句：謂好好歌喉宛轉美妙，頓挫有致。斷時：指歌聲暫時停頓。斷，
　　停頓；此猶頓挫。裂玉：喻歌聲之清脆。收：指歌曲結束。繰（sāo）：同「繅」，
　　抽繭出絲。此喻餘音嫋嫋，如輕煙之細長，綿綿不斷。

〔5〕「孤直」二句：謂好好歌聲高亢，清亮圓潤如同淌下的水珠一般。緪（gèng）雲
　　定：謂歌聲響遏行雲。緪，通亙，貫通。《列子・湯問》：「（秦青）撫節悲歌，
　　聲振林木，響遏行雲。」光明：光亮，明亮。

〔6〕「泥情」二句：謂其柔情宛轉之歌，令節奏急速的管樂為之聲滯；其痛苦幽怨之
　　曲，使琴弦也為之嗚咽。泥（nì）：阻滯，滯留。急管：管樂器吹奏聲短而促，
　　故稱。長弦：彈撥樂器弓弦細而長，故稱。

〔7〕吳苑：吳王之苑；即長洲苑，故址在今江蘇蘇州市西南，太湖以北；為吳王闔
　　閭遊獵處所。《漢書・賈鄒枚路傳》：「修治上林，雜以離宮，積聚玩好，圈守禽
　　獸，不如長洲之苑。」顏師古注引服虔注「長洲」曰：「吳苑。」自此以下四句
　　寫詩人聽歌的感受。

〔8〕河橋：橋樑；在今陝西省朝邑縣東。《史記・秦本紀》：「昭襄王五十年，初作河
　　橋。」《正義》：「此橋在臨晉縣東，渡河至蒲州，今蒲津橋也。」酒旆（pèi）：
　　猶酒旗、酒簾，俗稱酒望子，酒家之標幟。宋洪邁《容齋續筆》卷十六「酒肆
　　旗望」條：「今都城與郡縣酒務，及凡鬻酒之肆，皆揭大簾於外，以青白布數幅
　　為之，微者隨其高卑小大，村店或掛瓶瓢，標帚稈，唐人多詠於詩。然其制蓋
　　自古以然矣。」參見《代人寄遠》詩。

〔9〕杜陵：本名杜原，又稱樂遊原，在今陝西省西安市東南。古為杜伯國。秦置杜

縣，漢宣帝築陵於東原上，因名杜陵。杜牧家在長安杜陵。邊：表處所、方位，指旁邊，附近。

【簡評】

全詩運用多種比喻讚歎張好好婉轉美妙的歌聲、描繪歌者的情態，意象優美，對聽眾的感受形容得也十分貼切。「斷時」六句描寫張好好歌聲之動聽，連用幾個貼切的比喻，停時如裂玉般清脆，收處似輕煙般嬝嬝；高低婉轉的音調，響亮圓潤，扣人心弦。接著「吳苑」二句，以麗景襯歌聲，構思新穎別致。最後寫聽歌觸動鄉思，是由景入情之筆。杜牧另有《張好好詩》，可參看。

憶遊朱坡四韻〔1〕

秋草樊川〔2〕路，斜陽覆盎門〔3〕。獵逢韓嫣騎，樹識館陶園〔4〕。帶雨經荷沼，盤煙下竹村。如今歸不得，自戴望天盆〔5〕。

【注釋】

〔1〕本詩作於大中二年（848）。朱坡：見《朱坡》詩注〔1〕。

〔2〕樊川：水名，在長安城南。詳見《池州送孟遲先輩》詩注〔33〕。

〔3〕覆盎（àng）門：一名杜門，在長安城南。《漢書·劉屈氂傳》：「太子軍敗，南奔覆盎城門得出。」注：「長安城南出東頭第一門曰覆盎城門，一號杜門。」

〔4〕「獵逢」二句：意謂樊川朱坡一帶多皇族園林，向為權貴遊獵之地。韓嫣（yān）：漢武帝寵臣。《史記·佞倖列傳》：「江都王入朝，有詔得從入獵上林中。天子車駕蹕道未行，而先使嫣乘副車，從數十百騎，騖馳視獸。江都王望見，以為天子，闢從者，伏謁道傍。嫣驅不見。既過，江都王怒。」館陶：館陶公主，漢武帝之姑，曾將長門園獻給武帝，後改名為長門宮，在長安城東南。見《漢書·東方朔傳》。

〔5〕「自戴」句：意謂因外任刺史而不得歸鄉，猶如頭戴盆而不能望天。漢司馬遷《報任安書》：「僕以為戴盆何以望天，故絕賓客之知，亡家室之業，日夜思竭其不肖之才力，務一心營職，以求親媚於主上。」因戴盆不能望到天，要望天則不能戴盆，故以「戴盆望天」比喻手段跟目的相反，事難兩全。

【簡評】

詩人對京城，尤其是自己的故園十分熱愛，在朝外任官久不能回家園時，經常眷戀著樊川的一草一木，寫下了多首懷念的詩篇。

　　詩人時感不得志，便生懷念家園之情。故鄉的一切留給詩人太多美好的
回憶，雨後荷花亭亭玉立，自有一番迷人的態度，而煙雨中時隱時現的鄉村
令人無限神往。此時遠離家鄉的詩人，卻如此清晰地描繪出故鄉的景致，其
思鄉之情可見一斑。詩歌以「自戴望天盆」作結，將懷念朱坡而不得遊的遺
憾抒寫得淋漓盡致。他回想年輕時遊朱坡的情景，感歎如今身在異鄉，淹蹇
於江南幕府。既帶著美好的回憶，也懷著深深的歎息，簡直令人斷腸天涯。

朱坡絕句三首〔1〕

　　故國池塘倚御渠〔2〕，江城三詔換魚書〔3〕。賈生辭賦恨流落〔4〕，只向長
沙住歲餘〔5〕。

　　煙深苔巷唱樵兒〔6〕，花落寒輕倦客歸〔7〕。藤岸竹洲相掩映〔8〕，滿池春
雨鸊鷉飛〔9〕。

　　乳肥春洞生鵝管〔10〕，沼避回巖勢犬牙〔11〕。自笑卷懷頭角縮，歸盤煙磴
恰如蝸〔12〕。

【注釋】

〔1〕此詩大中二年（848）作，時杜牧由睦州刺史入為司勳員外郎，赴京途中。朱坡：
　　在長安城南。詳見《朱坡》詩注〔1〕。

〔2〕故國：故鄉。倚：靠近，臨近。御渠：即御溝，流經長安城宮苑的河道。此謂
　　朱坡的別墅，因在長安城外，故云倚御渠。杜牧《朱坡》云：「下杜鄉園古，泉
　　聲繞舍啼。」

〔3〕「江城」句：謂三次接受朝廷任命為江城刺史。江城：杜牧為黃州、池州、睦州
　　刺史，三州皆臨江，故稱。魚書：魚符和敕書。唐代起軍旅、易官長，發銅魚
　　符，附以敕牒，故兼名魚書。唐陸贄《翰苑集·冬至大禮大赦制》：「刺史停替，
　　須待魚書。」參閱宋程大昌《演繁露·左符·魚書》。杜牧接了三次任命為刺史
　　的魚符，故稱江城三詔。

〔4〕「賈生」句：謂賈誼被貶為長沙王太傅後作《弔屈原賦》《鵬鳥賦》，抒發被貶
　　放而流落的怨恨。賈生：即賈誼，漢代著名文學家。《史記·屈原賈生列傳》：
　　「天子議以為賈生任公卿之位。絳、灌、東陽侯、馮敬之屬盡害之，乃短賈生
　　曰：『雒陽之人，年少初學，專欲擅權，紛亂諸事。』於是天子後亦疏之，不
　　用其議，乃以賈生為長沙王太傅。……三年，有鴞飛入賈生舍，止於坐隅。楚
　　人命鴞曰『鵩』。賈生既以適居長沙，長沙卑濕，自以為壽不得長，傷悼之，

乃為賦以自廣。」

〔５〕住歲餘：原注：「文帝歲餘思賈生。」《史記·屈原賈生列傳》：「住歲餘，賈生徵見。孝文帝方受釐，坐宣室。上因感鬼神事，而問鬼神之本。賈生因具道所以然之狀。至夜半，文帝前席。既罷，曰：『吾久不見賈生，自以為過之，今不及也。』居頃之，拜賈生為梁懷王太傅。」此「歲餘」為詩語，僅取其大意言之。馮集梧注云：「而誼之住長沙，實已四歲有餘也。」唐李商隱《賈生》：「宣室求賢訪逐臣，賈生才調更無倫。可憐夜半虛前席，不問蒼生問鬼神。」

〔６〕「煙深」句：謂樵兒口唱山歌回到滿地青苔的深巷，縷縷炊煙徐徐升起。此寫朱坡農村日暮景象；是詩人在赴京途中的想像情景。苔巷：長滿青苔的深巷。樵兒：上山砍柴的男兒。

〔７〕寒輕：猶言「輕寒」，即微帶寒意。倦客：久留他鄉而疲憊不堪的人。此是作者自謂。

〔８〕藤岸竹洲：岸邊的藤蘿與水中小塊陸地上的翠竹。掩映：遮映襯托。

〔９〕鷿鵜（pì tí）：水鳥名，又稱伽藍鳥、塘鵝。善潛水，喜食魚，形似野鴨而略小。《方言》：「野鳧其小而好沒水中者。」傳說以鵜鳥膏塗劍可不生銹。唐杜甫《荊南兵馬使太常卿趙公大食刀歌》：「鐫錯碧罌鷿鵜膏，鋩鍔已瑩虛秋濤，鬼物撇捩辭坑壕。」

〔１０〕乳肥：謂石鍾乳很肥大。鵝管：指石鍾乳中很薄的小洞，猶如鵝的翎管一樣。鵝管石，即石鍾乳。唐李商隱《殘雪》：「簷冰滴鵝管，屋瓦鏤魚鱗。」

〔１１〕「沼（zhǎo）避」句：形容池沼曲折有致，為岩石圍繞，狀如參差不齊之犬牙。回岩：曲折的山崖。勢犬牙：像狗的牙齒一樣參差不齊。

〔１２〕「自笑」二句：謂可笑自己猶如頭角藏縮的蝸牛，盤在煙霧籠罩的石磴上。卷懷：收藏，即藏身隱退。詩句語意雙關，以蝸牛之藏身殼中喻指歸隱。《論語·衛靈公》：「君子哉，蘧伯玉！邦有道則仕，邦無道則可卷而懷之。」磴（dèng）：山岩上之石路；石級。恰如蝸：縮頭縮腳像蝸牛一樣。

【簡評】

杜牧自黃州刺史遷池州，又遷睦州，「江城三詔換魚書」。身處江城，思及故園景物，想到漢時賈誼遠貶長沙，猶有召還之期，而自己遠貶荒州，「三守僻左，七換星霜，拘攣莫伸，抑鬱誰訴。每遇時移節換，家遠身孤，弔影自傷，向隅獨泣。將欲漁釣一壑，棲遲一丘，無易仕之田園，有仰食之骨肉。當道每歎，末路難循，進退唯艱，憤悱無告。」（《樊川文集·上吏部高尚書狀》）三

首詩中流露的正是這種仕隱兩難、進退維谷的情緒。

　　第一首以賈誼襯托自己，並抒發胸中的憤懣。賈誼少年有為，頭角嶄露，突遭貶謫，已屬不幸，而自己遭受冷遇長期外任不得內調，其牢騷不平，已溢於言表。由於是運用典故，虛實相生，這種牢騷不滿表現得較為含蓄。詩人無可奈何之中，遂以夢想之詞，以思鄉寓其不甘寂寞欲回朝廷之渴望。詩旨雖寓怨恨牢愁，卻又含蓄深沉，宛轉曲隱，體現了杜牧絕句的典型特色。

　　第二首表現「倦客歸來」的喜悅。作者對家鄉朱坡展開了美好的想像，樵兒歡唱是人情之親切和諧，藤岸竹洲，春池鳧飛，見風光之自然多趣，與孤守江城的「流落」之「恨」形成鮮明對照。後兩句對故鄉景色的描摹，如詩如畫，亦令人沉醉嚮往之至。詩人雖未明言思鄉之情，然讀者自可從他對故鄉優美春景的描繪中尋味出來。於此正可體會前人所謂一切景語皆情語之說。

　　第三首詩前兩句仍寫朱坡景色，而後兩句則轉寫自己的處境。寫自己乃採用雙關比喻法。寫蝸牛意在形象地刻畫自己「卷懷頭角縮」的落拓不偶，著實讓人感受到一種落寞與無奈。

　　第二、三首詩回憶朱坡別墅之山水園林和泉石池沼之勝，頗具野趣，一方面表現了故鄉「亭館林池，為城南之最」（《舊唐書・杜佑傳》），一方面又透露了詩人的歸隱祈向，表現了詩人對故鄉嚮往之情。

出宮人二首〔1〕

　　閒吹玉殿昭華管〔2〕，醉折梨園〔3〕縹蒂花〔4〕。十年一夢歸人世，絳縷猶封繫臂紗〔5〕。

　　平陽拊背穿馳道〔6〕，銅雀分香下璧門〔7〕。幾向綴珠〔8〕深殿裏，妒拋羞態臥黃昏。

【注釋】

〔1〕出宮人：據舊、新《唐書》諸宗本紀和《唐會要》卷三《出宮人》，唐代有不少釋放宮女的記錄。放宮女出宮的原因很多，有新皇帝即位，吐故納新，放舊迎新；有自然災害出現，放宮女以順應天時，平息災異；有宮女年老多病，不堪驅使，另選年輕美貌的入宮服務；另有朝臣上書，把釋放宮女作為改革措施，節省經費，亦或體恤宮怨之情；還有把宮女當作禮品賞賜給功臣等。每次放出宮女幾百至幾千人不等。這些宮女有的投靠親屬，有的或被安置在長安城的寺觀裏。她們出宮後的命運往往淒涼無奈、無限辛酸。

〔2〕玉殿：宮殿的美稱。昭華管：笛名。《西京雜記》卷三載，咸陽宮中有玉管，長二尺三寸，二十六孔，吹奏起來就會看見隱隱約約的車馬和山林，吹完了這些就都不見了，玉管有銘文，稱為「昭華之管」。昭華，美玉名；詩詞中借為玉笛的美稱。

〔3〕梨園：唐代教習宮廷歌舞藝人的專門場所。唐玄宗曾選樂工三百人，宮女數百人，教授樂曲於梨園，親自訂正聲誤，號「皇帝梨園子弟」。見《新唐書·禮樂志》。後世因稱戲班為梨園，戲曲演員為梨園子弟。梨園故址一在長安（今陝西西安市）禁苑中，見《舊唐書·中宗本紀》；一在宜春院，見《舊唐書·音樂志》。唐白居易《梨園弟子》：「白頭垂淚話梨園，五十年前雨露恩。」

〔4〕縹蒂花：漢上林宮中名果異樹有縹蒂梨。《西京雜記》卷一：「初修上林苑，群臣遠方各獻名果異樹，亦有制為美名，以標奇麗者。梨十：⋯⋯細葉梨、縹葉梨、金葉梨。」縹（piǎo）：青白色。

〔5〕「絳縷」句：謂作為美人標誌的繫臂紗還封存在絳樓上。暗喻皇帝出了這些宮女，還要強迫另一些女子入宮。繫臂紗：晉武帝既平蜀吳，追求聲色，民間女子有姿色者，吏以緋彩結女臂，強納入宮，雖豪家往往不免。《晉書·胡貴嬪傳》：「太始九年，帝多簡良家子女以充內職，自擇其美者以絳紗繫臂。」

〔6〕平陽拊背：為詠女子得幸選送皇宮之典。《史記·外戚世家》載，武帝初即位，數歲無子。一次祓禊從霸上還，過平陽主家，悅其歌女衛子夫。平陽主因奏子夫奉送入宮。子夫上車，平陽主拊其背曰：「行矣，強飯，勉之！即貴，無相忘。」入宮後有寵，凡生三女一男，武帝立子夫為皇后。平陽：漢武帝姊封陽信長公主，為平陽侯曹壽妻，時稱平陽公主，簡稱平陽主。後嫁衛青。她曾於府第置美人、謳者，漢武帝劉徹從中選中衛子夫，立為皇后。見《史記·衛將軍驃騎列傳》《漢書·衛青傳》。後因以平陽喻指公主貴戚府第，並常用於詠盛置歌舞的貴戚府第；亦多見於宮怨詩。拊背：輕拍肩背。馳道：原是秦始皇時修築從咸陽通向全國各郡的大道，專供皇帝行駛車馬之用。唐詩中借指御道、官道。

〔7〕銅雀：即銅雀臺。分香：即分香賣履；喻臨死不忘妻妾。詳見《杜秋娘詩》注〔29〕。璧門：漢武帝建章宮南有璧門，這裡泛指宮門。

〔8〕綴珠：裝飾著珠寶的宮室。《長安志》引《三秦記》曰：「未央宮漸臺西有桂宮，宮內有明光殿，皆金玉珠璣為簾薄，綴明月珠。」

【簡評】

此詩歌詠宮女出宮，用含蓄之筆表達出對這些長期幽閉在深宮的女子的

同情；深刻地揭示了宮人內心的寂寞與痛苦，也給封建制度以有力的抨擊。雋永含蓄，頗見風調。宮女是封建君主制社會特有的現象，唐代後宮龐大，宮女制度弊端叢生，成為朝野關注的問題，如王建《宮詞》三十七寫宮女因病被棄；吳少微《相和歌辭·怨歌行》寫宮女年老色衰被逐；張籍《舊宮人》詩把這種不負責任的放歸結果揭露得非常深刻；晚唐孫元宴有詠史詩七十五首，詠吳晉宋齊梁陳六朝舊事，其中有兩首提到釋放宮人。

　　第一首詩用白描手法，寫宮女出宮後依然吹奏華麗的笛子，「閒吹」與「醉折」，顯示出一種百無聊賴；十年的大好時光回顧起來恍如一夢，繫臂的絳紗是她永久的珍藏，那是她曾經榮寵的標誌。詩中強調宮人對往日宮中生活的留戀，更從這種今不如昔的感慨中顯示出她們被放出宮後生活的淒苦。雖然宮中的生活並不幸福，但是她們在出宮後卻一再憶及往昔，入宮與出宮的經歷都深深銘刻在她們的記憶之中，讓人越發感到淒涼，內含無限辛酸。首句可謂雙關，「昭華管」暗喻青春年華，而在「玉殿」中只落得「閒吹」的命運，十年一覺淒涼夢醒，方回歸人倫常情之世界。

　　第二首詩運用典故，看到這些被驅出宮門的女人，詩人頭腦中閃現出當年她們在宮中的爭寵、落魄。用「平陽拊背」和「銅雀分香」兩個典故寫生時死際能得到帝王親近的歌女宮人之幸運，反襯出大批宮女的寂寞無奈。在向晚時刻，她們只能向綴珠深殿，妒拋羞態而眠。一個「妒」字，寫出多少痛苦！「拋羞態」「臥黃昏」，情態如現。

長安秋望〔1〕

　　樓倚霜樹外，鏡天無一毫〔2〕。南山與秋色〔3〕，氣勢兩相高〔4〕。

【注釋】

〔1〕秋望：在秋天遠望。
〔2〕「樓倚」二句：謂樓閣高聳，碧樹經霜；詩人憑樓遠眺，唯見秋空澄澈如鏡，不見一絲雲影。倚：靠著，倚立。霜樹：經過霜的樹木；指深秋時節的樹。外：上。鏡天：像鏡子一樣明亮、潔淨的天空。無一毫：沒有一絲雲彩。毫，細毛。
〔3〕南山：即終南山，秦嶺山峰之一，位於長安城南。秋色：晴高氣爽的天空。
〔4〕「氣勢」句：謂山色與秋色互比高下。氣勢：氣概。喻終南山有與天宇比高低的氣概。

【簡評】

　　這是一首高秋的讚歌。全詩緊扣「望」字，從地上、空中、山色三個不同的角度選景，意境高遠，格調清新，臻於詩中有畫、畫中有詩的境地。詩將南山與秋色擬人化，互相映襯，生動活潑，別具情趣。全詩在躍動的氣勢中結束，給人留下了無窮的回味餘地。

　　此詩望出了秋日的風清雲淡，別有洞天。詩的前兩句是仰望，秋日登樓，霜樹高聳挺拔，長天明淨澄潔，如纖塵不染的明鏡。後兩句是遠眺，詩人將具象的峻拔入雲在「終南山」與抽象的「秋色」結合在一起，虛實相生，不僅終南山的高遠如在目前，虛有的本來訴之於理念的秋色，也有了具體可感的形象，它們那清肅高拔的氣勢與精神一齊躍然紙上。把本來難以比較的南山與秋色互相比配，互相烘托，達到了傳神的境地。採用擬人化的手法，賦予南山與秋色一種峻拔向上的動態，這實質上表現了詩人的性格。於寫長安秋色的同時融進了詩人的精神，正是此詩的高妙之處。

　　晚唐詩往往流於柔媚綺豔，缺乏清剛遒健的骨格。這首五言短章卻寫得意境高遠、氣勢健舉，和盛唐詩人王之渙的《登鸛雀樓》有神合之處，儘管在雄渾壯麗、自然和諧方面還不免略遜一籌。此詩用白描和擬人的手法，化虛為實、轉實為虛相結合，將終南山和長安城內的秋色寫得生氣勃勃，因而深受後人喜愛，人們甚至紛紛傚仿。元王惲《送表弟韓雲卿赴臺》有「南山與秋色，依舊兩崢嶸」詩句；明董其昌《題王叔明畫》有「南山與秋色，氣勢兩爭峙」詩句。

獨　酌 [1]

　　窗外正風雪 [2]，擁爐開酒缸 [3]。何如釣船雨 [4]，篷底睡秋江 [5]。

【注釋】

〔1〕獨酌：獨自飲酒。

〔2〕風雪：颳風下雪。名詞用作動詞。

〔3〕擁爐：圍著火爐。酒缸：馮集梧《樊川詩集注》卷二引《法書要錄》云：「江東
　　　雲缸面，猶河北稱甕頭，謂初熟酒也。」

〔4〕何如：怎麼樣。釣船雨：雨點滴在釣船的篷上。唐溫庭筠《咸陽值雨》：「咸陽
　　　橋上雨如懸，萬點空濛隔釣船。」

〔5〕篷底睡：唐李珣《南鄉子·煙漠漠》：「春酒香熟鱸魚美，誰同醉？纜卻扁舟篷
　　　底睡。」秋江：秋天的大江。

【簡評】

這是一首閒適詩。窗外風雪時，擁爐焙酒獨酌自是一種悠閒自樂的清趣，但詩人認為空蒙細雨中，趁扁舟一葉，在篷底閒睡，任其漂蕩秋江，興來自斟小酌，則更為閒雅散淡。

前兩句開門見山地點出獨酌的時間、環境、氣氛。平平淡淡，然而意蘊頗深。首先，詩人巧妙地暗用色彩對比：大雪潔白，爐火通紅，白雪的冷色，襯出爐火的暖色，這是多麼富於詩意的畫面！其次，句中又蘊含著「動」與「靜」的對比。窗外，寒風呼嘯，大雪漫天；而屋內，彌漫著一種寧靜、溫暖的氣氛，爐火正旺，酒香正濃。窗外之「動」，即外物之「動」；屋內之「靜」，即詩人內心之「靜」。大千世界愈是動盪不寧，詩人擁爐自酌，意態愈是恬淡自在。第二句中「開酒缸」三字也饒有情味。詩人不言酒壺，偏說酒缸，酒具之大，令人想像出詩人的豪放豁達，頗有李白「會須一飲三百杯」的氣度。「開」字乾脆利落，令人彷彿聽見傾酒之聲，彷彿聞見酒香撲面而來。

後兩句很自然地過渡，用臥舟蕩水寫酒醉暈眩的感受，用雨聲寫醉後所聞風雪之聲，把醉酒之樂，寫得瀟灑自如，情趣盎然。「何如」二字是詩人自問，寫出了詩人半醉半醒的神態，使整首詩更顯得風情搖曳。

詩人儘管在詩中極力以散淡的筆墨抒寫自己悠然自得的心情，然而那獨酌而醉的形象，總不免露出一點寂寞之情。此詩用對比反襯的手法，抒寫自己內心的苦悶，妙在不言愁苦而淒然之境躍然紙上。樊川詩有大、拙、重者，也有小、巧、靈者。前者思深氣盛，後者則多見性靈。本詩「何如」二句，唐杜荀鶴《溪興》化成「山雨溪風卷釣絲，瓦甌篷底獨斟時」，別具興味。

醉　眠

秋醪〔1〕雨中熟，寒齋落葉中〔2〕。幽人〔3〕本多睡，更酌一樽空〔4〕。

【注釋】

〔1〕秋醪（láo）：秋日釀成的酒。

〔2〕晉陸機《燕歌行》：「四時代序逝不追，寒風習習落葉飛。」

〔3〕幽人：幽居之人，指隱士。《易·履》：「履道坦坦，幽人貞吉。」正義釋「幽人」為幽隱之人。晉陶潛《命子》：「鳳隱於林，幽人在丘。」《文選·孔稚珪·北山移文》：「或歎幽人長住，或怨王孫不遊。」唐馬戴《寄雲臺觀田秀才》：「雲壓松枝拂石窗，幽人獨坐鶴成雙。」

〔4〕隋江總《在陳旦解醒共哭顧舍人詩》:「獨酌一樽酒,高詠七哀詩。」

【簡評】

詩云:秋日的酒在雨聲瀝瀝中釀好了,漫天的落葉將小小的寒齋輕輕覆蓋。幽居之人本來就喜眠,飲完了這杯就要再睡去了。無酒不丈夫。快意時攜著一壺酒直飲,豈不快哉;失意時也抱著酒壺痛飲,又有何愁?酒真是個好東西,在秋日裏釀成的酒,正好和這冷冽的西風對飲。可惜它酒量太淺,醉醺醺的吹搖著黃葉,葉子也似薰醉了般,在滿天飛舞,詩人也好似又醉了一場。

秋天天涼,在齋中喝酒,不但可以去除寒意,還可幫助睡眠。普通人要是有愁,則難以睡眠,但現在詩人心中,萬事萬物早已不縈繞於心,故能安心多睡。「幽人本多睡」正說明了詩人心情的平和恬淡,全詩也表現出一種高雅平淡卻餘意無窮的閒適之情。

不飲贈酒

細算〔1〕人生事,彭殤共一籌〔2〕。與愁爭底事〔3〕,要爾作戈矛〔4〕。

【注釋】

〔1〕細算:仔細考慮。羅隱《寄酬鄜王羅令公》五首其三:「敢將衰弱附強宗,細算還緣血脈同。」

〔2〕彭殤:傳說彭祖得八百歲之壽。殤,未成年而夭折者。一籌:一等。共一籌,即等量齊觀。

〔3〕底事:什麼。唐人習用語。唐閻選《八拍蠻》:「憔悴不知緣底事,遇人推道不宜春。」

〔4〕爾:你,指酒。戈矛:喻指驅散愁陣的兵器。此句意謂既已齊彭殤壽夭,則不必借酒驅愁。

【簡評】

四句全用議論。作者乃善飲者,此云「不飲贈酒」,便是奇筆。詩人的別解甚為有趣:酒本為消愁之用,然人間大事,無非生死。既然長壽與短命都可以等量齊觀,那麼還有何「愁」可言!「酒沖愁陣出奇兵」(唐韓偓《殘春旅舍》),沒有「愁陣」,又何須酒作戈矛?詩人看似洞悉人生,通達世情,其實愁在心底,恨壓筆鋒,故語語反諷,句句奇論。

昔事文皇帝三十二韻〔1〕

　　昔事文皇帝〔2〕，叨官在諫垣〔3〕。奏章為得地〔4〕，齚齒負明恩〔5〕。金虎〔6〕知難動，毛鷙亦恥言〔7〕。撩頭雖欲吐，到口卻成吞〔8〕。照膽常懸鏡〔9〕，窺天自戴盆〔10〕。周鐘既窊櫎〔11〕，黥陣亦瘢痕〔12〕。鳳闕觚稜〔13〕影，仙盤曉日暾〔14〕。雨晴文石〔15〕滑，風暖戟衣〔16〕翻。每慮號〔17〕無告，長憂駭〔18〕不存。隨行唯局蹐〔19〕，出語但寒暄〔20〕。宮省咽喉任〔21〕，戈矛羽衛屯〔22〕。光塵皆影附〔23〕，車馬定西奔〔24〕。億萬持衡價，錙銖挾契論〔25〕。堆時過北斗，積處滿西園。接棹隋河溢，連蹄蜀棧剜〔26〕。漉空滄海水，搜盡卓王孫〔27〕。鬥巧猴雕刺〔28〕，誇趫索掛跟〔29〕。狐威假白額〔30〕，梟嘯得黃昏〔31〕。馥馥芝蘭圃〔32〕，森森枳棘藩〔33〕。吠聲嗾國獫〔34〕，公議怯膺門〔35〕。竄逐諸丞相〔36〕，蒼茫遠帝閽〔37〕。一名為吉士〔38〕，誰免弔湘魂〔39〕？間世英明主〔40〕，中興道德尊〔41〕。昆岡憐積火〔42〕，河漢注清源〔43〕。川口堤防決〔44〕，陰車鬼怪掀〔45〕。重雲開朗照〔46〕，九地雪幽冤〔47〕。我實剛腸〔48〕者，形甘短褐髠〔49〕。曾經觸蠆尾〔50〕，猶得憑熊軒〔51〕。杜若芳洲〔52〕翠，嚴光釣瀨喧〔53〕。溪山侵越角，封壤盡吳根〔54〕。客恨縈春細〔55〕，鄉愁壓思繁〔56〕。祝堯千萬壽〔57〕，再拜揖餘樽。

【注釋】

〔1〕此詩會昌六年（846）作。

〔2〕事：侍奉。文皇帝：唐文宗李昂。寶曆二年（826）即位，次年改元大和，凡九年，發生甘露之變。又改元開成，卒於開成五年（840）。

〔3〕叨官：忝居官位；自謙無才而居官位。在諫垣：杜牧於文宗在位時曾任左補闕。左補闕屬諫官，掌供奉諷諫。諫垣，諫官官署。

〔4〕奏章：臣下向皇帝所上的文書。得地：本指得到適宜生長的土壤，此處指奏章的內容切中時弊，才能得到所用之地。《左傳·成公二年》：「子得其國寶，我亦得地，而紓於難，其榮多矣。」

〔5〕齚（zé）齒：即齚舌。咬齧舌頭，表示不說話，或不敢說話。《史記·魏其武安侯列傳》：「魏其必內愧，杜門齚舌自殺。」負明恩：辜負皇上的知遇之恩。

〔6〕金虎：比喻國君所親厚的得勢小人；這裡指控制朝政的宦官。《文選·張衡·東京賦》：「周姬之末，不能厥政，政用多僻。始於宮鄰，卒於金虎。」李善注：「宮鄰，金虎，言小人在位，比周相進，與君為鄰，貪求之德堅若金，饞謗之言惡如虎也。」

〔7〕毛氂：猶毫氂，形容極小；此指細小的過失。恥言：不好意思說。

〔8〕「撩頭」二句：謂自己想給皇帝進諫，話到嘴邊不敢說，又咽下去了。撩頭：抬頭。欲吐：想說話；此指欲仗義執言。

〔9〕「照膽」句：謂經常在懸鏡面前透視自己的肝膽；喻指心底正直無私，肝膽可照。懸鏡：指秦鏡。詳見《池州送孟遲先輩》詩注〔28〕。

〔10〕「窺天」句：喻指自己接近不了皇帝，事不可為。戴盆，詳見《憶遊朱坡四韻》詩注〔5〕。自：副詞，猶言已。

〔11〕「周鐘」句：謂禮樂失度，朝廷隱伏危機，搖搖欲墜的形勢。語出《左傳·昭公二十一年》，周景王要鑄無射之鐘，泠州鳩勸他說：「天子省風以作樂，器以鐘之，輿以行之，小者不窕，大者不槬，則和於物。……窕則不咸，槬則不容。心是以感，感實生內疾。今鐘槬矣，王心弗堪，其能久乎？」窕（tiǎo）：輕浮；纖細。槬（huà）：洪大，寬大。

〔12〕「黥陣」句：謂即使是黥布擺的陣，也會有人指出不足。黥布是項羽的部下，蕭何游說他歸附了劉邦，封淮南王。黥布善於擺陣，但有一次劉邦閱兵，見他的陣勢像項羽的兵，心裏不太高興。參見《池州送孟遲先輩》詩注〔28〕。瘢痕：疤痕，喻過失。漢趙壹《刺世疾邪賦》：「所好則鑽皮出其毛羽，所惡則洗垢求其瘢痕。」

〔13〕鳳闕：漢代宮殿名，在建章宮的東面，因為上有銅鳳凰，所以稱鳳闕。這裡代指皇宮、朝廷。觚稜：殿堂屋角的瓦脊成方角棱瓣之形。

〔14〕仙盤：即漢代建章宮前的承露盤。漢武帝為求仙，在建章宮神明臺上造銅仙人，舒掌捧銅盤玉杯，以承接天上的仙露，故稱。暾（tūn）：太陽剛出來的樣子。

〔15〕文石：帶有花紋的石頭。這裡指用文石所鋪的道路。

〔16〕戟衣：戟的一種裝飾；戟的套。

〔17〕號：大聲呼喊。

〔18〕駭：吃驚，驚訝。

〔19〕局蹐（jú jí）：彎腰小步行走，拘謹的樣子。喻不敢明白地表明自己的看法。

〔20〕「出語」句：謂只問候起居寒暖，說一些無關緊要的客套話。

〔21〕「宮省」句：謂設在皇宮內的官署是國家的咽喉所在。此指文官而言。咽喉：咽部與喉部合稱。喻指要害部位。

〔22〕「戈矛」句：謂宮廷的周圍屯滿護衛的兵士。此指武官而言。

〔23〕「光塵」句：謂朝臣都趨附於得權勢的宦官。喻指李訓、鄭注專權，其他宰相莫
不順成其言，如同塵隨影附一樣。光塵：清與濁。《老子》：「和其光，同去塵。」

〔24〕「車馬」句：義同上句，謂當時的官吏阿諛奉承李訓、鄭注，都乘著車馬奔走於
兩家之門。《舊唐書·李訓傳》：「訓愈承恩顧，每別殿奏對，他宰相莫不順成其
言，黃門禁軍，迎拜戢斂。訓本以纖達，門庭趨附之士，率皆狂怪險異之流。」

〔25〕「億萬」二句：謂專權者在大的方面，把持著朝廷的衡柄；細小之處也要自己裁
奪。持衡：指用秤衡量物體重量。錙銖（zī zhū），均為古代重量單位，錙為一
兩的四分之一，銖為一兩的二十四分之一。常用來形容非常微小的事物。

〔26〕「堆時」四句：謂專權者積聚的財寶，堆積起來高過北斗星，塞滿西園。運輸財
寶時，東邊船隻相互連接，使得運河的水都溢出來；西邊運輸財物的馬匹不斷，
使得蜀中的棧道毀壞。北斗：唐白居易《勸酒》：「身後堆錢柱北斗，不如生前
一杯酒。」西園：東漢時宦官張讓以修南宮為藉口，讓漢靈帝下詔徵稅，徵來
的財物先在西園估定價值，還在西園建造萬金堂儲存財物。隋河：隋煬帝時所
開通濟渠。刓（wán）：磨損，毀壞。

〔27〕「漉空」二句：謂當時的賦斂極為嚴重，即使是滄海之水也要汲乾，像卓王孫這
樣的富人家，財物也被搜羅盡了。滄海：大海。因大海水深呈青蒼色，故稱滄
海。卓王孫：西漢初期著名富商，卓文君之父，卓家以冶鐵致富。

〔28〕「鬥巧」句：謂朝廷官員用盡心機，勾心鬥角。猴雕刺：用荊棘之刺的頂端刻成
母猴的樣子。《韓非子·外儲說左上》載：戰國宋有人請為燕王在棘刺的尖端刻
猴，企圖騙取優厚的俸祿；燕王發覺其虛妄，乃殺之。後因以「棘端猴」喻圖
費心力或欺詐誕妄之典。宋蘇軾《次韻王都尉偶得耳疾》：「病客巧聞床下蟻，
癡人強覷棘端猴。」

〔29〕「誇趫」句：與前句義近，喻官員們投機取巧好大喜功，到了極端的程度。趫
（qiáo）：動作便捷。索掛跟：將腳跟勾掛在繩索上的雜技。

〔30〕「狐威」句：謂狐假虎威，假借上面的權威來威嚇別人。白額：指猛虎。唐李白
《大獵賦》：「雖鼙齒磨牙而致伉，誰謂南山白額之足覷。」王琦注：「白額虎蓋
虎之老者，力雄勢猛，人所難禦。」

〔31〕「梟嘯」句：謂搞陰謀詭計。以上二句謂鄭注狐假虎威，亂搞陰謀。據《舊唐書·
鄭注傳》，宦官王守澄知樞密，國政多專於守澄，鄭注晝伏夜動，交通賂遺，初
則讒邪奸巧之徒，附之以圖進取，數年之後，達官權臣，爭湊其門。梟：貓頭
鷹一類不祥的鳥，常用來比喻惡人。

〔32〕「馥馥」句：謂充滿香氣的芝蘭生長的園圃。比喻賢臣眾多的朝廷。馥馥：形容
　　芳香。芝蘭：香草名。參見《華清宮三十韻》詩注〔11〕。

〔33〕「森森」句：謂森然長滿枳木和荊棘類帶刺的惡木。比喻朝廷中多是姦臣。森
　　森：茂盛的樣子。枳棘：枳木與棘木，因其多刺而稱惡木。常用於比喻惡人或
　　小人。

〔34〕「吠聲」句：謂朝廷小人如同犬吠，壓制了國家棟樑。嗾：用口作聲指揮狗；喻
　　教唆、指使別人做壞事。國獝：國家的瘋狗，比喻構陷賢臣的惡人。

〔35〕公議：公正的議論。怯膺門：不敢登李膺家的門。李膺是東漢時的大臣，朝廷
　　大權被宦官控制，李膺不趨附宦官之門，不肯同流合污，聲望很高。士人如果
　　被他家接納，稱為登龍門。參見《賀崔大夫崔正字》詩注〔4〕。

〔36〕「竄逐」句：謂姦臣當道，把朝廷的各位丞相都構陷排擠掉，放逐出去。

〔37〕「蒼茫」句：謂被竄逐的宰相遠離朝廷，難有回朝之日。蒼茫：匆忙。帝閽：皇
　　帝的宮殿，這裡指京城。戰國屈原《離騷》：「吾令帝閽開關兮，倚閶闔而望予。」

〔38〕吉士：指官位高的忠良之臣，而且接近皇帝的人。漢劉向《新序》：「事君日益，
　　官職日益，此所謂吉士也。」

〔39〕「誰免」句：謂無人可免於在湘江祭弔屈原的冤魂。喻指良臣都遭到了貶謫。弔
　　湘魂：《漢書·賈誼傳》載，賈誼既已謫去，意不自得，及渡湘水，為賦以弔屈
　　原。

〔40〕間世：隔代，指年代相隔之久。此句喻指英明的君主在歷史上不是經常出現
　　的。

〔41〕「中興」句：謂唐室中興並以道德治理天下。

〔42〕「昆岡」句：謂憐憫崑崙山積久焚燒的大火餘下的玉石。這裡指朝中歷經動盪後
　　尚存的賢才。《尚書·胤征》：「火炎昆岡，玉石俱焚。」昆岡：即崑崙山。《文
　　心雕龍·諸子》：「暨於暴秦烈火，勢炎昆岡，而煙燎之毒，不及諸子。」

〔43〕「河漢」句：謂黃河與漢水中注入了清澈的水源。比喻中興氣象。河漢：黃河與
　　漢水。《莊子·齊物論》：「王倪曰：『至人神矣！大澤焚而不能熱，河漢沍而不
　　能寒。』」清源：清澈的水源。

〔44〕「川口」句：謂河口的堤防被沖斷了；比喻言論自由，可以大膽進諫。河口：比
　　喻人的言語。《國語·周語》：「防民之口，甚於防川。」

〔45〕「陰車」句：謂把陰車中的鬼怪都掀翻了。比喻武宗除掉了朝中作亂的宦官和姦
　　臣。陰車：指載鬼怪之車。

〔46〕「重雲」句：謂層層陰雲散去，天空晴朗燦爛。比喻朝廷形勢一片大好。朗照：
　　　日月光輝照耀。比喻明察。

〔47〕「九地」句：為地下的冤魂昭雪。九地：九泉，地下極深處，是靈魂的棲息之所。

〔48〕剛腸：氣質剛直。

〔49〕「形甘」句：謂自己甘心勞累受苦，為國盡力。形甘：甘於勞累形體。短褐：服
　　　勞役時穿的粗布短衣。髡（kūn）：剔去頭髮的刑罰。

〔50〕「曾經」句：謂曾經碰到了蠆的尾巴。比喻曾經觸犯過權奸。蠆（chài）：蠍子之
　　　類能用尾巴蜇人的毒蟲。

〔51〕「猶得」句：謂還能夠坐著官員所乘的車子。喻指沒有被迫害至丟官的程度。熊
　　　軒：漢代公侯乘的車子，車上有臥熊形象的橫木，可以倚著遠望。《後漢書‧輿
　　　服志》：「諸車之文……公、列侯，倚鹿伏熊，黑轓，朱班輪，鹿皮飛軨，九斿
　　　降龍。」後用熊軾、熊軒借指公卿及地方長官。以上二句謂自己雖然觸犯過權
　　　貴，但憑藉正直之士的遮護，不至於陷罪。

〔52〕杜若：香草名。芳洲：長滿花草的綠洲。戰國屈原《九歌》：「采芳洲兮杜若。」

〔53〕「嚴光」句：謂嚴光釣魚隱居的七里瀨也熱鬧起來。嚴光：字子陵，東漢著名隱
　　　士。他和光武帝劉秀是同學，積極幫助劉秀起兵。劉秀稱帝後，多次請他出來
　　　做官，而他卻在富春江邊上隱居釣魚，堅決不仕。後人名其釣處為嚴陵瀨（lài）。
　　　參閱《後漢書‧隱逸傳》。唐詩中常用作詠隱士的典故。

〔54〕侵：臨近，接近。越角：春秋時越國的邊境。封壤：疆域，疆界。吳根：春秋
　　　時期吳國的邊地。杜收當時任睦州刺史，睦州在春秋時屬於吳國，後來又歸屬
　　　於越國。

〔55〕「客恨」句：謂春日裏宦遊京外，不能在朝廷上效力的遺恨像細絲一樣縈繞在心
　　　頭。

〔56〕「鄉愁」句：謂心中的鄉愁太濃，以致思慮繁重。

〔57〕「祝堯」句：謂祝願皇帝長命千萬歲。堯：傳說中古代賢明的君主。這裡指清理
　　　朝中亂政，給國家帶來中興氣象的唐武宗。

【簡評】

　　本詩實寫甘露之變事。杜牧對於李訓、鄭注等人，是持否定態度的。在甘
露之變前的文宗大和年間，杜牧與李中敏、李甘等相善，彼時凡反對鄭注、李
訓皆被斥逐。杜牧在睦州任所，追敘往事而作此詩。這首詩是研究杜牧思想與
創作過程時，需要深入挖掘的重要篇章。

　　這是一首政治抒情詩，是經歷了甘露之變的詩人對這次政變的揭示和反思，深刻大膽地揭露了朝政腐敗、宦官專權以及自己的處境與遭遇。雖然結尾有對當今皇帝的溢美之詞，但是如此深刻評判前朝需要極大的勇氣。由於作者的地位和親身經歷，這首詩具有重要的史料價值，有助於人們瞭解研究當時朝政、文官處境、詩人創作經歷與思想演化等一系列問題。一篇之中，籠括一朝氣象，情事交融，深沉淒婉，抑揚頓挫，蘊藉有致，堪稱史詩佳構。

道一大尹、存之學士、庭美學士，簡於聖明，自致霄漢，皆與舍弟昔年還往。牧支離窮悴，竊於一麾，書美歌詩，兼自言志，因成長句四韻，呈上三君子〔1〕

　　九金神鼎〔2〕重丘山，五玉諸侯雜佩環〔3〕。星座通霄狼蠆暗〔4〕，戍樓吹笛虎牙〔5〕閒。斗間紫氣龍埋獄〔6〕，天上洪爐帝鑄顏〔7〕。若念西河舊交友〔8〕，魚符〔9〕應許出函關。

【注釋】

〔1〕此詩大中四年（850）作，時杜牧出任湖州刺史，將赴任。道一大尹：即鄭涓，字道一，官京兆尹，歷河東節度使。大尹指京兆尹。存之學士：即畢諴，字存之，鄆州須昌（今屬山東）人。大和中及第，大中時召為翰林學士、中書舍人，遷刑部侍郎，官至兵部尚書、同中書門下平章事。庭美學士：鄭處誨，字庭美，鄭餘慶子。曾官校書郎，大中三年（851）自監察御史裏行充翰林學士，遷屯田員外郎。舍弟：指杜牧之弟杜顗。一麾：此處指出任湖州刺史，參見《將赴吳興登樂遊原一絕》注〔4〕。

〔2〕九金神鼎：古代象徵國家政權的傳國之寶。《史記·武帝本紀》：「禹收九牧之金，鑄九鼎，象九州島。」九金：九州島之金。

〔3〕五玉諸侯：古代五等諸侯所執五種玉石。即璜、璧、璋、圭、琮。《書·舜典》：「修五禮、五玉、三帛、二生、一死、贄。」注：「五等諸侯所執玉也。」疏：「公執桓圭，侯執信圭，伯執躬圭，子執穀璧，男執蒲璧。」佩環：即指諸侯所執的玉石。唐詩中五玉亦代稱諸侯，獨孤及《季冬自嵩山赴洛道中作》：「三微復正統，五玉歸文祖。」

〔4〕星座通霄：《唐詩鼓吹評注》卷六：「星座通霄，言君子在位得行其道也。」狼蠆暗：比喻小人不得志。《晉書·天文志》：「狼一星在東井東南。狼為野將，主侵掠，色有常，不欲動也。」

〔5〕虎牙：本為東漢將軍的名號，漢光武帝拜蓋延為虎牙將軍，銚期為虎牙大將軍。此處泛指將軍。參見《後漢書・銚期傳》。

〔6〕「斗間」句：謂自己不得志，就像龍劍沉埋一樣。埋獄：埋劍；喻指埋沒人才。典出晉代張華密令雷煥在豐城掘地得寶劍的故事。《晉書・張華傳》：「初，吳之未滅也，斗牛之間常有紫氣，道術者皆以吳方強盛，未可圖也。惟華以為不然。及吳平之後，紫氣愈明。華聞豫章人雷煥妙達緯象，乃要煥宿。……因登樓仰觀。煥曰：『僕察之久矣，惟斗牛之間頗有異氣。』華曰：『是何祥也。』煥曰：『寶劍之精上徹於天耳。』華曰：『君言得之。吾少時有相者言，吾年出六十，位登三事，當得寶劍佩之。斯言豈效與！』因問曰：『在何郡？』煥曰：『在豫章豐城。』華曰：『欲屈君為宰，密共尋之，可乎？』煥許之。華大喜，即補煥為豐城令。煥到縣，掘獄屈基，入地四丈餘，得一石函，光氣非常，中有雙劍，並刻題：一曰龍泉，一曰太阿。其夕，斗牛間氣不復見焉。」

〔7〕洪爐：猶言天地，引申為陶冶錘鍊人才的環境。《莊子・大宗師》：「今一以天地為大爐，造化為大冶。」鑄顏：喻指培養人才。漢揚雄《法言・學行》：「或曰：『人可鑄與？』曰：『孔子鑄顏淵矣。』」汪榮寶義疏：「『孔子鑄顏淵』者，司馬云：『借令顏淵不學，亦常人耳。遇孔子而教之，乃庶幾於聖人。』」

〔8〕西河舊交友：指杜顗，顗時患目疾，失明。西河：典出《禮記・檀弓上》，言子夏晚年居於西河之上，「喪其子而喪其明，曾子弔之」。杜牧以子夏喻杜顗，以曾子喻三學士，與詩題「皆與舍弟昔年還往」合。

〔9〕魚符：唐時朝廷頒發的符信，雕木或鑄銅為魚形，刻書其上，剖而分執之，以備符合為憑信，謂之魚符，亦稱魚契。出函關：即出關。《後漢書・郭丹傳》載：郭丹，字少卿，南陽人，七歲而孤。後從師長安，買符入函谷關，慨然而歎曰：「丹不乘使者車，終不出關。」更始二年三公舉丹賢能，徵為諫議大夫，持節使歸南陽安集受降，自去家十有二年，果乘高車出關，如其志焉。函關，函谷關，舊址在今河南靈寶。唐曹鄴《出關》：「我獨南征恨此身，更有無成出關者。」

【簡評】

清錢謙益、何焯《唐詩鼓吹評注》卷六：「此詩美三君子在朝致治而冀其薦引也。首言天子一統，九州之鼎重於丘山，分別五等諸侯，皆執玉佩環而朝天子，當此時，星座明而狼蠶暗，喻君子進而小人退也。戍樓靜而虎牙閒，言世道治而將士閒也。五句自言不得顯達如龍劍之埋，六句望三君子麾而起之，如洪爐之鑄，但恐不見念耳。若念舊交而薦拔焉，則魚符之詔必出函關

而召我矣。此詩前四句美三君子之功業，五六句言其志，末致屬望之意。」

杏　園〔1〕

　　夜來微雨洗芳塵〔2〕，公子驊騮步貼勻〔3〕。莫怪杏園憔悴去〔4〕，滿城多少插花人〔5〕。

【注釋】

〔1〕杏園：故址在今陝西西安市郊大雁塔南。秦時為宜春下苑地，唐時與慈恩寺南
　　北相直，在曲江池西南。唐代新及第進士於此處宴集，杏園宴後，即於慈恩寺
　　塔下題名。此地廣植杏林，春來一片粉白，是長安著名遊覽地。會昌年間，因
　　武宗好巡遊曲江，一度禁人宴集，大中元年三月敕，進士發榜後，依舊宴集，
　　有司不得禁制。參見《舊唐書·宣宗本紀》。

〔2〕洗：用水滌除污垢。芳塵：指落花與塵土。杏園因多為貴人遊賞，故云芳塵。

〔3〕驊騮（huá liú）：赤紅色駿馬；相傳為周穆王的「八駿」之一。周穆王曾駕著八
　　匹駿馬遠赴瑤池西王母宴會。《穆天子傳》卷一：「天子之駿：赤驥、盜驪、白
　　義、逾輪、山子、渠黃、華騮、綠耳。」郭璞注：「八駿，皆因其毛色以為名號
　　耳。」晉王嘉《拾遺記》卷三所稱八駿之名，說法不一。步貼勻：腳步安穩有
　　節奏。貼勻，安閒勻整。

〔4〕憔悴：凋零，枯萎。去：語助詞，猶了。

〔5〕插花：唐李山甫《曲江二首》：「爭攀柳帶千千手，間插花枝萬萬頭。」

【簡評】

　　科舉考試是唐王朝錄用官員的主要途徑和辦法。在唐代，杏園是文人心目
中的理想之境，致使它終至成為一個歷代詩詞屢吟不絕、意味明確的象徵意
象。成功者回味杏園宴的醇美，失意者則在詩中難免潑醋。

　　此詩有著鮮明的卻別樣的不平感受。春天長安杏花盛開，但詩人看去，
杏園一片憔悴，究其原因，乃因攀折狼藉，而滿城正有多少人杏花插頭，招
搖過市，這時作者不免幾分「斯人獨憔悴」的失落。最後「滿城」句反問，
詩人以一個打抱不平的口吻，又似乎只是在客觀描寫，未加褒貶，但諷刺之
意，不需贅言而自明。這首詩有所寓託，正是作者不平際遇的寫照。杏園是
唐代遊覽勝境。雨後遊賞，應該說興致是很濃鬱的。但是昔日的繁華已經一
去不復返了。正是從這美好的景物中，反襯出詩人懷念「故國」——唐前期
的繁盛——的情思。

全詩運用多種修辭手法，抒發了作者強烈的情感。「洗芳塵」以動襯靜，也形象地描繪出雨後的花朵的樣子。「洗」字運用了擬人，使「微雨」有了主觀的動作。「杏園」借代杏花，化部分為整體。杏園凋零，運用了誇張，更強調了杏花的憔悴。詩人用「憔悴」形容杏花，便是將杏花擬人了。「莫怪」也運用了同樣的手法，把杏園人格化了。「滿」字運用了誇張手法，極言其多。構思新穎，「莫怪」二句尤有情韻。

春晚題韋家亭子〔1〕

擁鼻〔2〕侵襟花草香，高臺春去恨茫茫〔3〕。蔫紅〔4〕半落平池晚，曲渚飄成錦一張。

【注釋】

〔1〕韋家：馮集梧注：「《雍錄》：呂《圖》：韋曲，在明德門外，韋后家在此，蓋皇子陂之西也。所謂：城南韋杜，去天尺五者也。」

〔2〕擁鼻：撲鼻。參見《折菊》詩注〔2〕。

〔3〕恨茫茫：遺憾幽遠的樣子。恨，遺憾。茫茫，遼闊曠遠的樣子。北朝樂府《敕勒歌》：「天蒼蒼，野茫茫。」

〔4〕蔫紅：萎縮將謝之花朵。

【簡評】

這是一首寫景小詩。詩人筆下的春，色彩明豔，具有強烈的視覺衝擊感。芳香的花草沁鼻，戀春之情悠長；姹紫嫣紅的花朵，飄灑在寧靜的水面，微風一吹，猶如天然的錦緞，這是多麼佳麗的景致。即如晚春殘春，在作者筆下亦是如此的鮮妍明媚，令人見而忘憂。這與《杏園》詩中所表現的思想是相一致的。有天然之景，亦有戀春之恨。這首傷春佳作的特色在於後兩句以穠豔麗景表現傷春之情，可謂別出新意。

過田家宅

安邑南門〔1〕外，誰家板築〔2〕高。奉誠園〔3〕裏地，牆缺見蓬蒿。

【注釋】

〔1〕安邑：即安邑坊，在唐長安朱雀街東第四街東市之南。南門：南面之正門，即路寢門。唐羅隱《董仲舒》：「偶然留得陰陽術，閉卻南門又北門。」

〔2〕誰家：哪一家；何處。板築：築牆用具。板，牆板；築，杵。古代築牆時，兩

邊夾木板，中間填土，用杵夯實。此處指牆。

〔3〕奉誠園：在唐長安安邑坊，本司徒兼侍中馬燧宅，燧死，其子馬暢獻進，廢為
奉誠園，屋木皆拆入內。《唐國史補》卷中：「馬司徒之子暢，以第中大杏饋竇
文場。文場以進。德宗未嘗見，頗怪之，今使就第封杏樹。暢懼，進宅，廢為
奉誠園，屋木盡拆入內也。」

【簡評】

偶過一所宅院，高牆矗立，只是從「牆缺」處，見院內蓬蒿遍地，一幅荒
涼破敗景象。先前的繁華不復存在，盛衰無常之歎躍上筆端。唐人多詠其事，
如白居易《秦中吟》：「如何奉一身，直欲保千年？不見馬家宅，今作奉誠園。」
元稹《遣興》：「草沒奉誠園，軒車昔曾滿。」

唐代竇牟《奉誠園聞笛》詩表達了對先賢馬燧的懷念與敬仰：「曾絕朱纓
吐錦茵，欲披荒草訪遺塵。秋風忽灑西園淚，滿目山陽笛里人。」詩意謂：馬
燧就像楚莊王和丙吉那樣仁厚賢良，我撥開荒草前來尋訪這位先賢的遺跡。秋
風中傳來的陣陣笛聲讓人留下淚水，此時的我不禁深深地懷念著先賢馬燧。

見宋拾遺題名處感而成詩〔1〕

竄逐窮荒與死期〔2〕，餓唯蒿藋病無醫〔3〕。憐君更抱重泉〔4〕恨，不見崇
山謫〔5〕去時。

【注釋】

〔1〕此詩約作於大中四年（850）。宋拾遺：宋邧，字次都，大和四年（830）狀元及
第。開成二年（837）官左拾遺，會昌中遷補闕。性剛棱不阿，有盛名於世。參
見《新唐書·陳夷行傳》。拾遺，官名，分左、右，掌供奉諷諫，為近侍官。題
名：指大雁塔進士題名。

〔2〕「竄逐」句：宋邧任補闕時，於中書候見宰相，與同僚諧謔，掩面談笑，李德裕
遂貶其為清河令，歲餘，遂終所任。見《劇談錄》卷上。窮荒：遙遠偏僻之地。

〔3〕「餓唯」句：謂宋邧在貶所飢餓難熬，缺醫少藥。蒿藋：蒿草與豆葉。此指野菜。

〔4〕重泉：地下；猶黃泉、九泉。

〔5〕崇山：山名。在今湖南張家界西南，與天門山相連。相傳舜流放驩兜於此。
《書·舜典》：「流共工於幽州，放驩兜於崇山。」崇山謫，指貶謫至邊荒之
地。此暗指李德裕會昌六年（846）四月被罷相，出為荊南節度使，大中二年
（848）九月再貶為崖州司戶，大中三年十二月卒於崖州事。

【簡評】

　　此詩是杜牧途經宋拾遺題名的地方時產生相應感想而作。前兩句敘事，後兩句抒情。

　　竄逐、窮荒、死期，字字觸目驚心，餓唯蒿藋，病來無醫，亦何等淒慘，令人血化魂銷，無限悲涼，而崇山謫去，宋祁在九泉不知，當尤為其抱恨。宋氏剛棱嫉惡，乃在補闕任上被貶，與作者的性格、經歷有某種相似，故詩中既有友情與同情，也隱含著個人的不平與感慨。情意幽深。

雪晴訪趙嘏街西所居三韻〔1〕

　　命代風騷將〔2〕，誰登李杜〔3〕壇。少陵鯨海動〔4〕，翰苑鶴天寒〔5〕。今日訪君還有意，三條〔6〕冰雪獨來看。

【注釋】

〔1〕此詩作於開成五年（840）初春。趙嘏：字承佑，行二十二，楚州山陽人。會昌四年登進士第。大中中，任渭南尉，世稱趙渭南。事蹟見《唐摭言》卷一五、《新唐書‧藝文志四》、《唐詩紀事》卷五六、《唐才子傳》卷七。街西：唐代長安以朱雀門大街為界，街東屬萬年縣，街西屬長安縣，各有五十四坊。

〔2〕命代：即命世，也即「名世」，聞名於當世。風騷：詩經和楚辭的並稱。《詩經》中的《國風》，《楚辭》中的《離騷》，都是古代重要作品。《宋書‧謝靈運傳論》：「源其飆流所始，莫不同祖風騷。」風騷將，指詩人。唐薛能《春日使府寓懷二首》：「誰憐合負清朝力，獨把風騷破鄭聲。」

〔3〕李杜：指李白與杜甫。

〔4〕少陵：漢宣帝許后之陵，因規模比宣帝陵為小，故名。此指杜甫。杜甫曾在少陵居住，自號少陵野老。杜甫《哀江頭》：「少陵野老吞聲哭，春日潛行曲江曲。」鯨海動：喻指杜甫渾涵汪茫之詩歌。杜甫《戲為六絕句》：「或看翡翠蘭苕上，未掣鯨魚碧海中。」

〔5〕翰苑：翰林苑。李白曾為翰林供奉，故此處用以指李白。鶴天寒，比喻李白飄逸曠遠之詩風。裴敬《翰林學士李公墓碑》稱李白詩云：「雲行鶴駕，想見飄然之狀。」

〔6〕三條：指京師三條主要通衢大道。

【簡評】

　　杜牧與詩人趙嘏關係甚密，且友誼保持終身。趙嘏有《長安秋望》詩，

懷古、傷時、思鄉之情融於一篇，寫景如畫，寄意遙深，是他最好的詩篇。其中「殘星幾點雁橫塞，長笛一聲人倚樓」詩句，「殘星幾點」是目見，「長笛一聲」是耳聞；「雁橫塞」取動勢，「人倚樓」取靜態，詩人借景抒情，表達了羈留他鄉的鬱悶之情。據說杜牧見到後，吟味不已，因目覩為「趙倚樓」。二人均居長安時，其間他們合作寫過《同趙二十二訪張明府郊居聯句》，杜牧更往訪趙嘏居所，作《雪晴訪趙嘏街西所居三韻》。

　　這首詩值得仔細品味，杜牧在問，當今詩壇，誰是引領風氣的人物，誰能達到登上李杜詩壇的高度。讚譽之情溢於言表，文辭典雅，意蘊飄逸，詞和韻美。「少陵」二句，是說李杜的成就高不可及，令人嚮往；如作者親臨，真實生動，極富現場感。最後兩句，杜牧特別說明造訪的用意，或者說彼此之珍惜；詞工律正，珠璣含淚，句句慽心。

將赴吳興登樂遊原一絕〔1〕

　　清時有味是無能〔2〕，閒愛孤雲靜愛僧〔3〕。欲把一麾江海去，樂遊原上望昭陵〔4〕。

【注釋】

〔1〕本詩作於大中四年（850）秋，時杜牧將赴湖州刺史任。吳興：今浙江湖州。樂遊原，詳見《登樂遊原》詩注〔1〕。

〔2〕「清時」句：謂生當清平之世，享受悠閒雅靜情趣者可見是無能之輩。此語為憤激之詞，含有無法施展才能之意。清時：太平時代。有味：有閒雅趣味。唐白居易《初夏閒吟兼呈韋賓客》：「雪鬢隨身老，雲心著處安。此中殊有味，試說向君看。」

〔3〕「閒愛」句：意謂悠閒靜謐的時候或賞孤雲飄浮，或與僧人交遊。以上兩句暗諷當局不用人材。杜牧《郡齋獨酌》亦云：「尋僧解幽夢，乞酒緩愁腸。」

〔4〕「欲把」二句：謂手持旌麾，欲赴江海之濱為刺史，行前登樂遊原遠眺，望昭陵而不勝嚮往之情。一麾（huī）：《文選》顏延之《五君詠・阮始平》：「屢薦不入官，一麾乃出守。」「麾」是揮斥、排擠的意思。詩意說阮咸受到荀勗的排擠，出為始平太守。杜牧用此典故，而把「麾」字誤解為「旌麾」的「麾」，後來沿誤，就把「一麾出守」作為朝官出為外任之典。宋沈括《夢溪筆談》卷四予以「辯證」。江海：指吳興，因地鄰太湖，又近東海，故稱。昭陵：唐太宗的陵墓，在陝西醴泉縣東北九嵕山。舊有李世民所乘六駿石刻。

【簡評】

　　杜牧由吏部員外郎出為湖州刺史，將赴任時，登樂遊原，遙望昭陵，追懷貞觀之治。他即將離京，想到自己宜致身治國，故頗有魏闕之思。但又不足為世用，故只有一麾南去，任其宦海浮沉。這首詩是晚唐社會士人矛盾心理的典型反映。

　　古代很少有京官請求外任的，杜牧卻反覆請求外放，其理由是外任官俸祿厚，可以養活患眼疾的弟弟及寡居的妹妹，這似乎合情合理，但其實也是自己政治上不受重視的無奈之舉。詩歌於平靜的景色描繪中，抒發了對時政的不滿、對盛世的追念與志不獲騁的悲憤。

　　首句表面看到的是詩人對政局的謳歌與讚美，實則運用了反語修辭，充滿了對晚唐統治者昏庸腐朽的痛恨和無奈，欲抑先揚，寓貶於褒，表意含蓄。「清時」句詞義渾涵，最耐咀嚼。第二句中詩人的生活和情感彷彿是非常的悠閒和愜意，自由自在，然而這只是表面而已，聯繫到作者不得不離開京城的政治原因，就能夠體會這其中的情感是故作灑脫，實則是抑鬱和痛苦，這句也是典型的含蓄抒情，耐人尋味。第三句表達了詩人在京城長安的抑鬱苦悶、無所事事，從而急於離開的內心情感。第四句再次轉折。詩人登高望遠，注目昭陵，遙想當年唐太宗的豐功偉績，不能不聯想到當時國家衰敗的局面與自己鬱鬱不得志的處境，進而發出生不逢時之歎。全詩到此戛然而止，不再多寫一字，一方面展示出對盛世的嚮往和懷念，另一方面也展示出自己無法施展才能的悲憤。

　　全詩以登樂遊原起興，以望昭陵止步。在唐人七絕中，以賦、比二體寫成的作品較多，興而比或全屬興體的較少。此詩採用了「託事於物」的興體寫法，稱得上是一首「言在此而意在彼」「言已盡而意有餘」的名篇佳作。全詩寫得精練、深刻，情感含蓄，思想深邃，手法豐富，讀來令人喟歎難平。真所謂「稱名也小，取類也大」。

　　漢代王粲《七哀詩》云：「南登灞陵岸，回首望長安。」看似紀實之筆，實有寓意，因為灞陵為漢文帝的陵墓，作者登灞而望長安，暗示長安局勢大亂，而緬懷漢文帝承平之治。杜牧此詩即襲用《七哀詩》筆法。